열네 살이 되기 전에 알아야 해

몸과 마음

초등학교 고학년을 위한 성교육

열네 살이 되기 전에 알아야 해

몸과 마음

글 : 유현진 · 이승환 | 그림 : 이세린

맑은샘

목차

1. 아지랑이 피어오르는 새로운 시작
1. 사춘기! 사춘기! 사춘기가 싫어요 _ 10
2. 저를 회장으로 뽑아주신다면! _ 17

2. 잎새 푸른 달, 봄을 생각하다
1. 달리기할 때 부끄러워요 _ 25
2. 너희들 먼저 가~ 나는 조금 이따 갈게 _ 34
3. 자꾸만 이마에 손이 가요 _ 48
4. 크아아아아!!! _ 68

3. 뜨겁게 타오르는 우리의 여름
1. 살은 찌기 싫고, 키는 크고 싶어요 _ 77
2. 이 수술 꼭 해야 하나요? _ 105
3. 똥을 쌌나 봐요 _ 119
4. 두고 봐, 가만두지 않겠어! _ 135

4. 가을볕에 무르익는 너와 나
1. 야! 한지우! 교실은 너네만 쓰냐? _ 160
2. 첫 커플 탄생! _ 174
3. 윽! 땀 냄새! _ 190
4. 19금 야한 동영상의 유혹 _ 196
5. 너네 진짜 사귀는 거 맞아? _ 212
6. 모르는 오빠와 사귀게 되는 건가! _ 221

5. 매듭, 그리고 다시 해오름
1. 이전처럼 좋은 친구로 지내자 _ 237
2. 미안해. _ 247
3. 또 다른 커플의 시작! _ 254
4. 감사합니다. 사랑합니다 _ 262

6.
- 이 책을 읽으시는 부모님, 선생님께 _ 274
- 부록 – 교내 성폭력 사건 발생 시 학교폭력위원회의 처리 규정

• **똥글 선생님** – 튼튼초등학교 주치한의사(한의사 교의) 선생님. 학생들의 건강 관련 궁금증을 재미있게 해결해준다. 특유의 다정하고 장난스러운 말투가 개구쟁이들의 마음을 사로잡아 똥글 선생님의 건강수업은 어린이들의 '최애' 수업일 정도. 통통한 몸매지만 의외로 유연한 반전 매력의 소유자!

• **유후 선생님** – 튼튼초등학교 5학년 1반 담임선생님. 늘 미소를 띤 얼굴과 하이톤 목소리에서 학생들을 진심으로 사랑하는 마음이 팍팍 느껴진다. 학생들을 집중시킬 때, 기분이 좋을 때, 놀랐을 때 "유후~!" 하며 감탄하는 습관이 있다.

• **은시오** – 세찬의 절친. 전형적인 모범생이다. 쉬는 시간이면 교실에서 코빼기도 보이지 않는 세찬이와, 다음 시간 교과서를 미리 꺼내 읽는 시오는 친하려야 친할 수 없을 것처럼 보이지만 사실 세찬이는 시오를 정말 멋진 친구라고 생각한다. 시오는 항상 차분하게 상황을 살피고 친구들 간의 관계를 잘 파악했다가 문제가 생기면 적절한 해결 방법을 빠르게 제시하는 해결사다. 세찬이에게 고민이 생겼을 때 가장 먼저 찾는 친구가 시오인 것도 그 때문.

• **한지우** – 사춘기가 시작되며 몸과 마음의 변화가 생겨 낯설고 이상하다. 5학년 때 리아와 같은 반이 되었다. 어울리는 무리가 달라 별 신경을 안 썼는데 언제부터인가 자신에게 예민하고 날카롭게 대하는 리아를 느끼기 시작한다. 쟤가 왜 저러나 싶었는데 리아가 세찬이에게 고백하는 사건 발생. 그런데 세찬이 녀석, 지우를 좋아한다며 리아의 고백을 거절했다나. 그 후로 리아와 라이벌 구도에 들어선다.

• **박세찬** – 장난꾸러기이자 튼튼초 5학년의 분위기 메이커. 쉬는 시간마다 운동장에서 축구하기 바빠 아직 이성 친구에 큰 관심은 없지만 어릴 때부터 괜히 지우가 좋았다. 한 동네에 살면서 유치원생 때부터 함께 자라온 지우가 계속

자기 옆에 있었으면 좋겠다고 생각한다. 개그맨이 꿈이었는데 요즘은 유튜버가 대세인 것 같아 뭘 할까 고민이다.

- **서리아** - 튼튼초 퀸카. 공부면 공부, 운동이면 운동, 음악, 미술까지 다 잘하는데 얼굴마저 예쁘다. 매년 학급회장을 맡아 친구들과 선생님의 사랑을 독차지하던 중 5학년 때 지우, 세찬이와 같은 반이 된다. 소문난 장난꾸러기이자 스포츠맨인 세찬이와 같은 반이 되었다는 것을 알게 된 후로 기대만발이었지만 웬걸, 세찬이는 장난도 지우에게만 친다. 나보다 예쁜 것 같지도 않은 지우가 점점 미워진다.

- **김은철** - 세찬의 절친. 저학년 때는 지우 패밀리와 매일 함께 어울려 놀았는데 고학년이 되니 점점 여자애들이 이상하게 느껴지고 불편해진다. 그러던 중 5학년이 되어 튼튼초의 여신, 리아를 보니 지금까지 내 주변에 있던 여자애들은 여자가 아니었다. 리아는 은철이에게 종교 그 자체다. 리아가 불편해하는 지우와 지우 패밀리는 이제 내가 처리한다!

- **고세린** - 지우의 절친. 순두부같이 흰 피부에 늘 두 뺨은 발그레한 아기자기한 소녀. 무슨 일이든 웃으며 넘기는 긍정적인 마음을 가졌다. 최근 외모에 관심이 많아졌는데, 학급회장 리아를 보면 TV에 나오는 아이돌 같다. 리아는 저렇게 예쁘고 날씬하고 똑똑한데, 나는 왜 이렇게 뚱뚱하고 못생겼을까? 세린이답지 않게 마음이 어두워진다.

- **임유미** - 지우의 절친. 어릴 때부터 성장이 빨랐는데, 친구들보다 빨리 2차성징이 나타나기 시작해 한창 스트레스를 받고 있다. 이마를 잔뜩 덮은 여드름에 봉긋한 가슴까지, 수영장을 제집처럼 여기고 수영이 인생의 전부라고 생각했는데 요즘은 수영복 입기가 싫다.

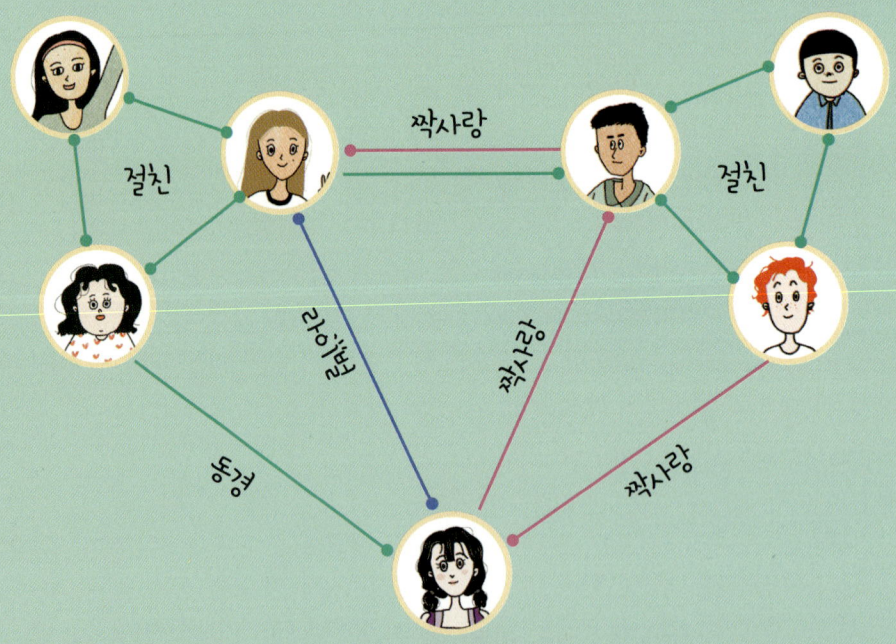

1
아지랑이 피어오르는 새로운 시작

...

1. 사춘기! 사춘기! 사춘기가 싫어요
2. 저를 회장으로 뽑아주신다면!

1. 사춘기! 사춘기! 사춘기가 싫어요

"지우야, 일어나. 밥 먹고 학교 가야지."
"엄마, 오 분만 더 잘게요."
"첫날부터 왜 그럴까~"

잠시 후.
"으앗, 이게 몇 시야! 오늘 첫날이라 일찍 가야 하는데!!!"
"그러게 아까 일어나라고 할 때 일어나지. 얼른 밥 먹어."

"아이, 참. 밥 먹기 싫어요. 오늘 담임 선생님도 처음 보는 날인데. 에잇. 지각하게 생겼네. 아오!!!"
"어머, 어머. 왜 아침부터 심통을 내니? 사춘기인가 봐."
"사춘기! 사춘기! 나 사춘기 아니에요! 그냥 늦잠 잔 건데 왜 자꾸 사춘기라고 해요! 에잇!!!!"

엄마에게 짜증을 낸 지우는 밥도 먹지 않고 헐레벌떡 학교에 갔어요.
겨우겨우 지각하지 않고 도착했는데 친구들을 보니 기분이 좋아졌어요.
그리고 드디어 등장한 담임 선생님!

튼튼초등학교에서 가장 인기가 좋은 유후! 선생님^^
5학년이 되어 처음 만난 유후 선생님은
들던 대로 유쾌한 분이었어요.

"5학년이 된 튼튼초 친구들, 반가워요!
유후 선생님이에요! 우리 같이 인사해볼까?
유~~후!"
"유~~후!"
"하하하하, 좋아요.
앞으로 우리 매일 아침마다 활기찬
목소리로 이렇게 인사할 거예요.
알겠죠?"
"네~!"

힘찬 유후 선생님의 목소리에 5학년 친구들의
긴장이 풀리며 교실 안은 밝은 에너지로 채워졌어요.

"오늘은 새 학년 새 학기 첫날이죠.
무슨 일이든 첫 단추를 제대로 꿰는 것이 중요하잖아요?
그래서 우리가 1년간 함께 생활하며 꼭 갖추었으면 하는
인성 덕목, 즉 마음가짐과 자세에 대해 이야기해보려고 해요."

선생님은 칠판 옆 게시판을 가리켰어요. 그곳에는 '인성덕목'과 '우리의 목표'라고 적힌 제목과 함께 이런 글이 붙어 있었어요.

- 인성덕목: 사랑, 존중, 배려, 책임, 소통, 열정
- 우리의 목표: 나, 그리고 다른 사람을 사랑할 줄 아는 사람이 되자!

"첫 번째로 써 있는 인성덕목이 무엇인가요?"
"사랑이요!"
"맞아요. 여러분은 사랑을 잘~~ 하는 사람이 되어야 해요."
"꺄~!"

유후 선생님의 말이 끝나기가 무섭게 모두들 비명을 지르고 발을 구르며 호들갑을 떨었어요.

"어머나? 왜들 이렇게 부끄러워하는 거죠? '사랑'이라는 말을 듣고 다들 무슨 상상을 한 건지 모르겠네~~"
유후 선생님이 익살스럽게 눈을 흘기며 묻자 다들 깔깔거리며 부끄러워했어요.

"자, 여러분! 여러분이 무슨 상상을 한 건지 모르겠지만~ 여러분이 가장 사랑해야 하는 대상은 바로 나 자신이에요."
"엥? 평생 모쏠로 살라는 거예요?"
튼튼초 장난꾸러기로 소문난 세찬이가 장난기 가득한 목소리로 말하자 교실 안은 한 번 더 아이들의 웃음 소리로 뒤집어졌어요.

"유~후! 우리 세찬이는 절대 모쏠로 살 일은 없을 것 같은데~? 그런데 얘들아, 여자친구나 남자친구를 잘~ 사랑하려면 나를 사랑하는 것이 첫 번째가 되어야 한단다. 나를 사랑할 줄 아는 사람이 다른 사람을 사랑할 줄 아는 거거든요."

유후 선생님이 말씀을 이어가자 친구들은 제각기 고개를 갸우뚱하면서도 반짝반짝 빛나는 눈으로 선생님을 바라보았어요.

"아직 무슨 말인지 잘 모르는 친구도 있을 텐데, 여러분이 스스로를 잘 사랑할 줄 알게 된다면 존중, 배려 같은 다른 덕목들은 자연스럽게 차근차근 쌓아갈 수 있으니 걱정 마세요."
"자, 그럼 우리 1년 동안 함께 생활하며 이루어 나갈 목표를 큰 소리로 읽어볼까요?"

"나, 그리고 다른 사람을 사랑할 줄 아는 사람이 되자!"
"유후! 여러분의 힘찬 목소리를 들으니 멋진 사람들로 자랄 여러분의 모습이 벌써 눈에 선하네요."

지우는 계속 "유후!"라는 추임새를 넣는 유후 선생님이 신기하면서도 웃기게 느껴졌어요. 유후 선생님과 함께 할 5학년 생활이 왜인지 너무 재미있을 것 같았지요.

잠시 학생들 하나하나의 눈을 바라보던 유후 선생님이 말을 이어갔어요.
"여러분은 앞으로 각각 속도는 다르겠지만 몸과 마음의 변화를 경험할 거예요. 이러한 변화에 놀라기도 하고 예민해질 수도 있어요. 또, 혼자만의 고민이 생길 수도 있고 친구들과 지낼 때 불편한 점이나 갈등이 생길 수 있어요. 이런 시기를 뭐라고 할까?"
"사춘기요!"
아침에 엄마와 실랑이하며 했던 이야기가 떠올라 지우는 자기도 모르게 큰 소리로 말했어요. 지우를 보며 싱긋 웃음을 지은 선생님은 고개를 끄덕이며 말했어요.

"맞아요. 사춘기(思春期)! 사춘기를 한자 뜻대로 풀이해볼까요?"
"생각할 사(思)자에 봄 춘(春)자, 때 기(期)자를 쓴 것 맞나요?"
평소에 언어에 관심이 많은 시오가 대답했어요.

"오~ 우리 반에 한자 박사가 있구나. 맞아요. 그럼 사춘기는 무슨 뜻일까?"
"봄을 생각하는 시기라는 뜻인 것 같아요. 사춘기가 인생의 봄이라는 건 아닐까요?"
이어서 튼튼초의 퀸카 리아가 또렷하고 고운 목소리로 대답했지요.

"하하, 그럴 수도 있겠네요. 1년의 시작을 알리는 계절이 봄인 것처럼 여러분의 인생이 본격적으로 시작하는 시기, 혹은 꽃 피는 봄처럼 여러분 마음속에서 사랑이 몽글몽글 피어나는 시기일수도~?"

유후 선생님의 장난스러운 말에 5학년 1반 교실이 또다시 부끄럼쟁이들의 비명으로 채워지는 동안, 은철이는 곁눈질로 리아를 힐끔거렸어요. 창가 쪽 자리에서 햇살을 받으며 곧은 자세로 앉아 있는 리아를 보니 정말 은철이의 마음 속에서 봄꽃이 몽글몽글 피어오르는 기분이었어요.

"유후~! 우리 5학년들이 이렇게 사랑을 꿈꾸고 있는 줄은 몰랐네~!
아무튼 이 시기는 여러분의 몸과 마음에 변화가 생기는 아주 중요한 때예요.
이 시기에 여러분이 스스로를 사랑할 수 있도록 선생님과, 여러분이 좋아하는 다른 선생님께서 도와주실 거예요."
"???"
다들 갸우뚱하는 사이 유후 선생님이 교실 문으로 가더니 문을 활짝 열었어요.

아지랑이 피어오르는 새로운 시작

"짜잔~ 안녕하세요! 튼튼초등학교 주치한의사 똥글 선생님이에요! 하하하하."
"우왓! 문 밖에서 기다리고 계셨어요?"
"네, ㅎㅎ 깜짝 인사하려고 유후 선생님하고 이야기해서 5분 정도 숨어 있었죠! 으하하."
"진짜 똥글 선생님은 장난꾸러기야!"
"그럼 난 다른 반 친구들 만나러 가요~ 내가 또 언제 깜짝 등장할지 기대하세용!"
"네! ㅋㅋㅋㅋㅋ"
"아, 진짜 재미있어!"
"그거 알아요? 여러분이 사춘기라서 괜히 짜증도 화도 많이 나지만, 또 사춘기라서 이런 작은 이벤트에도 마음껏 웃을 수 있는 거예요. 사춘기를 미워하지 말고, 마음껏 즐기세요!"
"하하하하. 네!"
"유후 선생님 다음에 또 뵈어요. 유후!"
"똥글 선생님, 씨 유 어게인! 앞으로 선생님들은 몸 교육, 마음 교육, 그리고 생활 속의 도움을 통해 여러분을 사랑할 테니 여러분도 몸과 마음의 변화로 인해 고민이 생기거나 어려움이 있을 때 선생님들에게 바로 알려주세요. 그래야 늦지 않게 도울 수 있으니까요!"
"네!"
모두가 희망찬 얼굴로 대답했어요.

지우는 유후 선생님과의 첫 만남이 마음에 들었어요.
사춘기라는 게 어떤 건지 자주 들어 알고는 있었지만 사실 요새 몸과 마음에 예전과 다른 변화가 생기는 것 같아서 걱정이 많았거든요. 지우는 이제 유후 선생님, 그리고 똥글 선생님과 함께 그런 고민들을 잘 해결해나갈 수 있을 것 같은 생각이 들어 마음이 놓였어요.

2. 저를 회장으로 뽑아주신다면!

이른 아침부터 튼튼초 5학년 1반 교실은 어수선했어요.
오늘이 1학기 학급 임원 선거를 하는 날이기 때문이지요. 며칠 전부터 후보자들의 공약이 걸려 있던 게시판 아래쪽에는 투표함도 설치되어 있었어요. 친구들은 삼삼오오 모여 누구를 뽑을지 이야기를 나누고 있었지요.

"유미야, 떨리지 않아?"
이번 선거에 후보로 나간 유미가 곧 있을 선거 유세를 준비하는 동안, 옆에서 세린이가 걱정스러운 눈으로 물었어요.

"어우, 야. 하나도 안 떨려! 이게 뭐 대단한 거라고 떨리니? 난 그냥 엄마가 한번 나가보래서 나가는 거지, 차라리 확 떨어졌으면 좋겠어."
일부러 더 대수롭지 않다는 듯 큰소리치는 유미를 보며 지우가 웃었어요.

"캬캬캬캬캬! 세린아, 유미 쟤 저렇게 오버하는 거 보면 진짜 떨리는 거다? 쟤는 꼭 긴장되면 저렇게 센 척하더라?"
"뭐? 지우 너 이리 와! 긴장한 사람한테 헤드락 좀 당해볼래?"
"얘들아~ 그만해~! 선생님 오시겠어!"

자리를 박차고 일어난 유미와 우당탕탕 도망가는 지우, 그리고 둘을 말리는 세린이 때문에 한층 더 소란스러워진 교실 한쪽에서는 리아가 아랑곳하지 않고 꼿꼿하게 앉아 중얼중얼 연설문을 낭독하고 있었어요.

어릴 때부터 주변에서 예쁘다는 소리를 듣고 자라 온 리아는 초등학교 입학 후 공부면 공부, 운동이면 운동, 그것도 모자라 미술과 음악에도 뛰어난 소질을 보이며 주목을 받아왔어요.
리아가 상냥한 목소리로 웃으며 인사만 해도 어른들은
"아유, 예쁜 애가 예절도 바르네"라며 칭찬하기 일쑤였지요.
리아는 점점 그런 칭찬이 익숙하게 느껴졌고, 언제부터인가 주목과 칭찬을 받지 않으면 서운할 정도였어요. 고학년이 되어서 학급임원 선거를 할 때면 당연히 리아는 추천을 받았고, 매번 당선이 되어 학급을 이끌곤 했지요.

이번 5학년 학급임원 선거에서도 리아는 첫 번째로 후보 추천을 받아 선거에 나서게 되어 최종 연설을 준비하던 참이었어요.

"저를 학급 회장으로 뽑아주신다면, 저는 선생님을 도와 서로 사랑하는 반을… 악!"
열심히 연설 연습을 하던 리아의 뒤통수에 무언가 날아와 부딪혔어요.
"아~~!!! 미안해 미안해 미안해!!! 괜찮아?"
지우를 쫓아 교실 안을 뛰어다니던 유미가 냅다 던진 실내화 한 짝이었어요.

"어머! 리아 어떡해!"
갑작스러운 충격에 뒤통수를 부여잡고 책상에 엎드린 리아에게 유미와 세린이, 지우가 달려왔어요.

"리아야, 괜찮아? 진짜진짜 미안해. 지우랑 장난친다는 게…."
"나도 미안해, 리아야. 괜찮은 거야?"
유미와 지우의 말에 리아가 천천히 고개를 들었어요.
리아는 너무 놀라 두 눈에 눈물이 그렁그렁하면서도 친구들에게 애써 웃어 보이며 말했어요.
"괜찮아. 좀 놀랐는데, 많이 아프진 않아."

그때였어요. 옆에서 이 모습을 지켜보던 세찬이가 다가와 리아에게 말을 걸었어요.
"서리아, 너 엄청 세게 맞았어. 다친 데는 없어? 어지럽진 않아? 맞은 데 좀 봐봐."
호들갑을 떨며 걱정하는 친구들 틈에서 침착하게 리아의 머리를 살피는 세찬이의 손길에 리아는 심장이 두근거리기 시작했어요.
"어? 어… 나 괜찮아. 걱정하지 마. 나 화장실 좀 다녀올게."

갑자기 가슴이 두근거려 당황한 리아는 황급히 교실을 빠져나왔어요. 화장실에 들어왔는데도 떨리는 마음은 쉽게 진정되지가 않았어요.
"아, 이상하네. 심장이 왜 이렇게 떨리지? 선거 때문에 긴장했나?"
분명 장난꾸러기로 소문난 세찬이인데, 아까의 모습은 소문과는 달리 너무 어른스럽게 느껴졌어요. 아직도 리아의 뒤통수에는 세찬이의 손길이 닿아 있는 듯했지요. 화장실 거울 앞에 서서 떨리는 마음을 진정시키던 리아는 1교시 시작 종을 듣고 서둘러 교실로 돌아갔어요.

"유후~! 좋은 아침이에요! 오늘은 학급임원 선거가 있어서 그런가 아침부터 교실 안에 긴장감이 감도는 느낌인걸~?"
유후 선생님의 밝은 목소리와 함께 5학년 1학기 학급임원 선거가 시작되었어요. 후보로 오른 학생들의 최종 연설 후에 투표를 하는 순서였지요.

몇몇 친구들의 연설이 끝나고 유미의 순서가 되었어요. 긴장한 태도로 친구들 앞에 선 유미가 조용히 교실 안을 빙 둘러보더니, 이윽고 결심한 듯이 말했어요.
"저는 이번 학급임원 선거 후보에서 사퇴하겠습니다. 아침에 제가 교실에서 장난을 치다가 다른 친구에게 피해를 주었습니다. 저는 학급을 대표할 자격을 갖추지 못한 것 같습니다. 그 친구에게 다시 한번 사과의 마음을 전합니다."
모두가 놀란 사이 유미는 허리를 숙여 인사한 후 묵묵히 자리로 돌아와 앉았어요.

세린이는 토끼처럼 동그래진 눈으로 고개를 돌려 유미의 얼굴을 살폈고, 지우는 목소리를 낮춰 "야, 임유미! 뭐야!" 하며 유미를 불렀어요. 유미는 둘을 바라보며 괜찮다는 듯 씨익- 웃음을 지었어요.

유후 선생님은 그런 세 친구를 바라보다가 입을 열었어요.

"흠, 그래요. 유미가 자신이 한 행동에 대해 책임을 지고자 사퇴를 결정한 것 같네요. 학급회장이라는 명예를 얻는 것보다는 책임이라는 덕목을 선택한 유미의 결정을 선생님은 존중합니다. 다음 후보자, 연설하죠."

이어서 리아의 차례가 되었어요.
교실 앞에 나와 친구들을 향해 인사를 한 리아는 바른 자세로 서서 또박또박 이야기하기 시작했어요.
"안녕하세요, 기호 3번 서리아입니다. 먼저, 임유미 후보의 사퇴에 안타까움을 표합니다. 아까 제가 놀라긴 했지만 다치지도 않았고, 유미와 친구들이 모두 제게 바로 달려와서 사과를 했기 때문에 저는 어떠한 책임도 묻고 싶지 않습니다. 그럼에도 불구하고 이렇게 책임감 있는 모습을 보이는 임유미 후보가 우리 학급에 꼭 필요한 리더가 아닌가 싶네요."

가만히 있다가 봉변을 당해놓고도
따뜻한 눈빛으로 유미와 지우를 바라보며
이야기하는 리아를 보며
세린이는 감동하지 않을 수 없었어요.
리아의 연설은 이어졌지만,
세린이에게는 아무것도
들리지 않았어요.
그저 꾀꼬리 같은 목소리로
연설하는 리아가 마치
하늘에서 내려온 천사처럼
보일 뿐이었어요.

모든 후보의 연설이 끝나고 투표는 시작되었고, 그 결과 학급회장으로는 리아가 당선되었어요.

"자, 앞으로 한 학기 동안 우리 반을 위해 열심히 봉사해줄 학급 회장과 부회장은 나와서 당선 소감을 발표해봅시다."
"1학기 학급회장으로 당선된 서리아입니다. 저를 회장으로 뽑아주셔서 감사합니다. 앞으로 유후 선생님과 부회장을 도와 서로 사랑하는 우리 반을 만들도록 최선을 다하겠습니다. 고맙습니다."
당선 소감을 발표하던 리아는 문득 세찬이와 눈이 마주쳤어요.
그 순간 리아는 아까 자신을 걱정해주던 세찬이의 모습이 떠올라 얼굴이 화끈거려 서둘러 눈을 피했어요.

학교가 끝난 후, 지우와 유미, 세린이는 단골 분식집으로 향했어요.

"유미야, 진짜 괜찮은 거 맞아? 괜히 나 때문에… 미안해."
하루 종일 유미의 눈치를 살피던 지우가 용기 내어 말을 꺼냈어요.
"아유~ 괜찮다니까! 나 진짜 회장 같은 거 관심 없었다구. 진짜 엄마 때문에 나간 거라니까!"
"힝… 그래도… 오늘 떡볶이 내가 쏠게. 우리 유미, 많이 먹어!"
"오~ 한지우! 그럼 나 배터지게 먹어야지! 저희 떡볶이 3인분이랑 순대랑 튀김도 주세요!"
"얘들아, 근데 리아 말야. 생각보다 더 좋은 아이인 것 같지 않아?"
세린이가 말을 꺼냈어요.

"맞아, 맞아! 난 아까 유미가 던진 실내화, 리아가 딱 맞았을 때 망했다! 싶었거든.

엄청 화낼 줄 알았는데, 성격 진짜 좋더라!"
지우가 거들었어요.

"응, 맞아. 공주병일 줄 알았는데 소문대로 진짜 착하더라."
유미도 맞장구쳤어요.

"난 사실, 아까 리아가 앞에서 유미 얘기할 때 리아한테 좀 반한 것 같아. 너무 예쁘고, 말도 잘하고, 목소리도 좋고! 정말 공주님 같지 않니?"
세린이가 두 손을 꼭 맞잡고 사랑에 빠진 듯이 황홀한 표정으로 말하자, 지우와 유미가 그런 세린이를 보고 깔깔대며 웃었어요. 분식집 안은 달큰한 떡볶이 냄새와 함께 세 친구의 웃음 소리로 금세 가득 찼어요.

2
잎새 푸른 달, 봄을 생각하다

1. 달리기할 때 부끄러워요

2. 너희들 먼저 가~ 나는 조금 이따 갈게

3. 자꾸만 이마에 손이 가요

4. 크아아아아!!!

1. 달리기할 때 부끄러워요

조금만 놀림을 받아도 우다다다 뛰어와 친구들을 꼼짝 못하게 만들던 지우는 요즘 고민이 생겼어요. 가슴이 간질간질하더니 볼록하게 튀어나와서 옷 위로 드러나기 시작한 것이지요. 날씨가 따뜻해지면서 점점 옷도 얇아지는데 이걸 입어도, 저걸 입어도 자꾸 봉긋한 가슴이 신경 쓰여 지우는 매일 아침마다 입을 옷을 고르는 게 한걱정이었어요.

튼튼초 5학년 남학생들도 이런 여학생들의 변화를 어느 정도 알고 있었어요.
하루는 방과 후에 남학생들끼리 운동장에 모여 축구를 하다가 아이스크림을 사 먹는데 한 친구가 말했어요.
"야! 유미 봤냐? 찌찌 나왔더라."
"야, 우리 반에 쭈쭈 나온 애들 많아!"
"누구, 누구?"
"캬캬캬캬! 무슨 쭈쭈바도 아니고 쭈쭈가 뭐냐?"

그렇게 시작된 여자애들의 가슴 이야기.
남학생들은 시간 가는 줄 모르고 킬킬대며 이야기를 나눴어요.

친구들과 즐거운 시간을 보내고 집으로 돌아온 세찬이는 자려고 누워서도 쉽게 잠에 들지 못했어요. 아까 친구들과 나눈 이야기가 자꾸 떠올랐거든요.

사실 요즘 5학년 남자친구들끼리 모이면 자꾸 야한 얘기가 나오곤 했어요. 처음엔 창피하고 부끄러워서 그런 얘기를 하면 안 된다고 생각했는데 듣다 보니 조금씩 재미있어져서 맞장구를 치며 이야기를 나누게 됐지요.

친구들과 이런 이야기를 자주 나누다 보니 요새는 이상하게 자꾸 자기도 모르게 눈길이 여자들 가슴 쪽으로 가게 됐어요. 학교에 가서 수업을 들을 때는 선생님의 가슴을 쳐다보게 되고, 쉬는 시간마다 슬쩍슬쩍 같은 반 여자애들을 살펴보면 가슴이 나온 친구들이 꽤 많은 것 같았어요.

세찬이는 이런저런 생각을 하다가 기분이 이상해져서 이불을 머리 끝까지 뒤집어 쓰고 뒹굴거리다 잠에 들었어요.

유후 선생님은 이런 친구들의 고민을 다 알고 있었던 모양이에요.
요새 가슴이 봉긋하게 올라온 여학생들과, 여자의 가슴을 힐끔대다가 눈이 마주치면 고개를 푹 숙이는 남학생들을 보며 유후 선생님은 생각했어요.
'후후, 녀석들. 잘들 크고 있구만. 슬슬 다음 몸 교육을 준비해야겠는걸?'

얼마 후 점심 시간, 공기놀이를 하는 지우와 유미, 세린이에게 유후 선생님이 다가왔어요.
"유후! 아가씨들, 선생님이랑 얘기 좀 할까?"
장난스럽게 다가온 선생님의 제안에 세 친구는 신나게 자리에서 일어났지요.
선생님을 따라 간 곳은 교내 상담실이었어요.
어리둥절한 표정으로 상담실에 들어온 세 친구는 이미 그곳에 앉아 있던 같은 반의 다른 여자 친구들을 보고 깜짝 놀랐어요. 영문을 모르기는 그 친구들도 마찬가지였지요.

점심시간이라 복도며 운동장이며 즐겁게 뛰노는 친구들의 목소리로 왁자지껄한데, 상담실 안은 마치 다른 세계에 온 듯 조용하고 평화로웠어요.
상담실의 분위기에 저도 모르게 차분해진 아이들은 눈만 똥그랗게 뜨고 서로의 얼굴을 살피며 상황을 파악하려고 애썼어요.
그런 아이들의 표정을 읽은 유후 선생님은 얼굴 한가득 미소를 띠더니 밝은 목소리로 이야기했어요.
"유후~~! 왜들 이렇게 긴장했어? 선생님이 야단이라도 칠까 봐 걱정하는 거야?"
"저희 여기 왜 모인 거예요?" 리아가 먼저 물었어요.
"아름다운 여성이 되어가는 너희들을 축하하기 위해서?"
예상치 못한 선생님의 말씀에 아이들은 제각기 "꺅!", "윽!", "에엥?" 하며 놀랐어요.
"오늘 너희들과 여자들의 이야기를 하려고. 바로, 가슴에 대한 이야기란다!"
선생님의 말씀에 지우는 새삼 놀랐지만, 금세 잘됐다는 생각이 들었어요.
가슴이 간질간질한 느낌 때문에 영 불편하면서도 남들에게 쉽게 이야기하지 못했는데, 여기선 마음 편히 이야기할 수 있겠다는 생각이 들었거든요.

"여기서 우리가 나누는 이야기는 내 몸을 더 잘 알고 더 사랑해주기 위한 것이고, 우리끼리만 알 이야기예요. 편안한 마음으로 내가 하고 싶은 이야기를 나누고, 하기 싫은 이야기는 하지 않아도 괜찮아요. 알겠죠?"
아이들은 어색한 미소를 띠면서도 서로의 눈을 바라보며 고개를 끄덕였어요.

"자, 좋아요. 그럼 이제 가슴 이야기를 좀 해볼까?
요즘 가슴이 좀 이상하거나 불편한 느낌이 든다고 느낀 적이 있는 친구 있니?"

모여 있던 대부분의 아이들이 슬며시 손을 들었어요. 사실 상담실에 모인 아이들은 저마다 정도는 다르지만 가슴 발육이 시작되고 있었어요. 유후 선생님이 평소에 잘 관찰해두었다가 이야기를 해줄 만한 필요가 있는 친구들을 따로 모은 거죠. 남들 눈치를 보며 슬며시 손을 들었다가 모두가 손을 든 모습을 보고, 아이들은 꺄르르 넘어가며 즐거워했어요. 그리고는 선생님이 묻지도 않았는데 자기 이야기를 털어놓기 시작했지요.

"나는 가슴이 자꾸 아프고 간지러워서 만져봤더니 뭐가 있어서 깜짝 놀랐어! 엄마가 가슴 멍울이 생긴 거라고 하셨어!"
"야, 너도? 나 요즘 젖꼭지 간지러워서 완전 짜증 나!"
"캬캬캬캬캬, 젖꼭지가 뭐냐?"
저마다 가슴 이야기를 나누는데, 지우는 너무나 공감이 가서 정말 신이 났어요. 나만의 고민과 불편함이라고 생각했는데, 이렇게 많은 친구들이 비슷한 일을 겪고 있다는 걸 알게 되니 가슴이 간지러워서 오히려 다행이라고 생각했어요.

"너희들의 가슴이 간지럽거나, 아프거나, 멍울이 만져지는 건 모두 정상이란다! 여성의 2차성징은 유방의 변화에서부터 시작하는 경우가 많거든."
장난스럽게 가슴 이야기를 시작한 친구들의 이야기를 듣던 유후 선생님이 사뭇 진지한 표정으로 말했어요.
"사춘기가 되면 여성호르몬에 의해서 유방이 발달하게 되는데, 젖샘이 발달해서 아기에게 젖을 먹일 수 있게 변화하는 거지. 그리고 이 젖샘을 보호하기 위해 지방조직이 쌓이면서 점점 성인 유방처럼 모양이 갖춰지고 말야."
"그런데 왜 아프죠?"
리아가 선생님을 따라 진지한 표정으로 물었어요.
"갑자기 가슴이 성장하면서 피와 수분이 모이고, 주변이 긴장되면서 통증이 생기는 거야. 따뜻하게 해주고 부드럽게 마사지를 해주면 뭉친 멍울이 풀리는 데 도움이 될 거예요."
"선생님! 저희 엄마는 제 가슴 보시고 '곧 브래지어 해야겠네~' 하셨는데, 저 부라자 하기 싫은데 어떡해요?"
지우의 투정 섞인 말에 유후 선생님을 포함한 모두가 또 한 번 깔깔대며 웃음보를 터뜨렸어요.

"안 그래도 선생님이 여기에 너희들을 부른 게 바로 그 때문이란다. 여기 모인 친구들은 이제 슬슬 브래지어를 착용할 때가 된 것 같아서 말이야."
"아! 저는 한겨울에도 불편해서 내복 입기도 싫어하는데, 생각만 해도 답답해요!"
유미가 말했어요.
"음, 처음에 당연히 불편할 거야. 그런데 브래지어는 여러 가지 역할을 하기 때문에 가급적 착용하는 것이 좋아요."
"무슨 역할을 하는데요?"
세린이가 두 뺨에 발그레한 홍조를 띤 채 말했어요.

"우선 가슴을 보호하는 역할을 해주지. 그리고 가슴 인대를 잡아줘서 운동을 할 때나 격한 신체 활동을 할 때 가슴이 흔들리는 것을 잡아주고요. 또, 가슴 발육이 진행되면서 아까 젖꼭지라고 표현한 유두와 유륜이 커지게 되는데 그 부분이 옷 위로 드러나는 것을 막아주기도 한단다."
아이들은 선생님 말씀을 들으며 고개를 끄덕였어요.

"그런데 무엇보다 중요한 건 나의 가슴 사이즈에 잘 맞고, 용도에 적합한 것을 찾는 것이 중요해요. 지나치게 꽉 끼거나 단단한 와이어가 들어 있는 경우는 오히려 소화불량, 순환장애가 생겨 병을 일으킬 수 있거든요."

"자, 그럼 우선 브래지어 사이즈 찾는 법을 알아볼까?"
유후 선생님은 말을 마치기 무섭게 갑자기 주머니에서 무언가를 꺼내어 바닥을 향해 좌라락 펼쳤어요. "유후! 이게 뭐게~?", "줄자네!" 갑작스럽게 줄자를 꺼내 들고 씨익 웃어 보이는 유후 선생님은 마치 동화책에 나오는 재단사 같았지요.

"나에게 꼭 맞는 브래지어를 찾으려면 우선 내 몸 사이즈를 알아야죠. 자, 내 몸을 사랑하기 위해 가슴 사이즈를 재어보고 싶은 친구?"
몇몇 친구들이 같이 해보자고 속닥이더니 신이 난 듯 손을 들었어요.
"유후~! 좋아, 역시 우리 반 친구들은 자기 몸에 관심이 많다니까! 사랑의 시작은 관심이지, 암 그렇고 말고!" 유후 선생님은 줄자를 들고 자리에서 일어나셔서 손을 든 아이들에게 다가갔어요.

"가슴 사이즈를 재는 방법, 첫 번째! 바른 자세로 선다. 두 번째, 밑가슴둘레를 잰다. 세 번째! 유두를 지나가게 가슴둘레를 잰다. 끝!"
마치 구호처럼 가슴 사이즈 재는 법을 힘차게 외친 유후 선생님은 진짜 재단사라도 된 듯 줄자를 능숙하게 다루며 자원한 친구의 가슴 둘레를 쟀어요. 자신의 가슴 둘레를 알고 재미있어하는 친구들의 모습을 본 지우와 유미, 세린이도 동참했지요. 그렇게 아이들 모두의 가슴둘레를 모두 재어주고 나서야 자리에 앉은 유후 선생님은 이마의 땀을 닦는 시늉을 하시더니 이야기했어요.
"휴우, 이제야 끝났군. 호기심 가득한 아가씨들 같으니. 방금 선생님이 재어 준 밑가슴둘레와 가슴둘레의 차가 바로 브래지어의 컵 사이즈예요. 보통 그 차이가 5cm 내외면 AA컵, 7.5cm 내외면 A컵, 12.5cm 내외면 B컵, 하는 식으로 사이즈가 정해지죠. 그리고 컵 사이즈뿐 아니라 가슴 둘레도 잘 맞춰서 골라야 불편하지 않고 건강하게 속옷을 착용할 수 있답니다. 브래지어를 고를 땐 꼭 직접 속옷 매장에 방문해서 치수를 직접 재고, 전문가의 추천에 따라 고르도록!"

유후~쌤과 함께 속옷 고르기!

| 주니어 브라 | 스포츠 브라 | 빌트인러닝 브라 |

여러분, 본인에게 맞는 브라를 고르기 위해선 가슴 사이즈를 제대로 재보는 과정이 필요해요!

여성의 가슴 성장 단계

1단계	2단계	3단계
10세 전후	14세 전후	16세 전후
가슴 몽우리 유두와 유륜의 발달	가슴샘과 지방조직 발달	성인과 비슷한 정도

다음과 같이 따라해보세요!

① 밑가슴둘레를 잽니다.

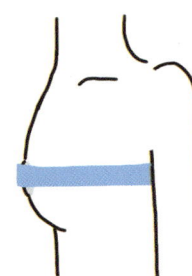

② 유두를 지나가게 가슴둘레를 잽니다.

②−① 을 하면 끝!

잎새 푸른 달, 봄을 생각하다

지우는 가슴 치수를 재고 사이즈에 대한 설명을 들으니 그렇게 싫던 브래지어가 궁금해지기 시작했어요.

"자, 이제 여러 가지 브래지어의 종류를 한번 살펴볼까?"
선생님은 어느새 태블릿 PC를 꺼내 친구들에게 다양한 브래지어의 종류를 사진으로 보여주며 설명해주었어요.
"가슴 발육이 이제 막 시작된 너희들을 위해서 주니어 브래지어가 있단다. 천으로 만들어졌고 컵 형태를 잡기 위한 철사가 들어가 있지 않아서 편하지. 이런 러닝셔츠 형태의 브래지어도 있어요. 그리고 이렇게 운동할 때를 위한 스포츠 브래지어도 있고 말야."
"러닝셔츠 같은 건 수영복이랑도 비슷해서 별로 안 불편할 것 같네요!"
답답하고 불편한 걸 끔찍하게 생각하는 유미가 선생님이 보여주는 사진에 관심을 보이며 눈을 반짝였어요.
"선생님, 저는 사실 이미 예전부터 브래지어를 입고 있는데요, 남자아이들이 자꾸 수군대는 게 싫어서 일부러 작은 브래지어를 입어요. 조금이라도 작아보이고 싶어서요."
여태 조용히 있던 리아가 입을 떼고 이야기를 하기 시작했어요.
"저는 체육시간에 달리기하는 게 너무 싫어요. 가슴이 흔들리면 애들이 다 저를 쳐다보면서 수군대는 것 같아요."
리아의 울적한 표정을 본 세린이가 말했어요.
"아니야, 리아야. 그렇게 생각한 적 없어! 나는 다른 친구들에 비해서 가슴이 자라지 않는 것 같아서 오히려 고민이었어."
"정말? 나는 가슴이 너무 큰 게 스트레스였는데?"
서로를 위로하는 리아와 세린이를 바라보던 선생님이 말했어요.
"유후~ 우리의 목표가 뭐였더라?"

"나, 그리고 다른 사람을 사랑할 줄 아는 사람이 되자!"
"그래. 우리는 각자 다른 속도와 모습으로 성장하고, 각자의 개성을 갖고 살아요. 누구는 키가 빨리 자라고, 누구는 유독 살이 찌지 않죠. 누구는 쌍꺼풀이 있고, 또 누군가는 곱슬머리고요. 어떤 속도이고 어떤 모습이든 그게 나랍니다. 누군가와 비교할 필요 없이 이 세상 하나뿐인 아름답고 멋진 존재에요. 다른 사람과 같을 필요 있나요?"
유후 선생님의 질문에 아이들은 고개를 절레절레 흔들었어요.
"오늘 친구들이랑 같이 가슴에 대한 고민을 나누고 나니 다들 고민이 있었다는 걸 알게 돼서 마음이 편해졌어요."
지우가 사뭇 의젓한 목소리로 말했어요.
"저도요. 아까 가슴 치수 재보니까 각자 키랑 몸무게가 다른 것처럼 사람마다 가슴 사이즈가 다르다는 걸 알게 됐어요."
"저는 오늘 학교 끝나고 엄마랑 브래지어 사러 갈 거예요."
"나도 나도! 나는 아빠랑 가야지!"
"하하하하하, 그래. 역시 내 새끼들! 선생님은 정말이지 너희들이 스스로의 몸을 사랑할 수 있으면 좋겠어요. 지금의 모습도, 점점 자라면서 바뀌어 갈 모습도, 있는 그대로 충분히 예쁘니까요."
"네!"

• 부모님께 •

가슴 발육이 막 시작된 초등학교 여학생들은 남들보다 발달된 가슴에 대해 고민을 갖는 경우가 많습니다. 가슴이 크면 체육시간에 달리기를 할 때 가슴이 흔들리는 게 창피해서 체육 활동을 피하는 경우가 많아요. 딸의 가슴 발육이 시작된 것 같다면, 함께 예쁜 속옷을 사러 가주세요. 소중한 추억이 될 거예요.

2. 너희들 먼저 가~ 나는 조금 이따 갈게

"은철아, 얼른 나와! 체육시간이야!!"
"어? 어… 나 조금만 있다가 나갈게."
"왜 그래? 어디 아파?"
"아니야. 그냥 좀… 생각할 게 있어서. 하하하."
"알았어. 우리 먼저 나간다~"
은철이는 바지 앞부분이 볼록 나와서 운동장으로 바로 나갈 수가 없었어요.
'아이 참… 야한 생각을 한 것도 아닌데 자꾸 왜 이러지?'

똥글 선생님이 지나가다 은철이를 발견했어요.
"안녕하세요! 우리 은철이 무슨 고민이 있나요?"

"자꾸 고추… 아니 거기가 딱딱하게 커져요."
"아항, 그건 음경에 발기 현상이 일어난 거예요!"
"발기요?"
"음경에 있는 혈관에 갑작스러운 확장과 충혈이 일어나서 음경의 크기가 커지고, 근육이 긴장되면서 음경의 크기가 커지고, 우뚝 솟게 되는 걸 발기라고 하죠."

발기 전	발기 시
해면체 / 요도	
음경해면체가 보통과 같음	피가 모이면서 음경해면체가 팽창하고 음경이 딱딱하게 유지됨

"이럴 때는 어떻게 해야 하나요? 저 얼른 축구하고 싶은데. ㅜㅜ 너무 난감해요."
"하하. 일단 당황하지 말기! 그리고 옷이나 가방 등으로 잘 가려봐요. 발기가 결코 나쁜 건 아니지만 그래도 다른 사람에게 보여주고 싶지는 않은 일이고, 다른 사람도 안 보고 싶을 수 있으니까요. 그러고는 천천히 코로 숨을 깊이 들이마시고, 입으로 내쉬면서 마음을 안정시키는 거예요."
"저는 선생님이랑 이야기하다 보니 괜찮아졌어요."
"그래요. 일정 시간이 지나다 보면 원래대로 돌아간답니다. 너무 걱정하지 말고요. 은철이가 건강하게 성장하고 있다는 뜻이기도 하니까요!"
"네, 얼른 운동장에 나가봐야겠어요. 감사합니다, 똥글 선생님!"
체육시간이 끝나고 남학생들이 한자리에 모였고, 똥글 선생님은 은철이에게 해준 것과 같은 이야기를 아이들에게 들려주었어요.

"선생님, 왜 이런 발기가 일어나는 거예요?"
"오, 좋은 질문이에요. 왕성해지는 남성호르몬 때문이죠!"

"호르몬이 뭔가요?"

"몸에서 분비되어 혈액을 타고 작용할 기관(표적기관)으로 이동하는 화학물질이에요. 우리 몸의 각 기능을 정상적인 상태로 유지시켜 주고, 키를 자라게 하거나, 남성과 여성의 성적 특징을 드러나게 하는 등의 역할을 하죠.

이런 호르몬을 분비하는 곳을 '내분비샘'이라고 해요.

와, 어려운 단어들이 많죠? 천천히 설명할 테니 잘 들어보세요.

여러분이 궁금해하는 성장호르몬은 뇌하수체에서 나오고요, 2차성징을 만드는 성호르몬 중에 남성호르몬인 테스토스테론(testosterone)은 고환(정소)에서, 여성호르몬인 에스트로겐(estrogen)과 프로게스테론(progesterone)은 난소에서 나와요. 남성호르몬은 테스토스테론. 뭐라고요?"

"테스토스테론."

"여성호르몬은 에스트로겐, 프로게스테론."

"에스트로게론?"

"하하하."

"너무 어려워요~"

"응, 오늘 꼭 외울 필요는 없어요."

"그런데 남성에게도 여성호르몬이 아주 조금 있고요, 여성에게도 남성호르몬이 아주 조금 있어요."

"아항~ 그렇군요!"

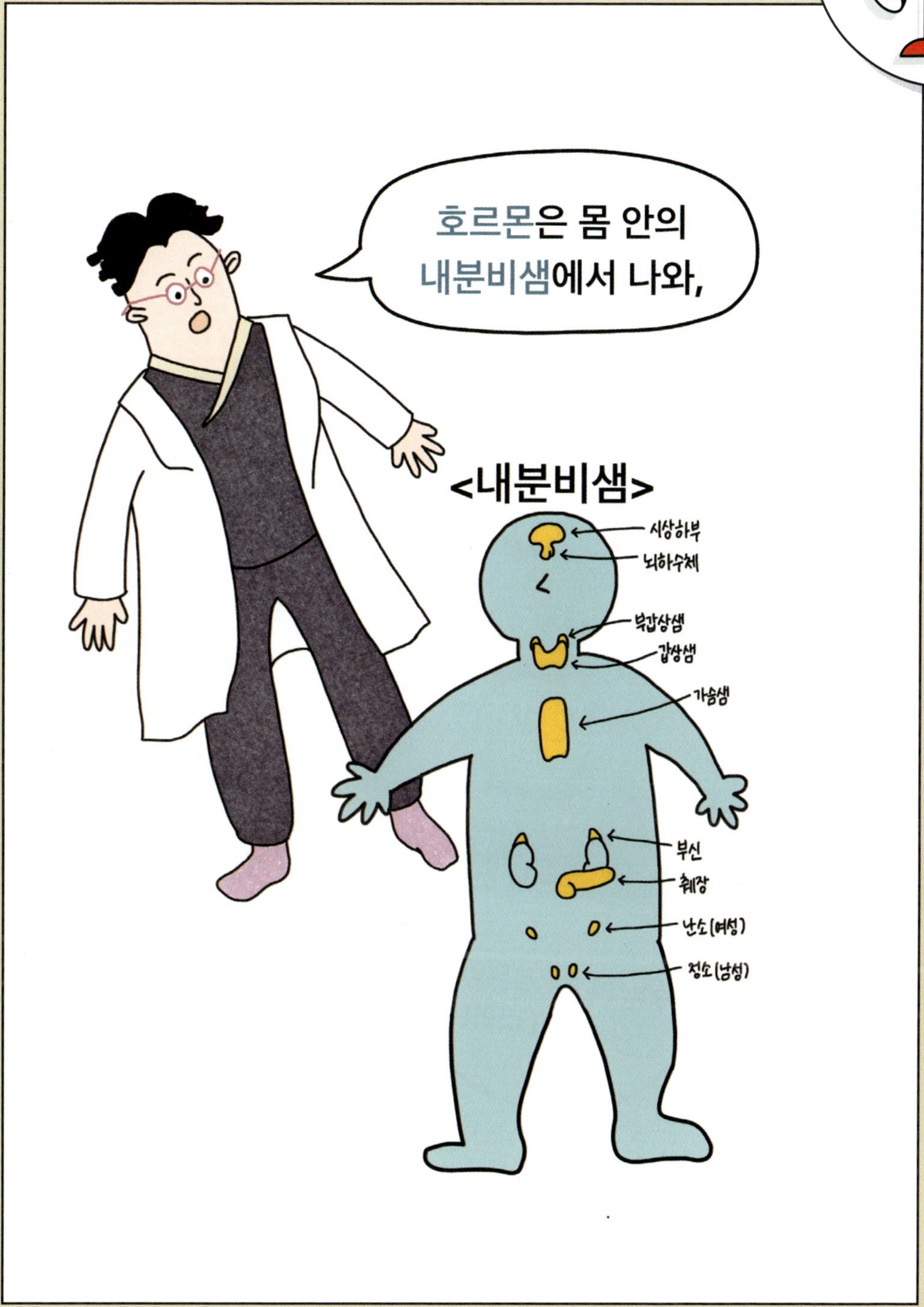

"여러분 혹시 '성관계'라고 들어본 적 있나요?"
"으악!!!!"
"헤헤헤. 그걸 어떻게 말해요!"
"응? 뭐길래 다들 얼굴이 빨개지는 거예요?"
"아이 참. 그거잖아요. Six랑 socks랑 비슷한 거요…."
"캬캬캬캬캬!"

똥글 선생님이 칠판에 적었어요.
"Sex. 이 단어를 말하고 싶은 거죠?"
"헉!!!!"
"한글로 성관계, 영어로 섹스. 우리 2학년 때부터 성교육 시간에 배웠던 임신의 과정 기억 나요?"

은철이가 답했어요.
"여성의 난소에서 난자가 나오고…."
"그렇죠. 그걸 배란!이라고 하죠!"

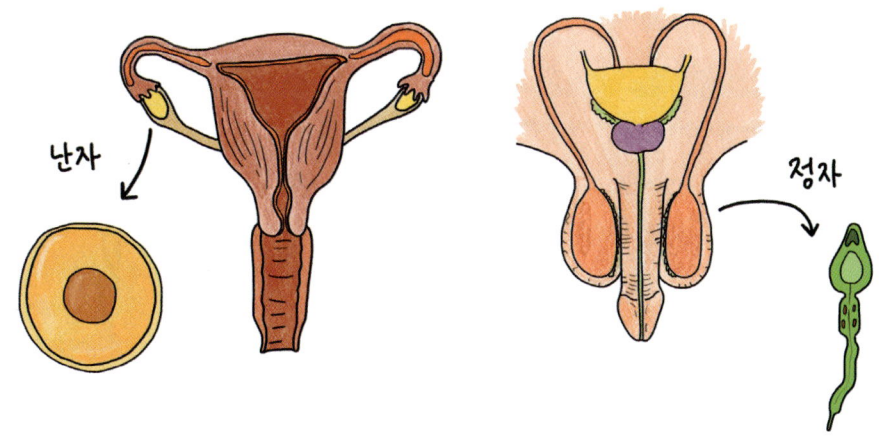

시오가 답했어요.
"남성의 정자가 난자와 만나서 하나가 되어요. 무슨 계란 비슷한 거였는데…"

세찬이가 외쳤어요.
"수정란!"

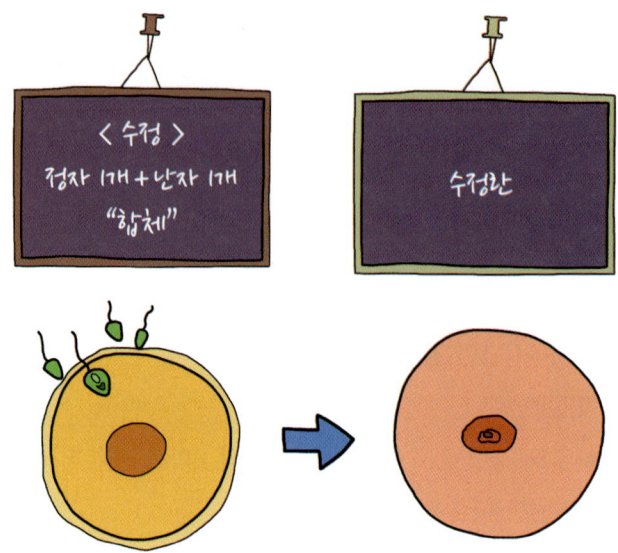

"그렇죠! 남성의 정자와 여성의 난자가 잘 만나도록 하기 위해, 남성의 음경이 여성의 질 안으로 들어가면서 생기는 일련의 과정이 바로 성관계, sex예요."

"으아아아!"
"헙!"
"대충 알고는 있었는데 선생님이 아무렇지도 않게 말씀하시니까 조금 충격적이에요."
"제대로 알아야 할 때가 온 거죠^^
성관계를 할 때 음경이 발기되어야 더 자궁 가까이 닿고, 정자가 난자에게 더 잘 전달될 수 있겠죠?
그래서 발기가 되는 거랍니다.
아침에 일어날 때, 야한 영화 장면을 떠올리거나 야한 생각을 할 때, 방광이 가득

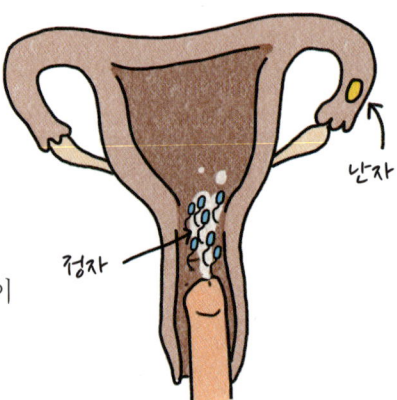

차 있을 때, 심지어 아무 때나 발기는 일어날 수 있고요."
"선생님, 그럼 발기가 된다는 건 성관계를 할 수 있게 되었다는 뜻인가요?"
"그렇게 볼 수 있죠. 남성의 몸이 잘 성장해서 아기 아빠가 될 준비를 하고 있다는 뜻이에요. 그런데 우리는 잘 생각해봐야 해요. '할 수 있는 것'과 '해도 되는 것'의 차이를!"
"할 수 있는 것과 해도 되는 것?"

"성관계를 하면 임신이 이루어지게 할 가능성이 생긴다는 것을 알아야 해요. 임신은 하나의 생명이, 작은 우주가 만들어지는 거예요. 그리고 그 생명에는 엄청난 책임이 따르는 거죠. 일단 태아가 여성의 자궁에서 10달을 건강하게 잘 자라야 하고, 출산 후에는 여러분의 부모님이 해오신 것처럼 많은 시간과 노력을 아이에게 쏟아야겠죠." 순간 적막이 흘렀어요.

"그리고 초등학생의 성관계는 건강을 위해서도, 법적인 면에서도 결코 바람직하지 않아요! 대한민국 형법 305조에 의하면, 초등학생(만 13세 미만)과 성관계를 한 사람은 법적인 처벌을 받을 수 있습니다. 여기서 형법에 쓰여 있다는 것은 '범죄행위'라는 거고, 이 법을 어겼을 경우 감옥에 가거나, 벌금을 낼 수 있다는 뜻이에요."

"으아아아."

"이때, 초등학생이 동의를 했어도 불법입니다."

"으아!!! 동의를 해도요?"

"그리고 심각한 범죄들이 늘어나면서 새로운 법도 만들어졌어요(2020. 5. 19.). 초등학생과 성관계를 할 목적으로 준비하거나 음모를 꾸민 사람의 경우에는 실제 성관계가 없었더라도 3년 이하의 징역에 처해질 수 있어요."

• 부모님께 •

위 내용은 이해를 돕기 위해 단어를 최대한 쉽게 수정했어요.
실제 법안의 내용은 다음과 같습니다.

제305조(미성년자에 대한 간음, 추행)
① 13세 미만의 사람에 대하여 간음 또는 추행을 한 자는 제297조, 제297조의2, 제298조, 제301조 또는 제301조의2의 예에 의한다. (개정 1995. 12. 29., 2012. 12. 18., 2020. 5. 19.)

② 13세 이상 16세 미만의 사람에 대하여 간음 또는 추행을 한 19세 이상의 자는 제297조, 제297조의2, 제298조, 제301조 또는 제301조의2의 예에 의한다. (신설 2020. 5. 19.)

제305조의3(예비, 음모) 제297조, 제297조의2, 제299조(준강간죄에 한정한다), 제301조(강간 등 상해죄에 한정한다) 및 제305조의 죄를 범할 목적으로 예비 또는 음모한 사람은 3년 이하의 징역에 처한다. (본조신설 2020. 5. 19.)

"나쁜 마음을 먹어서도 안 되도록 한 거네요!"

"맞아요. 왜 이렇게 철저하게 초등학생을 보호하려고 할까요?
3가지 큰 이유가 있어요.
첫째, 초등학생은 아직 몸이 성관계를 할 수 있는 만큼 준비가 되어 있지 않아요.
둘째, 스스로 성관계를 결정할 마음의 준비도 덜 되어 있고요.
셋째, 성의 건강하고 온전한 발달과 성장을 위해 특별히 보호되어야 합니다.
너무 어린 나이에 성관계를 하면 건강에는 어떤 문제가 생길까요?"

시오가 물었어요.
"병에 걸리기 쉽나요?"
"에이~ 설마~"
"시오 이야기가 맞아요. 남자의 경우 음경을 둘러싼 피부가 성인에 비해 약해서 성관계를 일찍 할 경우 피부가 손상되기 쉽고, 면역력이 약해서 요도염이나 세균 감염의 위험이 성인보다 더 높아요."
"헉!!"
"여성의 경우에는 질의 점막과 자궁의 입구가 되는 자궁목의 분비샘이 아직 약해서 감염에 더 약하고, 혹시 나쁜 바이러스에라도 감염이 된다면 나중에 암을 유발하는 질병의 첫 단추를 끼울 수도 있어요."
"암이요???"
"네. 자궁목암이라고 불려요. 그리고 자궁과 난소의 기능이 떨어지면서 성인이 되어 아이를 임신하고 싶어도 하기 힘든, 난임의 위험이 늘어나요. 그리고 초등학생이 임신할 경우 태아가 건강하지 않을 가능성이 높을 뿐 아니라 아기 엄마의 사망률도 높아요."

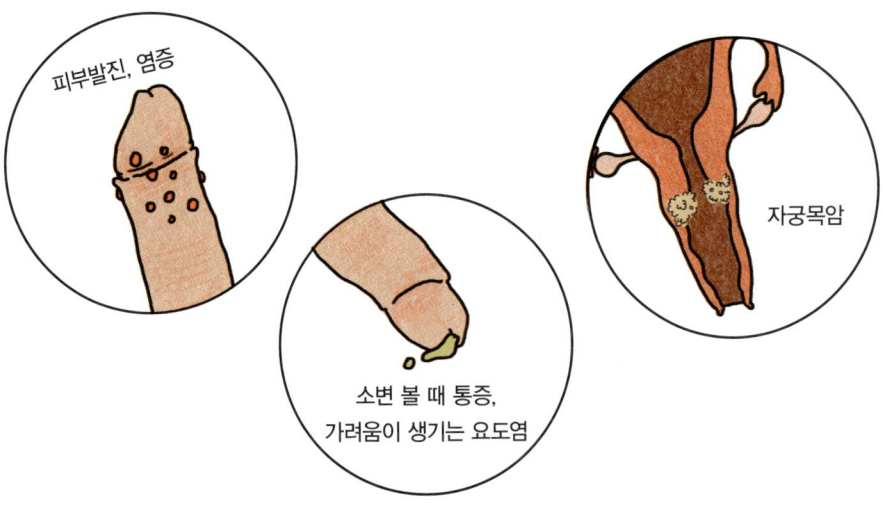

"으아. 법으로 하지 말라는 이유가 다 있네요. ㅜㅜ"
"네, 그래서 아까 물어봤죠. '발기가 된다, 그러므로 성관계를 해도 된다.' 이렇게 단순하게 보면 안 되는 거예요. 몸도 마음도 더 성장해서 준비가 되었을 때, 그리고 상대방과 충분한 교감을 나누고, 책임을 질 수 있을 때 성관계를 가져야 하는 거죠."
"무슨 뜻인지 이해했어요!"
"역시 똑똑한 친구들! 성관계는 '쾌락을 추구하는 도구나 스포츠'가 아니라는 점, 꼭 기억하세요!"

"네! 궁금했던 이야기를 해주시니 속이 시원하네요. ㅎㅎㅎ"
"맞아요."
"그래요. '성관계'나 'sex'는 나쁘거나 이상한 단어가 아니에요. 하지만 아주 비밀스러운 이야기이니 다른 사람들 앞에서 함부로 이야기하면 예의가 아니죠. 오늘 이야기를 잘 이해했다면 조심하기로 약속해요."
"네!"

같은 시각, 유후 선생님이 여학생들에게 남학생의 발기와 성관계에 대해 알려주고 있었어요.
"으아, 나는 그것도 모르고 쟤는 맨날 야한 생각만 하나 보다. 변태 아닌가 했네요. ㅜㅜ"
"그러게. 그게 조절이 안되는구나."
"저는 성관계에 대해 들으니 좀 충격이에요."
"이젠 여러분도 정확한 사실을 알아야죠! 언제든 궁금한 점 있으면 말해주세요!"

• 부모님께 •

저학년 어린이들은 임신과 출산에 대해 '아빠의 정자와 엄마의 난자가 만난다' 정도로만 알고 있는 경우가 많습니다. 고학년이 되어 직접 발기, 몽정이나 월경(=생리)을 처음 겪고 이성에 대한 호기심이 생기다 보면 임신 과정이나 성관계에 대한 궁금증이 커지게 마련이지요. 이때 성관계에 대해 보다 정확한 사실을 있는 그대로 전달하는 것이 아이들이 겪는 2차성징에 대한 이해를 돕고, 자극적인 음란물을 통해 잘못된 정보를 얻는 것을 막을 수 있는 방법입니다. 어린이들이 성관계가 마냥 야한 것, 자극적인 것이 아니라 생명의 탄생을 위한 과정임을 알고 올바른 가치관과 책임감을 가질 수 있도록 도와주세요. (＊'월경'이 공식 의학 용어입니다. 하지만 '생리'라는 단어가 임상과 실생활에서 동의어로 더 많이 쓰입니다. 이 책에서는 두 단어를 모두 사용하겠습니다. 자세한 설명은 125 페이지를 참고해 주세요.)

3. 자꾸만 이마에 손이 가요

유미는 최근 고민이 생겼어요. 5학년이 되면서 몸이 조금씩 변하고 있거든요. 사춘기가 되면 몸과 마음에 여러 가지 변화가 생긴다는 것은 학교에서 배워서 알고 있었지만, 그래도 몸에 진짜 조금씩 변화가 생기니 무섭기도 하고 이상하기도 한가 봐요. 요즘 유미에게 가장 신경 쓰이는 변화는 이마를 덮기 시작한 여드름이에요. 처음에는 '어라, 뾰루지가 났네?' 싶은 것들이 하나둘씩 생기더니 어느덧 보기 싫은 여드름이 이마 전체를 빼곡히 덮게 됐어요.

생존수영 교육이 있던 날, 수영복으로 갈아입고 수영모자를 쓰고 나오는 유미를 보고 갑자기 은철이가 큰 소리로 외쳤어요.
"유미 여드름 엄청 많이 났다!"
은철이가 외친 소리는 수영장 안에 쾅쾅 울려퍼졌어요. 순식간에 친구들의 시선이 집중되자 유미의 얼굴은 벌겋게 달아올랐어요. 그런 유미의 마음을 아는지 모르는지 다른 친구들도 덩달아 "와, 진짜네?", "그동안 앞머리 때문에 몰랐다!", "유미 사춘기인가 봐!"라고 함께 떠들어대기 시작했어요.

친구들이 떠드는 소리에 시끌벅적해진 수영장은 수영 선생님의 호루라기 소리에 겨우 조용해졌지만, 유미는 화끈거리는 얼굴을 들 수가 없었어요. 수영 선생님이 안전교육을 시작했지만 여전히 고개를 푹 숙이고 발가락으로 애꿎은 타일 바닥만 콩콩 차고 있는 유미에게 유후 선생님이 다가왔어요.
"유미 무슨 일 있니?"
어깨에 살며시 손을 올리며 묻는 선생님의 부드러운 목소리에 유미는 고개를 숙인 채 눈물만 뚝뚝 흘리기 시작했어요. 눈물을 흘리는 유미를 보고 놀란 선생님은 두리번거리며 다른 아이들을 살폈어요.
지우가 옆에서 작은 소리로 "은철이가 유미 여드름 얘기를 해서요."라고 속닥였고, 유후 선생님은 유미의 어깨를 감싸며 "선생님이랑 잠깐 얘기 좀 할까?"라고 물었어요. 그러고는 고개를 끄덕이는 유미와 수영장을 빠져나갔어요. 선생님은 유미와 탈의실 의자에 나란히 앉아 유미의 울음이 잦아들 때까지 어깨를 가만히 토닥여주었어요.

"이제 좀 진정이 됐니?"
선생님의 물음에 유미는 고개만 살짝 끄덕였어요. 눈물이 그치고 나니 친구들 앞에서 울어버린 것이 조금 부끄러워지기 시작했지요.
"왜 갑자기 눈물이 났는지 설명해줄 수 있니?"
"애들이 큰 소리로 여드름 얘기를 하고, 제 얼굴을 쳐다봐서요." 유미는 스스로 '여드름'이라는 낱말을 뱉으며 또다시 눈물이 맺히는 것을 느꼈어요. 선생님은 그런 유미의 얼굴을 잠시 물끄러미 바라보고 이내 빙긋 웃으며 물었어요.
"유미가 요즘 여드름 때문에 고민이구나?"
고개를 끄덕이는 유미의 눈에 맺혀 있던 눈물 한 방울이 똑, 떨어졌어요. 선생님은 그런 유미의 손을 끌어당겨 꼭 쥐고 말했지요.

"유미야, 선생님에게 성교육을 받으며 배운 내용 기억나니? 사람의 몸은 시기에 따라 끊임없이 변한다고 했던 이야기 말야. 초등학교 고학년부터 중, 고등학생에

이르는 시기에는 특별히 더 많은 성장과 발달이 이루어진다는 이야기도 했었고."
"네, 사춘기라서 변화가 생긴다는 건 알고 있는데 여드름이 너무 많아지니까 거울도 보기 싫고 너무 짜증나요." 유미는 그동안 신경 쓰이고 속상했던 마음을 선생님에게 털어놓기 시작했어요.
"그랬구나. 그래서 요즘 우리 유미가 앞머리를 더 길게 내리기 시작했구나?"
사실 이마의 여드름을 가리기 위해 점점 앞머리를 길게 내리게 된 유미는 바람이 불 때나, 달릴 때 자꾸 손으로 앞머리를 정리하는 새로운 습관이 생기기 시작한 참이었어요. 수업 시간에 유미가 계속 앞머리를 만지작거리며 신경 쓰는 모습을 선생님도 이미 알고 있었고요.

"선생님도 얼굴에 뾰루지 하나 올라오면 며칠 동안 신경 쓰인단다. 유미가 갑작스럽게 여드름을 만나게 되면서 얼마나 속상하고 신경 쓰일지 짐작이 가. 세수할 때마다 거울 속의 여드름을 들여다보게 되고, 힘을 줘서 벅벅 씻게 되고 그렇지?"
"네, 어떻게 아셨어요? 선생님도 사춘기 때 여드름 많이 나셨어요?" 유미는 선생님의 말에 반갑다는 듯 밝아진 목소리로 대답했어요.
"선생님은 사춘기 때는 여드름이 많이 나지 않았어. 선생님 부모님께서도 여드름이 많이 나지는 않으셨대. 대신 어른이 되고 나서 한동안 여드름에 시달린 적이 있었지."
"여드름도 유전이에요?"
"사춘기 때의 여드름은 호르몬 분비가 왕성해지면서 피지선이 성숙되고, 피지 분비량이 많아져 생기는데 유전의 영향이 있기도 해. 부모님께서 사춘기 때 어땠는지에 따라 자녀도 사춘기를 비슷하게 겪을 수 있지."
"아… 저희 부모님은 여드름이 많이 나셨는지 여쭤봐야겠어요."
"그래, 우리 모두는 성장하면서 사춘기라는 비슷한 시기를 겪지만, 각자의 사춘기는 다를 수 있는 거야. 이 시기에 유미가 겪는 모든 변화에 대해 어른인 부모님이

잎새 푸른 달, 봄을 생각하다

나 선생님, 혹은 친구들과 이야기를 나누면 더 힘내서 잘 이겨낼 수 있을 거야."
"네, 선생님."
선생님과 이야기를 나누다 보니 어느새 유미의 표정이 밝아졌어요.
"여드름에 대한 고민은 유미뿐 아니라 우리 반의 여러 친구가 갖고 있을 것 같은데, 조만간 다같이 여드름 이야기 좀 해볼까?"
"네, 좋아요!"

며칠 후 유후 선생님은 학생들 앞에 서서 밝은 목소리로 말했어요.
"유~~~후! 오늘의 몸 교육 주제는 바로 바로~~~ 여드름입니다!"
"으아~~ 여드름 싫어!"
"웩! 더러워!"
선생님의 말씀이 끝나기가 무섭게 학생들은 호들갑을 떨며 온몸으로 싫음을 표현하네요.
"하하하하하! 알아요, 알아! 싫은 거 알아. 선생님도 동감동감! 근데 싫을수록 우리가 얘를 잘 알아야 이기지. 지피지기면 백전백승!"
"여드름을 이길 수가 있어요?"
며칠 전 유미와의 일로 계속 미안한 마음이 남아 있던 은철이의 귀가 쫑긋했나 봐요.
"그럼~! 우리 몸속에서 일어나는 일이니 잘 달래서 이겨내야지. 자, 일단 여러분이 여드름에 대해 갖고 있는 생각들을 먼저 짚어볼까요? 여드름이 생기는 원인이 무엇일까요?"
"사춘기라서요."
"패스트푸드 많이 먹어서?"

"잘 안 씻어서요!"
선생님의 질문에 다들 제각기 알고 있는 내용을 이야기했어요.
"유후~! 역시 우리 반 친구들은 대단해! 너희들이 말한 내용이 모두 정답이란다. 여드름이 생기는 원인은 아주 다양하거든요. 그럼 여러분이 이미 알고 있는 내용에 더해서 조금 더 자세히 들여다볼까요?"
선생님은 화면에 그림을 띄워 보여주었어요.
"자, 이게 바로 여드름이 생기는 과정이에요. 무엇이 보이나요?"
"털이요!"
"기름?"

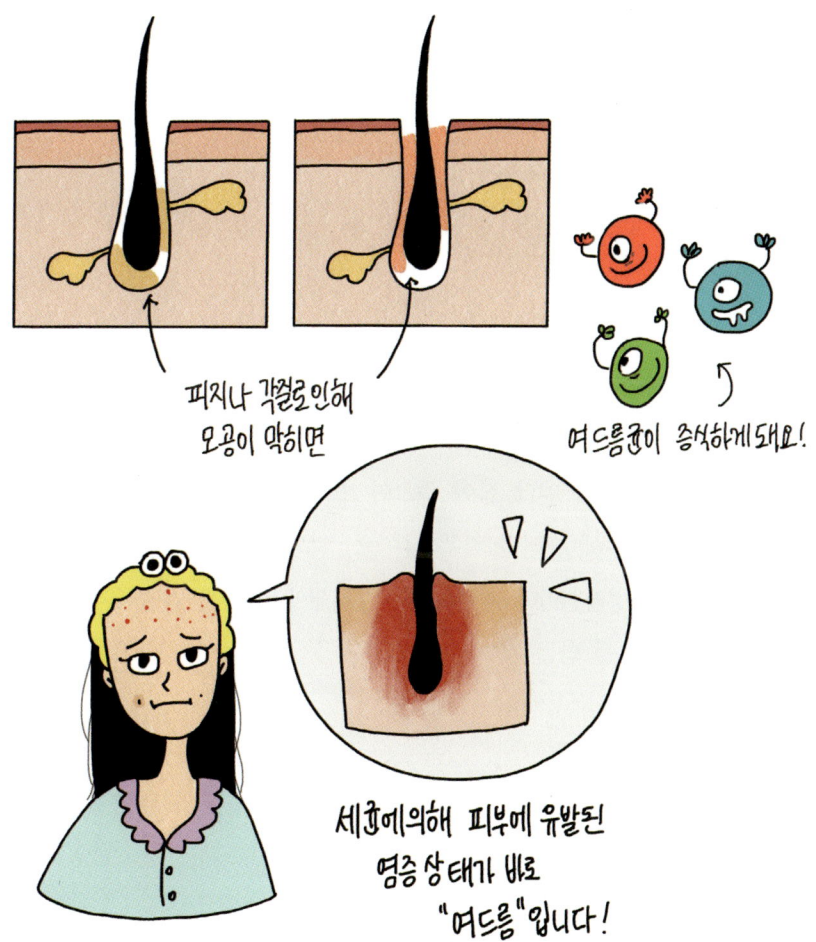

"모공이요!"
"그래요. 여드름은 피부에 분비되는 기름 성분인 피지나 각질로 인해 모공이 막히고 그 안에 여드름 균이 증식하게 되면서 생기는 거예요. 우리 똥글 선생님께 배운 내용을 떠올려볼까? 사춘기가 되면서 생기는 여러 변화 중에 여드름과 관련된 변화에는 무엇이 있을까?"
"음… 피지 분비가 왕성해지는 거요?"
고학년이 되면서 어느새 장래 희망이 의사로 바뀐 지우가 대답했어요.
"그렇지, 우리 지우가 잘 기억하고 있구나! 사춘기에는 피지 분비가 많아져서 모공을 쉽게 막게 되죠. 피지는 여드름 균의 먹이가 되어 균이 살아가는 데 아주 좋은 환경을 만들어주고요."

그때 똥글 선생님이 등장했어요.
"안녕! 보충 설명하러 왔어요!"
"와!!! 안녕하세요, 똥글 선생님! 여드름 균을 혼내주고 싶어요."
"ㅎㅎ 여드름은 청춘의 꽃이라고 불리지만 막상 내 얼굴에 올라오면 너무 너무 싫고 뿌리째 뽑아버리고 싶죠?"
"ㅋㅋㅋ 네!"
"자, 그래서 우리가 맨날 잡아 뜯으면 또 올라오고, 또 올라오고 하는 악순환이 반복되다가 피부에 흉터만 잔뜩 남아요. 여드름은 본인이 직접 짜는 것보다는 가까운 피부과 병의원이나 피부 전문 한의원에서 가서 압출하거나 약을 처방받는 등 적절한 치료를 받는 것이 더 좋겠죵?^^ 그런데, 이와 함께 중요한 치료법이 있어요."
"오잉? 뭔데용?"
"피부의 여드름 균 혼내주기와 함께 다른 부분을 신경 써야죠. 첫째. 소화에 문제가 없나? 몸에 좋지 않은 음식, 특히 인스턴트 음식이나 패스트푸드를 즐겨먹거나 매운 음식, 차가운 음식을 즐겨 먹으면 소화가 안되고 피부가 약해져서 여드름 균을 이겨낼 수가 없어요. 최근에 선생님에게 아주 심한 여드름을 가진 여학생이 치료를 받으러 왔는데요, 너무너무 심한 변비가 있었어요. 그래서 변비 치료를 함께 하니 피부가 깨끗해졌죠!"

"크…! 말로만 듣던 똥독이었나!"

"하하하하… 먹는 거랑 피부랑 진짜 관계가 있구나."

"그럼요! 그리고 또 중요한 스트레스!!! 사춘기엔 감정변화가 심한데 막 화를 내고 짜증을 내면 머리 쪽으로 혈액이 몰려요. 그럼 뜨끈뜨끈해진 피부에 염증이 더 잘 생기겠죠?"

"정말 모든 병의 원인이네요. 이놈의 스트레스!"

"하하, 그리고 계속 계속 자극하기. 예를 들어 이마에 난 여드름이 보기 싫어서 앞머리를 길러 머리카락으로 덮고 다니면? 머리카락이 피부를 계속 건드리면서 더 자극이 되죠. 볼에 난 여드름 작아지라고 잘 씻지 않은 손으로 계속 만지거나, 세수할 때 벅벅벅 세게 문지르면? 비누 거품을 말끔히 다 씻어내지 않는다면? 이런 것들 역시 자극이 된답니다. ㅜㅜ"

"하… 맞아요. 내가 자꾸 조물조물 만져서 더 키운 거였어…. ㅜㅜ"

"그리고 여학생들은 생리(=월경) 기간에만 여드름이 심해지는 경우가 있어요. 생리 전이나 생리 중에는 호르몬의 변화가 심해지면서 특히 입 주변이나 턱에 여드름이 생길 수 있어요. 그리고 생리혈에 덩어리(어혈)가 많으면 생리통과 함께 피부 트러블이 더 잘 생겨요."

"어우, 정말 생리는 우리를 너무 힘들게 하네요."

"혹시 여드름을 가리려고 화장하는 친구들 있나요? 점점 더 진하게 커버하다가 여드름이 심해지는 경우가 많아요."

유미는 '내 이야기를 똥글 선생님이 어떻게 알았지' 싶어서 뜨끔했어요. 2주 전에 유명한 유튜버가 소개한 '여드름 감쪽같이 가려주는 화장품'을 보고 찾아봤더니 생각보다 비싸지도 않고, 1+1 행사까지 하길래 엄마에게 졸라서 얼른 샀거든요.

"화장품 속에 들어가는 성분을 꼼꼼히 챙겨야 하고, 나의 피부 타입도 잘 구분해서 화장품을 써야 하는데, 그냥 쉽게 사서 쓰는 경우는 조심해야 해요. 선크림이나 색조화장품 등도 마찬가지고요. 그런데 화장품은 바르는 것보다 잘 지우는 것이 더 중요하답니다."

유미는 또 아차 싶었어요. 며칠 전 세린이 생일파티에서 저녁을 먹고 집에 왔는데, 오랜만에 폭풍수다를 떠느라 너무 피곤해서 화장을 안 지우고 잠들었거든요. 다음 날 여드름은 어마어마하게 커져버렸고요.

요즘 부쩍 화장에 관심이 많아진 세린이가 질문했어요.
"어떻게 지우는 게 잘 지우는 건데용?"
"간단해요.
  1. 따뜻한 물로 모공을 충분히 열어준다.
  2. 저자극 클렌징폼이나 비누로 거품을 내서 부드럽게 피부를 문질러준다.
  3. 따뜻한 물로 깨끗이 씻어주고, 마지막은 찬물로 마무리해서 모공을 닫아준다."

• 부모님께 •

세안 방법이 성인에 비해 너무 간단하게 느껴지실 수도 있겠어요. 초등학생들의 화장은 성인처럼 단계별로 하는 꼼꼼한 화장이나 풀메이크업이 아니기 때문에, 클렌징폼으로만 화장을 잘 지워도 충분합니다. 성인들이 사용하는 클렌징 오일, 클렌징 크림이나 클렌징 워터도 피부자극이 심하고, 사춘기 친구들은 피부가 많이 약하기 때문에 추천하지 않습니다.

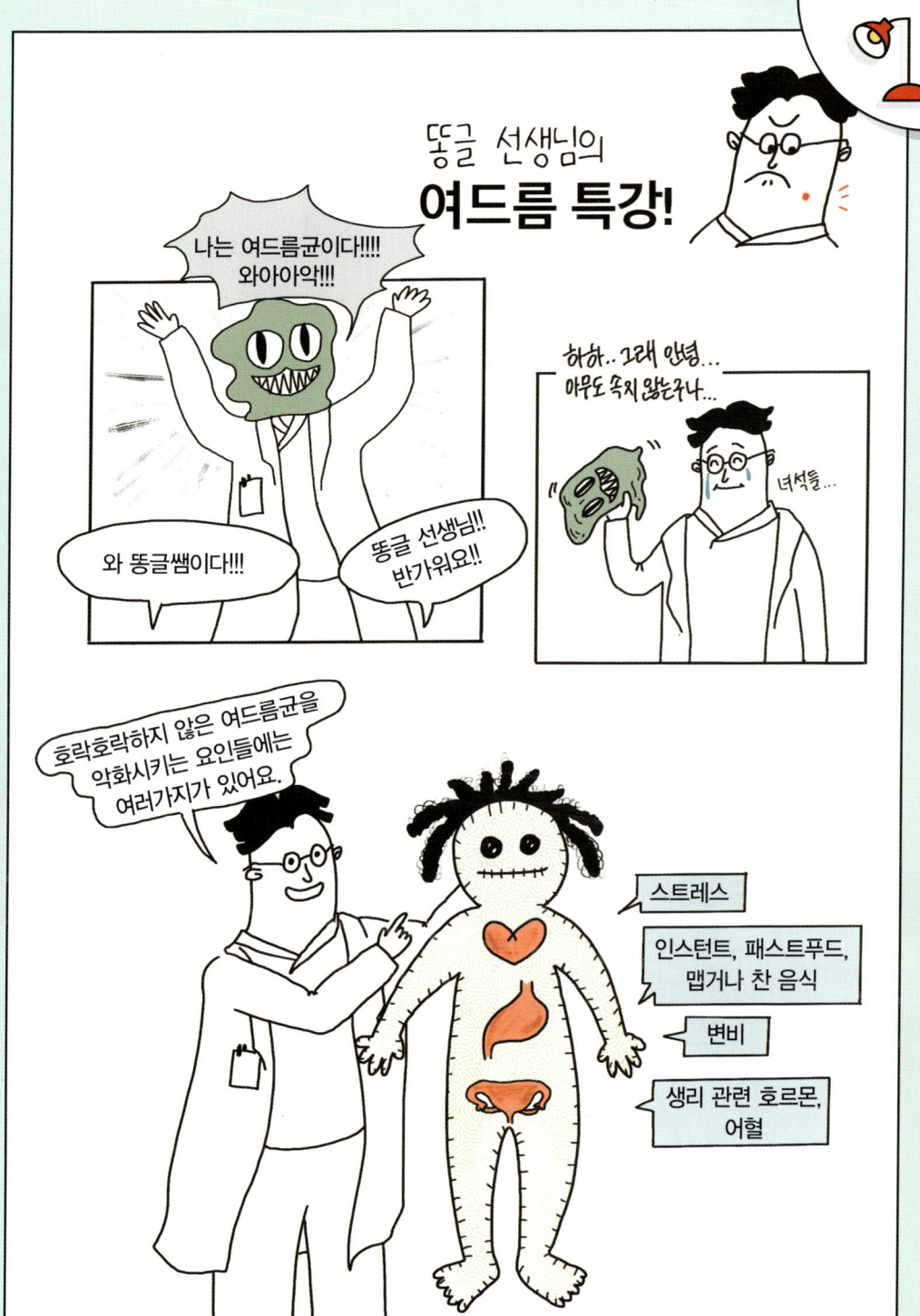

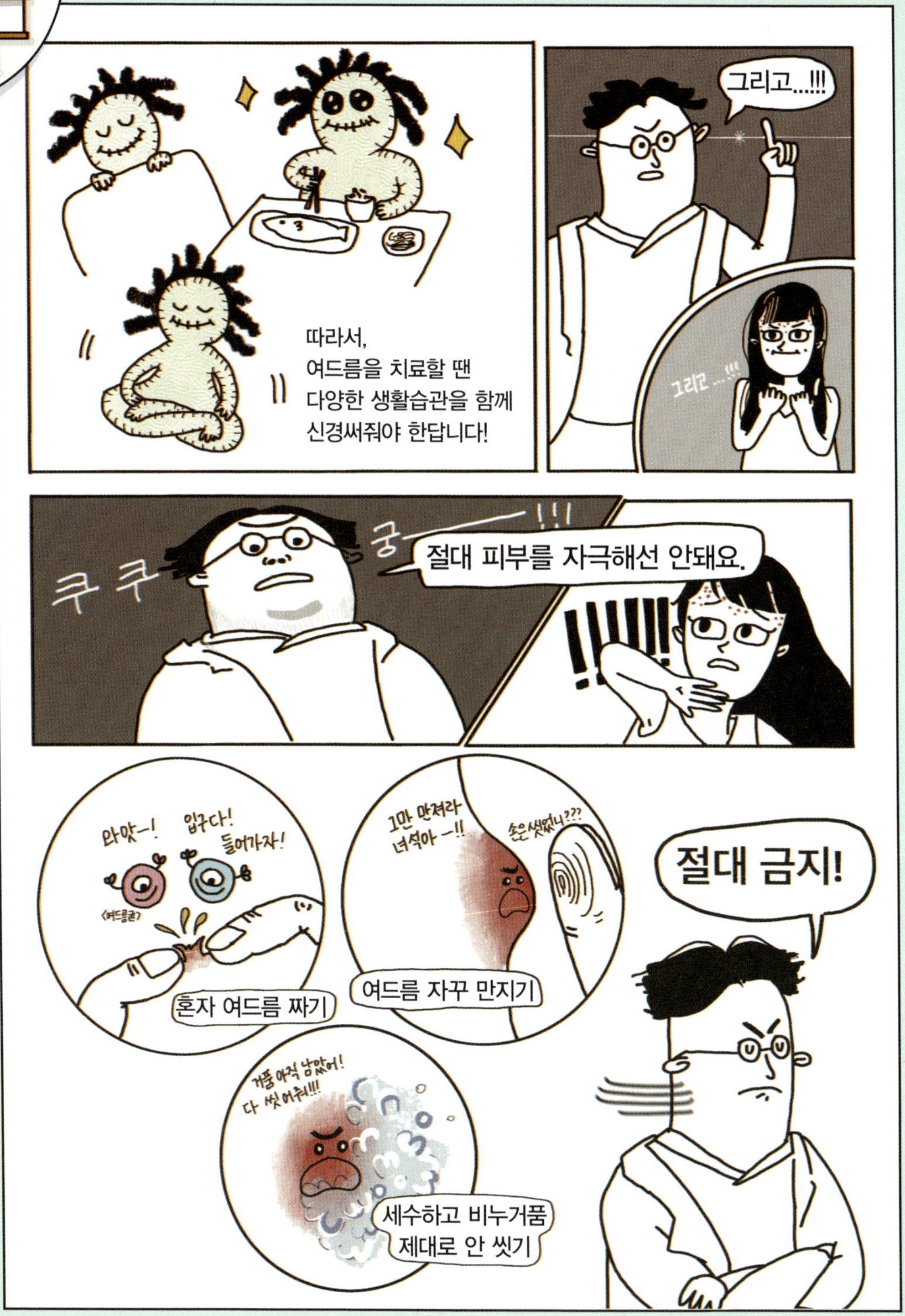

친구들 모두가 진지한 태도로 여드름에 관한 이야기를 나누는 모습을 본 유미는 점점 여드름이 자신만의 고민이 아닌 것 같아서 마음이 밝아지는 기분이었어요.
선생님의 말씀을 한마디 한마디 집중해서 듣던 유미가 손을 들었어요.
수업을 하면서도 유미의 표정을 살피던 유후 선생님이 반갑다는 듯 유미를 불렀어요.
"응, 유미 질문 있어요?"
"네, 저, 치료 말고 예방법은 없나요?"
"유후~ 역시 우리 유미, 나이스 타이밍! 지금부터 딱 예방법에 대한 내용을 나누려고 했거든!"
선생님이 밝은 목소리로 유미의 질문을 반기자 유미는 쑥스러운 듯 고개를 숙이고 미소를 지었어요. 그런 유미를 보며 덩달아 웃던 지우와 세린이의 눈이 마주쳤고, 두 친구는 씨익 웃으며 눈빛을 교환했어요.

"자, 그럼 지금부터는 소그룹 협력 활동을 해봐야겠군요. 모둠별로 여드름의 원인을 생각하며 여드름 예방법을 분류해서 제시해보세요. 생활습관을 기준으로 하면 좋겠네요."
선생님이 활동 안내를 해주자 5학년 1반 친구들은 익숙하게 책상을 돌려 모둠대형을 만들고 삼삼오오 모여 앉았어요. 친구들이 모둠 대형을 만드는 동안 유후 선생님은 분류 활동에 필요한 Tree map 활동지를 나누어주었고, 활동지를 받은 친구들은 능숙하게 제목란을 채웠어요.

'여드름 예방법'
제목 아래에는 다양한 예방법을 범주화하는 소제목을 적을 수 있도록 빈칸들이 놓여 있었어요.
"어떤 소제목들을 넣을까?" 리아는 모둠 친구들에게 의견을 물었어요.

리아와 한 모둠이 되어 마냥 기뻤던 은철이는 제목을 쓰는 리아를 무심코 빤히 쳐다보고 있다가 질문을 듣고 깜짝 놀랐어요.
"어, 어! 뭐라고?" 그런 은철이의 마음을 아는지 모르는지 리아는 아무 대꾸도 하지 않고 시선을 다른 친구에게로 옮겼어요.

유미네 모둠에서는 유미의 참여가 가장 돋보였어요. 수업의 시작부터 선생님의 모든 말씀을 하나도 놓치지 않으려고 애쓰던 유미는 여드름의 원인을 알고 나니 막막했던 터널의 끝에서 한 줄기 빛을 본 것 같은 기분이었어요.

"기준이 생활습관이니까, 소제목은 먹는 습관, 자는 습관 같은 것들을 쓰는 게 어때?"
"좋은 생각이야. 그럼 식습관, 수면습관이라고 쓰면 되겠다."
한자를 좋아하는 시오답네요.
"나는 아까 선생님께서 하시는 말씀 듣고 생각한 건데, 어쩌면 내 여드름이 심해지는 게 수영하고 나서 대충 물로만 헹구고 나와서 그럴 수도 있겠다고 생각했어."
유미가 말했어요.
"그러게. 유미 너는 수영장 물에 매일 몸을 담그잖아. 수영장 물은 소독약이 많아서 그게 피부에 남았을 수도 있겠다."
지우가 거들었어요.

지나가며 학생들의 활동을 지켜보던 선생님이 말했어요.
"유후! 아주 좋아요. 그렇게 자신의 생활을 되돌아보면서 무엇이 문제였을까 생각해보는 게 나를 사랑하는 좋은 출발이죠. 그리고 수영장 물은 나만 쓰는 게 아니니, 수영 후에는 꼭 클렌징폼이나 비누로 잘 씻는 게 중요하겠어요."
유미는 선생님의 말씀에 고개를 세차게 끄덕였어요. 앞으로는 꼭 수영 후에 귀찮아도 세정제로 세안을 해야겠다고 생각했어요.

"그럼 이 내용은 따로 '씻는 습관'이라는 소제목을 넣어서 적어보자. 씻는 습관에는 운동 후나 땀 흘린 후에 바로 씻어야 한다는 내용도 넣는 게 좋을 것 같아."
"좋아! 땀 흘리고 나서 바로 안 씻으면 땀띠 나는 것만 봐도, 여드름 균이 좋아할 것 같아!"
시오와 지우도 신나게 이야기를 나누며 활동에 참여했어요.

그렇게 활발하게 이야기를 나누는 지우를, 세찬이는 자꾸 쳐다볼 수밖에 없었어요. 요즘엔 지우의 목소리가 들리면 자기도 모르게 온 신경이 그쪽으로 향했거든요.

"세찬아?"
"응? 어? 나 불렀어?"
"무슨 생각을 그렇게 해, 계속 말 시켰는데 대답도 없고. 뭐가 있어, 저쪽에?"
세린이가 부르는 소리에 화들짝 놀란 세찬이는 허둥대며 분위기를 파악하려고 애썼어요.
"뭐라고 했어, 방금?"
"너도 여드름 나지 않냐고."
"어, 나는 가슴 쪽이랑 등 쪽에 뭐가 나더라? 이것도 여드름인가?"
"엥? 여드름은 얼굴에 나는 거 아니야?"
세찬이의 말에 한 친구가 이상하다는 듯 묻고 금세 큰 소리로 외쳤어요.
"선생님! 세찬이는 여드름이 가슴이랑 등에 난대요!"

말릴 새도 없이 세찬이의 몸 이야기가 큰 소리로 알려지자, 세찬이는 얼굴이 화끈 달아올랐어요. 그 와중에도 세찬이는 지우의 반응이 궁금해 지우에게로 가장 먼저 시선이 향했지요. 얼굴이 벌개진 채로 지우와 눈이 마주친 세찬이는 황급히 고개를 돌렸고, 그런 세찬이를 보며 지우는 순간적으로 그 친구에게 화가 났어요.

"야, 넌 뭐 하러 그런 얘기를 그렇게 크게 하냐? 선생님께서 사람마다 사춘기가 다르게 온다고 하셨잖아!" 지우의 버럭 하는 소리에 놀란 다른 친구들은 아무 이야기도 덧붙이지 않았어요. 세찬이는 자신을 위해 대신 화를 내준 지우에게 너무 고마웠어요.

이 모든 상황을 지켜보고 있던 리아는 기분이 이상했어요. 세찬이의 이름이 들리자마자 리아는 자기도 모르게 세찬이를 쳐다보게 되었는데, 세찬이의 눈길은 지우에게 가 있었기 때문이었어요. 게다가 지우가 세찬이를 위해 그렇게 용감하게 화를 내는 모습을 보니 이상하게 세찬이를 빼앗길까 봐 두려운 마음이 들었어요.

"흐음~ 그래. 협력 활동을 하며 친구와 나눈 이야기를 그렇게 큰 소리로, 마치 소문 내듯 외친 건 잘못된 행동이란다. 이리 와서 세찬이의 마음을 살펴보렴."
선생님의 말씀에 그 친구는 세찬이 곁으로 와서 세찬이의 얼굴을 살폈어요.
세찬이는 아직도 얼굴이 붉게 달아오른 채 숨을 거칠게 쉬고 있었어요.

"세찬이 기분이 어때 보이니?"
"화가 난 것 같아요…. 세찬아, 미안해…."
가까이서 보니 그 친구는 세찬이의 속상함이 느껴져 저절로 미안한 마음이 들었어요.
"세찬이 기분이 어떤지 설명해줄 수 있니? 하고 싶은 이야기가 있으면 해보렴."
"…친구들 앞에서 큰 소리로 말해서 좀 당황스러웠어요. 창피하고요."
"그래, 말해줘서 고맙구나. 다시 한 번 정식으로 세찬이에게 사과해보겠니?"
"세찬아, 내가 함부로 네 이야기를 크게 말해서 정말 미안해. 앞으로는 이러지 않을게."
"그래, 이제 괜찮아."
"두 친구, 혹시 더 하고 싶은 말 있나요?"
"아니요."
"없어요."
"그래요. 한 친구는 실수를 인정하고 사과를 했고, 다른 친구는 너그럽게 사과를 받아줬구나. 두 친구 모두 멋지구나.

모두들, 기다려줘서 고마워요. 이렇게 우리 반이 한 단계 또 성장한 것 같네."
"선생님, 근데 제 몸에 나는 놈들도 여드름이 맞나요?"

다시 밝고 쾌활한 목소리로 장난스럽게 묻는 세찬이의 말에 조용했던 교실은 한바탕 웃음바다가 되었어요.
"하하하, 우리 세찬이 역시 성격 좋아~ 멋쟁이야 멋쟁이!
결론부터 말하자면, 그 녀석들도 여드름이 맞아요. 여드름이 보통은 얼굴에서 많이 보이지만, 몸에도 피지선이 많은 가슴, 등, 어깨, 목 같은 부위에 잘 생긴답니다. 특히 몸 여드름은 사춘기가 지난 성인에게서도 많이 나타나지요."
"몸에 나는 여드름도 얼굴에 나는 여드름처럼 예방하면 되나요?"
"비슷해요. 그런데, 등이나 가슴에 나는 여드름은 운동을 하거나 따뜻한 물속에 들어가서 약간의 땀을 빼주는 과정이 필요해요."

세찬이가 억울해하며 이야기했어요.
"엥? 저는 운동 완전히 열심히 하는데요?"
"땀을 흘리고는 아까 이야기한 것처럼 잘 씻어야죠. 온수로 모공을 충분히 열어주고, 마지막에 찬물로 모공을 닫아주면 좋아요. 그리고 샤워할 때 몸에 닿는 샴푸나 린스, 비누 등이 남아서 여드름의 원인이 되기도 해요. 그러니 몸에 여드름이 유독 많이 난다 싶으면 샤워 후 몸에 거품이 남아 있지 않은지 잘 확인해야겠죠?"

"선생님! 저는 요즘 엄마가 하도 공부하라고 잔소리해서 스트레스 받는데, 그래서 여드름 생기면 어떡해요?"
은철이가 무척 억울한 표정을 지으며 큰 소리로 묻자 또다시 교실은 웃음바다가 되었어요.

"그거 좋다, 은철아. 너희가 나누고 있는 여드름 예방법 소제목으로 '마음관리 습관'도 하나 넣어보렴. 너희들의 곱고 예쁜 피부를 위해 스트레스 관리하는 팁 좀 서로 나눠봐요~!"

새로운 소제목을 받은 5학년 친구들은 다시 도란도란 각자의 마음관리법을 나누며 즐겁게 이야기를 나누었어요.

유후 선생님은 입가에 미소를 머금고 그런 5학년 친구들을 바라보며 생각했어요.
'너희들이 선생님에게는 스트레스 해소제라니까~'
세찬이의 너스레 덕분에 무겁게 가라앉았던 교실 분위기는 다시 밝아진 채로 수업을 마쳤지만 리아의 마음은 여전히 무거웠어요.

하굣길, 리아는 골똘히 생각에 잠긴 채 걸었어요. 당황스러운 순간에 곧바로 지우를 찾는 세찬이의 눈길, 그리고 세찬이를 위해 지우가 화를 내던 장면이 머릿속에서 떠나지를 않았어요.

회장 선거를 하던 날, 뒤통수를 맞은 자신을 걱정해주던 세찬이의 목소리가 아직도 리아의 귀에 생생했어요. 그날 이후로 자기도 모르게 계속 세찬이를 살피게 되는 리아였어요. 게다가 지우를 맞추려던 실내화에 자신이 맞았다는 데까지 생각이 미치자, 리아는 억울하고 화가 나기 시작했어요.

'한지우… 얄미워. 항상 버럭버럭 소리나 지르고, 선머슴처럼 여기저기 뛰어다니기

나 하면서…'

한번 밉다고 생각하니 리아는 그날 밤 지우가 점점 더 미워져 잠을 이루기 어려웠어요. 얄미운 지우에게 세찬이의 마음이 향해 있는 것이 싫었던 리아는 세찬이의 마음을 지우에게 빼앗기면 안 되겠다고 생각하며 잠에 들었어요.

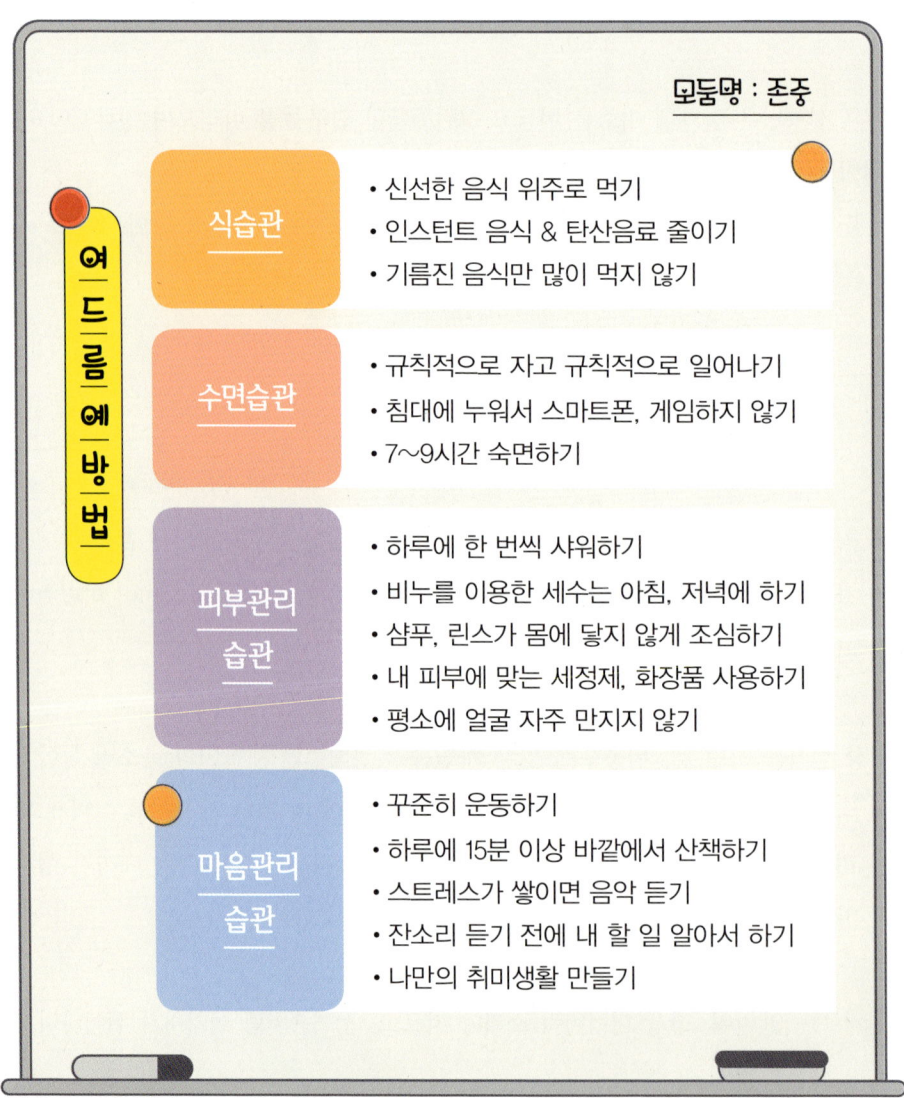

다음 날 똥글 선생님이 교실 뒤편에 붙어 있는 여드름 예방법을 보고 깜짝 놀라서 외쳤어요.

"브라보!! 이게 여러분이 직접 만든 거라고요?
이대로만 실천한다면 여드름 없는 피부뿐 아니라
비만과 이별하기, 집중력 반짝반짝하게 높이기, 쑥쑥 키 크기,
면역력 키우기, 스트레스 극복 등에 성공해 아주아주 건강해지겠네요!
여드름 예방법의 더 구체적인 내용을 추가하자면,
스마트폰 얼굴에 붙이고 통화하지 않기, 턱 괴고 앉지 않기,
베갯잇 자주 갈기도 중요해요!
우리 선생님들과 학부모님들도 함께 실천해야겠네요. ㅎㅎ
튼튼초등학교 학생 여러분의 미래가 기대됩니당. 싸랑해용!"

4. 크아아아아!!!

"쿠오오."

"크으으아아악."

"으익! 은철이 괴물 소리야. ㅋㅋㅋ"

"크아~ 크아크아아아아~ 내 목소리 진짜 신기하지? 크아아아~"

"아이, 시끄러워!"

"와우~ 1층에서부터 공룡 소리가 들리던데 누구예요?"

"은철이요!"

"변성기가 왔구나!"

"헉, 변성기?? 그게 뭐예요? 심각한 병인가요?"

"똥글 선생님이 알려줄게. ㅎㅎㅎ 남성호르몬인 테스토스테론이 성대를 자극하면 성대가 두껍고 길어지는데, 이때 남자에게 목젖이 생기게 돼요. 이 과정에서 목소리가 점점 변화하는 시기를 변성기라고 하지요.

변성기의 특징은 다음과 같아요.

변성기란?
사춘기 때 남성호르몬(테스토스테론)이 분비됨에 따라 성대가 두껍고 길어져 목소리가 굵어지는 것을 말합니다.

변성기엔 이럴 수 있어요!

- 목감기처럼 목이 따갑습니다.
- 말을 많이 하지 않아도 쉽게 목이 쉬어 버립니다.
- 목소리가 갑자기 굵어집니다.
- 대화하거나 노래를 부를 때 음이탈(삑사리)가 자주 발생합니다.

세린이가 물었어요.

"여자도 변성기가 오나요?"

"여자 역시 소량의 테스토스테론이 분비되어 성대가 발달하지만, 남자보다 작고 일정한 방향으로 자라기 때문에 목소리에 큰 변화를 가져오지는 않아요. 변성기는 보통 남자는 13세, 여자는 12세경부터 시작하며, 변성기간은 3개월에서 1년이라고 하는데 개인차가 크답니당. 남자는 1옥타브, 여자는 3도 정도 목소리 톤이 낮아집니다."

세찬이가 말했어요.

"도레미파솔라시도~ 도시라솔파미레도~~ 아이, 참. 더 이상 테너는 못하겠네. ㅋㅋㅋ"

"너 원래 음치잖아~ 하하하하!"

잎새 푸른 달, 봄을 생각하다

"친구를 자꾸 놀리면 안 되어용~ 이제 변성기 목 관리법에 대해 알아봅시다. 그나저나, 시오는 왜 한마디도 안 하나요?"

변성기 목관리법

1. 함부로 소리지르지 않기. 높은 음의 노래는 부르지 않는 게 좋습니다.
2. 배로 소리 내기
3. 수시로 물 마시기
4. 뜨거운 음식 급하게 먹지 않기
5. 매운 음식, 카페인이나 탄산음료 피하기
6. 가래가 걸려 있는 듯한 느낌 때문에 뱉으려고 헛기침을 자주 하지 않기

"저도 변성기라 그냥 말을 안 하려고요."
"그건 너무 속상한데요? 그럼 이제 시오는 발표도 토론도 안 할라고요? ㅎㅎ 언제 끝날지도 모르는 변성기 때문에?^^ 아까 알려준 생활수칙을 잘 지키기만 하면 괜찮아요. 오늘 우리 모두 변성기에 대해 알았으니 목소리가 이상하다고 서로 놀리지 말고 잘 챙겨주세요. 오케이?"

변성기에 대한 재미있는 수업이 끝나고 쉬는 시간이 되자마자 교실 안은 남학생들의 노랫소리로 채워졌어요. 다들 아까 똥글 선생님이 알려준 주의사항을 지키려는 듯 억지로 크고 높은 소리는 내지 않으면서도 제각기 '도레미파솔라시도~' 음계를

내며 자신의 목소리를 확인했어요. 모두가 각기 다른 음계의 소리를 내는 모습이 마치 엉터리 합창단 같았지요.

세찬이 역시 남학생들 틈에서 신나게 곡을 뽑아내고 있는데, 어느 틈에 지우가 다가와 장난을 걸기 시작했어요.

"야, 완전 음치 아니야? 혹시라도 음악 선생님께서 지나가다 들으시면 눈물 흘리시겠다! 내가 잘못 가르쳤구나~ 싶어서!"

"뭐? 한지우, 너 이리와! 너는 얼마나 잘하나 한번 보자!"

지우의 장난에 세찬이가 곧바로 반응하면서 교실 안은 한층 더 소란스러워졌어요.

누군가 한켠에서 그런 세찬이와 지우를 물끄러미 지켜보고 있었어요.
바로 리아였어요.

세찬이에 대한 자신의 마음을 확인한 리아는 더는 망설이고 싶지 않았어요. 게다가 세찬이와 지우가 하는 모든 행동이 다 신경 쓰이면서 점점 지우가 미워지는 느낌이 들었어요. 리아는 결국 수첩 한 장을 찢어 고개를 푹 숙인 채 무언가를 끄적이기 시작했어요.

점심 시간, 여느 때처럼 밖에서 열심히 축구를 하고 들어와 땀에 흠뻑 젖은 세찬이가 수건을 꺼내려고 사물함을 열었어요. 사물함 안에는 낯선 쪽지 하나가 예쁘게 접힌 채 들어 있었지요.

"잉? 이게 뭐야?"

쪽지를 들고 갸우뚱하고 있는 세찬이에게 은철이가 다가왔어요.

"뭐하냐? 어? 그거 뭐야? 혹시~~ 러브레터?"
은철이의 말에 세찬이는 순간적으로 머리 속에 지우가 스쳤지만, 내색하지 않고 얼른 대답했어요.
"야, 무슨 러브레터냐? 궁금하면 같이 보든가."
그렇게 쪽지를 열어 본 세찬이와 은철이는 너무 놀라서 한동안 아무 말도 할 수가 없었어요. 쪽지는 리아가 보낸 것이었거든요.

사실 두 친구가 느낀 감정은 서로 다른 종류의 놀라움이었어요.
세찬이는 생각지도 못한 리아의 고백에 당황스럽고 어찌할 바를 몰랐지만, 은철이는 자신이 여신처럼 여겼던 리아가 친구를 좋아한다는 사실에 좌절감이 느껴졌던 것이지요.
"하핫. 야, 이거 뭐냐? 나 쫌 당황스럽다? 어떡하지?"
놀라고 당황한 세찬이가 은철이에게 물었지만 은철이는 그 어떤 말로도 답하기가 어려웠어요.

"야, 은철아, 듣고 있냐?"
"어? 어, 어, 듣고 있지. 진짜 뭐냐, 하하하."
"어떡하지? 이따 학교 끝나고 후문 옆 골목길에서 만나자는데?"
"… 사귈 거야?"
머뭇거리다 말을 꺼낸 은철이에게 세찬이는 펄쩍 뛰며 답했어요.
"아, 뭔 소리야! 말이 되냐? 나 걔 안 좋아해!"
"그, 그래. 가서 잘 얘기해라. 난 간다~"
갑자기 얼굴이 굳어져 뒤돌아가는 은철이를 보며 세찬이는 이상하다는 생각은 들었지만 당장 리아의 쪽지를 신경 쓰느라 은철이를 쫓아가지 않았어요.

홀로 다시 운동장으로 나온 은철이는 괜히 축구공을 골대에 뻥뻥 차며 화풀이를 했지요. 리아와 사귀지 않겠다는 세찬이의 말에 한편으로는 안도하게 되면서, 또 한편으로는 거절당할 리아가 걱정이 되었거든요.

그렇게 세찬이, 은철이, 리아 모두에게 오후 시간은 어떤 수업을 했는지도 모르게 정신없이 지나갔어요.

수업을 모두 마친 오후, 평소와 달리 세찬이와 은철이는 함께 하교 길을 나서지 않았어요. 종례를 마치자마자 은철이는 뒤도 돌아보지 않고 교실을 나가버렸고, 세찬이는 그런 은철이의 뒷모습을 바라보다 혼자 교문 밖으로 나섰지요.

교문 밖을 나선 세찬이는 갈림길에서 한참을 서성였어요.
왼쪽으로 가면 리아가 기다리겠다고 한 골목길로 갈 수 있고, 오른쪽으로 가면 집이 나오기 때문이었어요. 그냥 그 쪽지는 못 본 체할까 싶다가도, 길에서 자신을 기다릴 리아를 생각하니 안 되겠다는 생각이 들었지요. 결국 세찬이는 마음을 굳게 먹고 왼쪽으로 향했어요.

저만치에서 리아가 보이기 시작하자 세찬이는 긴장되고 불편한 마음을 숨긴 채 일부러 더 밝은 표정을 하고 큰 소리로 리아를 불렀어요.
"야! 뭘 혼자 그러고 있냐?"
세찬이의 목소리에 움찔하며 놀란 리아는 어색한 미소를 지으며 말했어요.

"아, 안녕? 와줘서 고마워."
"쪽지 뭐냐? 완전 깜놀~"
장난기가 섞인 세찬이의 말에 리아는 피식 웃음이 나왔어요.

"놀랐지? 고민하다가, 네 생각은 어떤가 해서… 쪽지에도 썼지만 나, 너 좋아해. 우리 사귈래?"
단숨에 말을 뱉고 나서 리아는 한 차례 숨을 길게 내쉬었어요.
생각보다 더 분명하고 솔직하게 감정을 표현하는 리아가 참 대단하다는 생각과 동시에, 세찬이는 이제 자신이 대답할 차례라는 생각이 들어 말문이 막혔어요.
"어… 아, 아니… 그건 좀 아닌 거 같아."

세찬이의 대답을 들은 리아는 받아들일 수가 없었어요. 어릴 때부터 예쁘다, 똑똑하다는 소리를 들으며 자랐고 항상 인기가 많았기 때문에 세찬이가 이렇게 바로 거절할 거라고는 예상하지 못했거든요.
"혹시 왜인지 물어봐도 돼? 넌 나 싫어?"
세찬이를 똑바로 쳐다보며 묻는 리아의 눈에서는 눈물이 글썽였어요. 그런 리아를 보고 당황한 세찬이는 서둘러 대답했어요.
"아니! 너 안 싫은데? 근데 싫어하지 않는다고 다 사귀는 건 아니잖아. 그리고 나 좋아하는 애 있어!"
"…좋아하는 애? 혹시 우리 반이야?"
세찬이는 자기도 모르게 좋아하는 애가 있다고 말해놓고 아차, 싶었지만 사실 리아의 쪽지를 발견한 후부터 세찬이에게는 줄곧 지우가 떠오르던 참이었어요.

"어… 이거 비밀이다?"
세찬이의 말에 리아는 잠시 고개를 떨구고 눈물을 삼켰어요.
그리고는 이내 빙긋 웃음을 지으며 말했지요.

"그럼~ 어차피 이렇게 된 김에 우리 친구하자. 나도 고백한거 너무 창피하고, 너한테 비밀 알려준 거니까 너도 나한테 비밀 하나 알려줘. 그래야 공평하지!"

세찬이는 리아의 고백을 거절하고 나서 미안한 마음이 가득했는데 웃으며 말하는 리아를 보니 안심이 되었어요. 그리고 리아 말처럼 자신의 비밀도 하나 이야기를 해줘야 덜 미안한 마음이 들 것 같아서 입을 열었지요.

"아, 이거 진짜 비밀인데, 진짜 너만 알고 있어. 나… 한지우 좋아해."
"…그랬구나. 그래 보였어! 이제 우리 비밀 하나씩 공유한 사이니까, 서로 비밀 지켜주면서 친하게 지내자. 그리고 내가 너 지우랑 잘될 수 있게 도와줄게. 어때?"
"어? 아니, 난 뭐 딱히 잘되고 싶은 마음은 없는데…."
"뭘 없어~ 요새 애들 다 여친, 남친 있는데 뭐! 그리고 여자 마음은 여자가 잘 알아. 나만 믿어. 알았지?"
"어? 어. 뭐, 그래라."

그렇게 리아와 헤어져 집에 돌아오는 길에 세찬이의 마음은 가벼웠어요. 리아에게 어떻게 거절을 해야 하나 걱정이 많았는데 다행히 리아가 웃으며 잘 받아줘서 마음이 편안해졌지요. 소문대로 리아는 참 마음이 넓고, 역시 회장은 다르구나 하는 생각이 들었어요.

같은 시각, 리아는 전혀 다른 생각을 하고 있었어요.
세찬이의 입에서 지우의 이름이 나온 순간 리아의 머릿속은 온통 지우에 대한 미움으로 가득 찼어요.
'한지우… 두고 봐. 가만두지 않을 거야!'

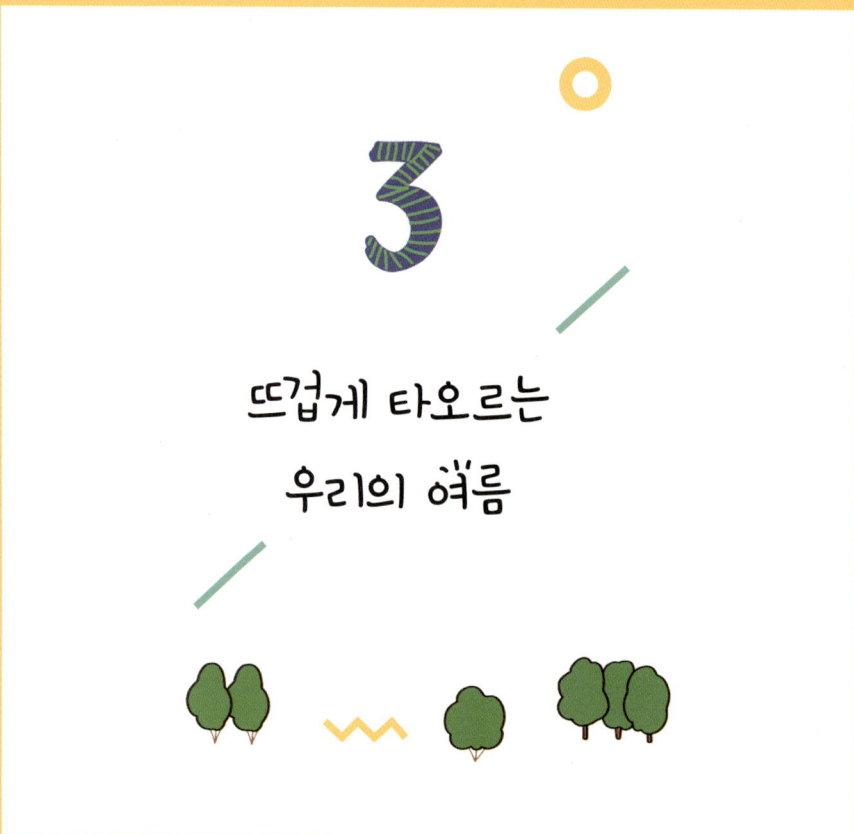

3. 뜨겁게 타오르는 우리의 여름

1. 살은 찌기 싫고, 키는 크고 싶어요
2. 이 수술 꼭 해야 하나요?
3. 똥을 쌌나 봐요
4. 두고 봐, 가만두지 않겠어!

1. 살은 찌기 싫고, 키는 크고 싶어요

"내일 2교시에 신체검사를 합니다. 여러분의 키와 몸무게를 재고 시력 검사를 진행할 거예요."
'으악, 망했다! 요즘 살쪘는데!'

4교시가 끝나고 알림장 쓰는 시간, 유후 선생님이 신체검사 일정을 안내하자 세린이는 깜짝 놀랐어요. 아니나 다를까, 점심을 먹으러 급식실로 이동하는 길에 여학생들의 분위기가 심상치 않아요.

수근수근, 쑥덕쑥덕. 자세히 들어보니 제각각 모여
"어떡해, 나 요즘 완전 살쪘어!", "야, 오늘 우리 점심 굶을까?", "저녁까지 굶어야 돼, 아니 내일 신체검사 하기 전까지 물만 마셔야 돼!"라며 걱정이 한 바가지였지요.

그날 점심, 5학년 여학생들은 배식을 받으며 하나같이 이렇게 말하네요.
"조금만 주세요."
"저 배 아파서 못 먹겠어요. 진짜 조금만 주세요!"

저녁 시간, 하교 후 학원에 갔다가 집에 도착한 세린이의 배에서는 꼬르륵꼬르륵 합창이 시작되었어요. 점심 급식도 아주 조금 먹은 데다, 학원에서 늘 먹던 간식까지 걸렀기 때문이지요.

"세린아, 배고프지? 오늘 네가 좋아하는 불고기 했어~ 어서 나오렴."
아, 하필 저녁 메뉴가 불고기네요. 세린이는 문틈으로 새어 들어오는 불고기의 달

짝지근한 냄새에 고민에 빠졌어요.

'먹을까? 말까? 아, 배고파. 꼬르륵 소리는 멈추지도 않네.'

'어쩌지? 리아는 내일 아침까지 굶는다고 했는데, 나도 그 정도는 굶어야 되는 거 아닌가?'

세린이가 끝도 없는 고민에 빠져 있는 동안 엄마의 목소리가 한 차례 더 들려왔어요.

"세린아~?"

고민 끝에 세린이는 슬며시 방문을 열고 나오며 힘 빠진 목소리로 엄마에게 말했어요.

"엄마… 나 배 아파. 오늘 저녁 안 먹을래요."

"엥~? 아까 학원 갔다올 때 괜찮았잖아? 많이 아파? 한 술이라도 뜨자~"

"아니, 나…."

말을 채 마치기도 전에 배 속에서는 어서 밥을 달라는 듯 큰 소리로 "꼬르르르르륵~" 하는 소리가 울려퍼졌어요.

"너 배고프네! 꼬르륵 소리가 옆집까지 들리겠다!"

"아, 아니… 나 밥 먹으면 안 되는데."

"무슨 소리야, 그게? 무슨 일 있니?"

엄마의 걱정 어린 목소리와 표정을 본 세린이는 모든 것을 솔직하게 털어놓을 수밖에 없었어요. 세린이의 고민을 들은 엄마는 세린이네 반의 많은 여학생들이 비슷한 생각을 하고 있다는 사실을 알고 잠시 생각에 잠겼어요.

그러고는 곧이어 밝은 목소리로 말했어요.

"세린아, 일단 저녁은 맛있게 먹고 이따 엄마랑 공원 산책 다녀와서 요가를 하고 자자. 그러면 소화가 잘되어서 오늘 먹은 게 금방 살이 되진 않을 거야."

엄마의 말에 세린이는 금세 밝은 표정이 되어 맛있게 저녁 식사를 마쳤어요.

세린이를 재우고 난 후, 엄마는 식탁에 앉아 담임 선생님에게 편지를 쓰기 시작했어요. 여학생들이 외모에 관심이 많아져 정상 체중인데도 억지로 살을 빼려는 분위기가 형성되어가는 점이 걱정되니, 선생님의 도움이 필요하다는 내용이었지요. 엄마는 정성스레 적은 편지를 봉투에 넣어 세린이의 알림장에 끼워두고서야 잠들었어요.

다음날, 알림장 검사를 하던 유후 선생님은 세린이 어머니가 보낸 편지를 떼어 학생들이 모두 하교한 후 찬찬히 읽기 시작했어요.

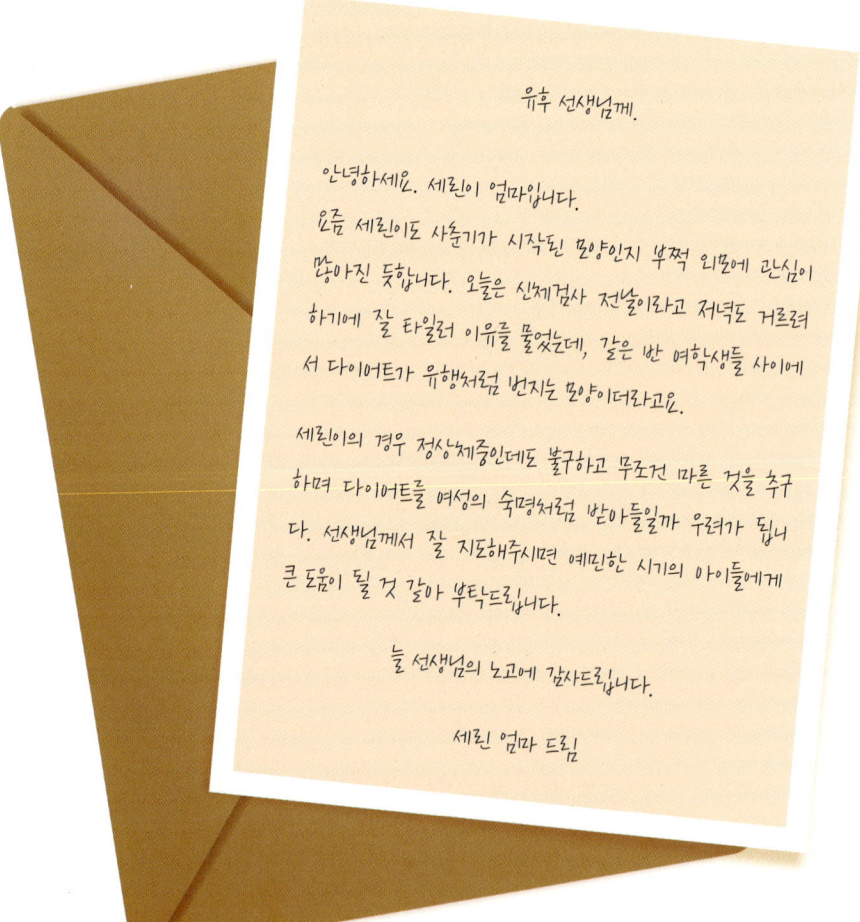

유후 선생님께.

안녕하세요. 세린이 엄마입니다.

요즘 세린이도 사춘기가 시작된 모양인지 부쩍 외모에 관심이 많아진 듯합니다. 오늘은 신체검사 전날이라고 저녁도 거르려 하기에 잘 타일러 이유를 물었는데, 같은 반 여학생들 사이에서 다이어트가 유행처럼 번지는 모양이더라고요.

세린이의 경우 정상체중인데도 불구하고 무조건 마른 것을 추구하며 다이어트를 여성의 숙명처럼 받아들일까 우려가 됩니다. 선생님께서 잘 지도해주시면 예민한 시기의 아이들에게 큰 도움이 될 것 같아 부탁드립니다.

늘 선생님의 노고에 감사드립니다.

세린 엄마 드림

편지 내용을 읽은 유후 선생님은 학창 시절 비슷한 경험을 했던 자신의 모습이 떠올라 미소를 빙긋 지었어요.
"이럴 때가 있지. 내일은 아이들과 외모에 대한 이야기를 나누어봐야겠는걸?"

다음날 아침, 5학년 학생들을 자리에 앉힌 유후 선생님은 가만히 서서 학생들을 바라보았어요.

"선생님, 1교시에 뭐해요? 시간표에 '창체'라고만 써 있어요."
수업이 시작하기 전 항상 시간표를 보고 다음 시간 교과서를 준비해놓는 시오가 물었어요.
시오의 질문에 유후 선생님은 의미심장한 웃음을 띠며 대답했어요.
"아~~~주 중요한 거!"
그러자 수학대장 은철이가 화들짝 놀라며 물었어요.
"오늘 수학시험 봐요?"
은철이의 말을 들은 5학년 친구들은 일제히 소리치며 괴로워했어요.
"아!!", "말도 안돼!", "선생님, 진짜 수학시험 봐요?"
괴로워하는 친구들을 보며 유후 선생님은 한껏 더 즐거운 표정으로 이렇게 말했어요.
"유후~! 너희들이 수학을 그렇게 중요하게 생각하는 줄 몰랐네? 아주 기쁜 일이군! 하지만 지금부터 우리가 나눌 이야기는 수학보다 훨씬 더 중요한 거란다!"
"수학보다 훨씬 더 중요한 거?"
"영어?"
"야, 아니야. 요즘은 코딩 같은 게 더 중요하대!"

"야, 우리 아빠는 요즘 세상에 주식 모르면 안 된다는데?"
유후 선생님의 말에 제각기 배울 내용을 추측하느라 교실 안은 순식간에 소란스러워졌어요.

"유~~~~~후~~~~~!"
시끄러워진 학생들의 주의를 집중시키는 유후 선생님의 목소리에 학생들은 다시 조용히 선생님을 바라보고 자세를 고쳐 앉았어요.
"오늘 우리는 '나를 사랑하는 방법' 중 하나에 대해 이야기할 거예요. 우리가 세상에서 가장 사랑해야 할 대상이 누구라고 했죠?"
"나 자신이요!"
"맞아, 우리는 항상 나 자신을 가장 사랑하고 아껴주며 지내야 해요. 오늘은 나 자신을 이루는 여러 가지 중에 특히 '외모'에 대한 이야기를 하려고 해요."
선생님의 말씀을 들은 세린이는 신체검사 전 체중을 조금이라도 줄이려고 식사를 거르던 며칠 전의 자신이 떠올라 조금 부끄러워졌어요.

"자, 지금부터 모둠별로 모여 내가 직접 경험했거나 주변에서 보고 들은 '외모 가꾸는 법'에 대해 친구들과 자유롭게 이야기를 나누며 브레인스토밍해보세요."

4~5명씩 모인 학생들은 외모를 가꾸는 다양한 방법에 대한 이야기를 나누기 시작했어요. 이야기를 나누는 동안 세린이는 외모에 관심을 가지고 있는 친구가 꽤 많다는 사실에 괜히 위로를 받는 기분이 들었어요.
학생들이 자유롭게 이야기를 나누며 백지를 채워가는 동안 유후 선생님은 교실을 돌아다니며 학생들이 떠올린 다양한 생각들을 꼼꼼히 살펴보았어요.
잘 씻기, 여드름 손으로 짜지 않기, 열심히 운동하기부터 시작해서 쌍꺼풀 테이프 쓰기, 컬러렌즈 끼기, 다이어트하기 등 각자가 보고, 듣고, 겪은 여러 방법들이 자유로운 분위기 속에서 쏟아져 나왔지요.

"좋습니다. 여러분이 이야기를 충분히 나눈 것 같으니 두 번째 활동으로 넘어가보겠습니다. 이번엔 여러분이 떠올린 생각들을 분류해보도록 하겠습니다. 어떤 기준으로 분류할 수 있을까요?"
"여자용, 남자용이요."
"몸의 부위별로 분류해요."
"엄마한테 혼나는 거랑 안 혼나는 거?"
지우의 마지막 말에 교실 안은 한바탕 웃음바다가 되었어요.
"하하하, 맞아요. 여러분이 떠올린 방법들이 워낙 다양해서 분류할 수 있는 기준도 아주 다양할 거예요. 선생님이 다니며 쭉 보니까 실제로 선생님이 어릴 때 했던 방법들도 있고, 그래서 엄마한테 혼났던 방법도 있고 말야."
"선생님도 어릴 때 화장하셨어요?"
요새 부쩍 외모에 관심이 많아져 입술에 붉은 틴트를 바르기 시작한 리아가 물었어요.

"그럼! 선생님은 유치원 다닐 때 엄마 화장품을 찍어 바른다고 얼굴에 난리를 쳐놔서, 선생님네 엄마가 다시 씻기느라 셔틀버스도 놓쳤는걸?"
선생님의 말에 또다시 교실 안은 깔깔거리는 웃음소리로 왁자지껄해졌어요.
"자자, 그만! 이렇게 선생님이나 너희들이나, 누구나 자신의 외모에 관심이 많고 외모를 가꾸기 위해서 나름의 방법들을 이용하곤 하죠. 이 방법들을 분류할 수 있는 기준도 여러분이 이야기한 것처럼 다양한 것이 있을 수 있는데, 오늘은 우리 이 기준으로 분류를 해보자."

선생님은 한 템포 쉬고 말을 이었어요.

유후~쌤의 나만의 고유한 아름다움 지키기

외모 가꾸는 법

잘 씻기 컬러렌즈 끼기
여드름 손으로 짜지 않기 다이어트 하기
열심히 운동하기 쌍커풀 테이프 쓰기
⋮

와, 여러분! 정말 다양하게 방법을 생각해 보았군요??!!

그럼 이제 다음과 같은 기준으로 한 번 분류해볼까요?

"진짜 나를 유지하기 위한 방법"
vs.
"다른 사람과 비슷해지기 위한 방법"

"진짜 나의 모습을 유지하기 위한 방법과 다른 사람과 비슷해지기 위한 방법."
선생님이 제시한 기준을 들은 학생들은 생각에 빠져 잠시 조용해졌다가 이내 자신들이 떠올린 외모 가꾸기 방법들을 다시 하나하나 살펴보며 고심하기 시작했어요.

"운동을 하거나 잘 씻는 건 진짜 나를 위한 거지?"
"맞아, 맞아."
"다이어트 하는 건?"
"그건 아니지 않나?"
"너무 비만이면 해야 되는 거 아니야?"
"비만이 아닌데 다이어트 하는 건 연예인 따라 하는 거 아니냐?"
"맞아, 뚱뚱하지도 않은데 살 뺀다고 굶거나 음식을 씹다가 뱉는 건 아이돌 따라 하는 거 같아."
세린이는 친구들과 이야기를 나누면서 다이어트를 한다고 무작정 굶으려던 자신의 마음이 진짜 나 자신을 위한 것이었을까 다시 생각해보게 되었어요.

"요즘 화장하는 애들도 많잖아. 그건 어떻게 생각해?"
"틴트나 비비 바르는 건 그냥 내가 더 예뻐 보이려고 하는 거 아니야?"
"야, 그거 솔직히 아이돌 따라 하는 거 아니냐?"
"요즘 남돌도 틴트나 비비 바르잖아."
"내가 쓰는 립밤은 입술 건조해지는 거 방지하는 건데 자연스럽게 색깔도 좀 나서 더 생기 있어 보이긴 해."
"나도 선크림 바르는데 그거 바르면 얼굴이 좀 하얘 보여."
"그래도 아이돌이나 연예인 없었으면 우리 같은 어린이들이 화장품에 관심이라도 생겼을까?"

"아, 헷갈린다!"
학생들이 나누는 이야기를 들으며 유후 선생님은 흐뭇하고 대견한 마음이 들었어요.
"자, 여러분! 선생님이 말한 기준에 따라 분류를 해 보았죠? 어땠나요?"
"확실한 것도 있고, 둘 중 어느 쪽으로 넣어야 할지 좀 헷갈리는 것도 있었어요."
"좋아요. 선생님이 살펴보니 여러분이 분류 활동을 하며 아주 중요한 이야기를 나누더라고요. 그 대화 자체가 여러분에게 정말 의미 있는 것이었답니다. 자, 이제부터 어떤 방법이 진짜 나를 위한 것이고, 어떤 것이 다른 사람을 따라 하기 위한 것이라고 생각했는지 이야기 나눠봅시다."

선생님은 칠판을 두 부분으로 나누어 한쪽에는 '진짜 나를 위한 외모 가꾸기', 다른 한쪽에는 '다른 사람과 비슷해지기 위한 외모 가꾸기'라는 제목을 써두었어요.

"진짜 나를 위한 외모 가꾸기 방법에는 어떤 것들이 있었나요?"
친구들은 깨끗하게 씻고 다니기, 규칙적으로 운동하기, 여드름 손으로 짜지 않기, 몸에 좋은 음식 먹기 등의 방법을 나열했지요.
"좋아요. 잘 생각했네요. 그럼 이번엔 다른 사람과 비슷해지기 위한 외모 가꾸기에는 어떤 것들이 있을까요?"
비만도 아닌데 살 빼려고 굶기, 아이돌처럼 옷 입기, 쌍꺼풀 테이프나 컬러렌즈 사용하기 등의 이야기들이 쏟아져 나왔어요.
"유후~! 다들 고심 끝에 분류를 한 것 같네요. 그럼 아까 말했던 헷갈리는 것에는 무엇이 있었나 함께 살펴볼까요?"
"화장하는 건 좀 애매한 것 같아요. 꼭 누구를 따라 하려고 그러는 게 아니라 그냥 자기가 더 예뻐 보이려고 화장할 수도 있잖아요."

"맞아요. 그리고 입술 건조해질까 봐 립밤을 바르거나 햇볕에 안 타려고 선크림을 바를 수도 있잖아요."
리아가 덧붙였어요.

유후 선생님은 그런 리아를 보고 싱긋 웃으며 고개를 끄덕였어요.
"그럼, 그럴 수 있지. 그런데 왜 우리는 화장하는 게 온전히 나를 위한 것인지, 남을 따라 하기 위한 것인지 확실히 말하지 못하고 애매하다고 느낄까?"

선생님의 질문에 학생들은 곰곰이 생각에 빠졌어요. 잠시 침묵이 감돌다가 이내 리아가 대답했어요.
"제 생각에는 화장을 왜 하는지에 따라 다를 것 같아요. 내 몸과 건강을 위한 것이라면 진짜 나를 위한 거지만, TV 속 연예인이 멋있어 보여서 흉내를 내는 화장은 결국 다른 사람과 비슷해지려는 것 같아요. 저도 색깔이 나는 립밤을 왜 바를까 생각해봤는데, 결국 입술 보호보다는 색이 예뻐서 바르거든요."
똑 부러지는 리아의 발표에 친구들은 저마다 고개를 끄덕이며 공감했어요.

"좋은 생각이에요. 행동의 '목적'이 중요하다는 얘기였네요. 그럼 이번에는 이 질문에 대해서도 생각해볼까? 다른 사람이 멋있어 보여서 그 사람과 비슷해지고 싶다는 생각은 무조건 잘못된 생각일까요? 예를 들면 선생님도 매일 출근할 때 화장을 하고, 가끔 더 예뻐 보이고 싶은 마음에 컬러렌즈를 착용하기도 해요. 선생님도 어릴 때는 화장이나 렌즈 같은 것에 대해 잘 몰랐지만 연예인이나 주변의 여자 어른을 보면서 '나도 저렇게 되고 싶다.'는 생각을 했고, 결국 자라면서 화장도 하고 렌즈도 끼기 시작했거든요. 이렇게 다른 누군가에 대한 동경심이 생겨서 나도 비슷한 방법으로 외모를 꾸미는 것은 잘못된 것일까요?"

유후 선생님의 진지한 질문에 교실 안에는 또다시 침묵이 감돌며 학생들은 고민하기 시작했어요. 항상 생각해볼 만한 질문을 던지고 학생들이 스스로 고민하는 시간을 통해 생각하는 힘과 가치관을 갖게끔 하려는 유후 선생님이었어요.

"꼭 그렇지는 않은 것 같아요. 모방은 창조의 어머니라는 말도 있잖아요."
독서를 좋아하는 시오가 말했어요.
"잘 얘기했어요, 시오. 배우고 싶은 사람을 롤모델로 정하고 본받을 점을 찾아 따라 하는 것도 나를 만들어가는 좋은 방법이랍니다."
유후 선생님은 이어서 말했어요.
"그렇다면 다른 사람을 모방하면서도 진짜 나를 만들어가기 위해 우리가 꼭 기억해야 할 것에는 무엇이 있을까?"
학생들은 선생님의 질문을 듣고 각자의 생각에 빠졌어요. '진짜 나'라는 것이 왠지 어렵게 느껴지기도 하고, 여태까지 고민해본 적 없는 주제라서 선생님의 질문에 쉽사리 답할 수가 없었어요.

선생님은 그런 학생들의 반응을 예상하신 듯 말씀을 이어갔어요.
"자, 지금까지 살면서 나와 똑같이 생긴 사람을 만난 적 있는 친구 손 들어 보세요."
선생님의 질문에 친구들은 두리번거리며 손 든 친구가 있나 살폈지만, 아무도 손은 들지 않은 채 서로의 얼굴만 바라볼 뿐이었지요.

"우리 반 30명의 친구들은 모두 제각기 다른 외모를 가지고 있죠. 얼굴만 보아도 누구인지 단번에 알아볼 수 있고요. 선생님도 마찬가지로 살면서 선생님과 똑같이 생긴 사람을 만난 적은 없어요."

선생님의 말이 끝나기가 무섭게 세찬이가 말했어요.

"도플갱어 만나면 죽는대요!"

"하하하, 맞아. 그런 말이 있을 정도로 세상에는 나와 똑같은 외모를 가진 사람이 드물다는 거죠. 그만큼 한 사람의 외모는 그 사람만의 특성이자, 고유의 아름다움인 거예요."

유후 선생님의 진지한 표정과 이야기에 학생들은 덩달아 진지한 자세로 집중했어요.

"이 점을 기억한다면 선생님의 질문에 답할 수 있을 거예요. 같은 질문을 다시 물어볼게요. 우리가 다른 사람을 모방하면서도 진짜 나를 만들어가기 위해 꼭 기억해야 할 것은 무엇일까?"

"내 고유의 아름다움과 특성을 잃지 않는 거요?"

선생님의 말에 집중하고 있던 세린이가 재빨리 대답했어요.

유후 선생님은 그런 세린이에게 따뜻한 미소를 지으며 고개를 끄덕였어요.

"화장이든 렌즈 착용이든 여러분의 선택이에요. 다만 그 선택에는 반드시 기준이 있었으면 해요. 진짜 나를 위한 것인지, 그저 다른 사람들을 따라 하기 위한 것인지 말이에요. 그리고 성장기인 여러분의 건강에 해가 되지 않는지도 꼭 생각해보세요. 특히 여드름이 고민이라 화장으로 가리려는 목적이라면 화장은 모공을 막아 오히려 여드름을 더 심해지게 만드니 좀 참는 것이 좋겠어요."

"컬러렌즈를 끼면 각막에 상처가 난대요."

시오가 말했어요.

"그것도 맞아요. 콘택트렌즈를 끼고 뺄 때는 여러분의 각막에 미세한 상처가 생길 수밖에 없어요. 따라서 여러분이 외모를 꾸미기 위해 무언가를 선택할 때는 꼭 여러분의 건강을 생각해야 해요. 건강한 나를 만드는 게 나를 사랑하는 데 가장 중요한 일이니까요."

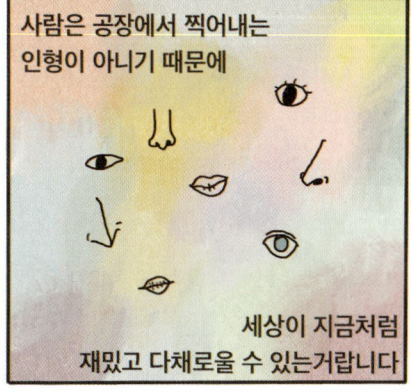

학교를 마치고 집에 돌아온 세린이는 조용히 책상에 앉아 일기장을 펼쳤어요. 오늘 수업 중에 들었던 생각들을 꼭 적어두고 싶었거든요.
세린이의 오늘 일기는 이렇게 시작했어요.
"진짜 나를 위한 선택."

며칠 후, 똥글 선생님과 함께 하는 건강 수업이 있는 날이었어요.

신체검사 날의 소동에 대한 이야기를 전해 들은 똥글 선생님은 사춘기 학생들의 마음을 어루만지면서도, 건강을 지킬 수 있는 활동을 준비해왔지요.
"여러분, 안녕하세요? 듣자 하니 며칠 전에 신체 검사를 했다면서요? 신체검사 때문에 스트레스 받은 사람, 손!"
꽤 많은 친구들이 손을 들었어요.
"하, 여러분이나 어른들이나 똑같군요. 어른들도 주기적으로 건강검진을 받거나 병원에서 검사를 받기 위해 키와 몸무게를 재거든요. 그때마다 이번에는 얼마나 살이 쪘나, 심장이 두근두근한다니까요!"
"정말요?"
"우리 아빠는 건강검진하기 전날에는 저녁도 안 드시고 물도 안 드시던데 살쪘을까 봐 그러는 건가?"
"하하하, 그건 아마 위내시경, 대장내시경 같은 정밀검진 때문에 그러실 거예요. 아무튼, 어른들도 살찌는 건 정말 싫지요."
"저희 엄마가 그러셨는데, 여자들은 평생 다이어트 해야 되는 거래요."
리아가 말했어요.
"그래요? 왜죠?" 똥글 선생님이 진지한 표정으로 되물었어요.

"날씬해야 여자지, 뚱뚱하면 아름다움을 포기하는 거래요."

리아의 대답을 듣고 유후 선생님은 문득 항상 급식의 절반 가량은 남기는 리아의 모습이 떠올랐어요. 매번 남기는 이유가 다르기는 하지만 식사량이 워낙 적은 친구라고 생각했는데, 이제 보니 살이 찔까 봐 그랬을 수도 있겠다는 생각이 스쳤어요.

"흠, 리아 어머님께서 왜 그런 말씀을 하셨는지 잘 모르겠지만, 선생님은 동의할 수 없네요. 세상에는 정말 다양한 아름다움이 있고, 반드시 여자이기 때문에 혹은 남자이기 때문에 꼭 갖춰야 할 아름다움의 절대적 기준은 없다고 생각해요."

똥글 선생님의 단호한 말씀에 리아는 순간 당황했어요. 사실 리아가 그 이야기를 꺼낸 것은 지우를 겨냥한 것이었어요. 리아가 보기에 지우는 날씬하거나 예쁘지도 않은데 세찬이와 친하게 지내는 것이 마음에 들지 않았기 때문에, 어떻게든 지우가 속상하게 만들고 싶었던 것이었죠.

그런 리아의 속내를 까맣게 몰랐던 지우는 오히려 당황한 리아를 도와주고 싶은 마음에 큰 소리로 외쳤어요.

"선생님! 리아네 엄마는 모델이세요! 예전에 엄청 유명하셨다고 들었는데, 맞지, 리아야?"

선생님의 말씀에 당황했던 리아는 자신을 도와주려는 지우의 말에 도리어 기분이 나빠졌지만, 고개를 끄덕이는 수밖에 없었어요.

"아, 그러셨구나. 그래서 그런 말씀을 하신 거군요. 이제 이해가 가네요. 직업에 따라서는 간혹 특정 신체 조건이 요구되기도 해요. 그게 체형일 수도 있고, 체력일 수도 있지요."

똥글 선생님의 말씀에 이어서 유후 선생님도 말했어요.

"어쩐지~! 전에 리아 어머님께서 학교에 오셨을 때 워낙 키도 크고 날씬하셔서 '정말 모델같으시구나' 하고 생각한 적이 있는데 진짜 모델이셨구나! 하지만 모든 사람이 모델 같은 체형을 가질 필요는 없으니, 똥글 선생님 말씀처럼 모든 사람이 같은 기준으로 아름다움을 평가받을 필요는 없죠. 아름다움이라는 것 자체가 평가를 하고 점수를 매길 대상도 아니고요."

"네, 맞아요. 그렇지만 경우에 따라서는 다이어트를 할 필요가 있긴 해요. 언제일까요?"

똥글 선생님의 질문에 은철이가 서둘러 대답했어요. 은철이는 시무룩해진 리아를 어떻게든 돕고 싶었거든요.

"비만일 때요!"

"맞아요. 어린이든 성인이든 비만인 경우는 건강에 문제가 생길 수 있기 때문에 다이어트를 할 필요가 있죠. 그렇다면 나는 비만일까, 아닐까?"

똥글 선생님의 질문에 다들 고개를 갸우뚱했어요.

요즘 스스로 살이 쪘다고 생각한 세린이도 자신이 비만인지 아닌지는 확신하기가 어려웠어요.

"자, 비만도를 계산하는 방법을 알려줄게요. 함께 계산해보아요!"

$$BMI(체질량지수) = 체중(kg) \div [신장(m) \times 신장(m)]$$

예) 키 140cm, 몸무게 40kg 이라면, BMI = 40÷(1.4 × 1.4) = 20.4입니다.
아래 기준에 의해 정상체중으로 볼 수 있습니다.

- 저체중 : 18.5 미만
- 정상체중 : 18.5~22.9
- 과체중 : 23~24.9
- 비만 : 25 이상

"우리나라 소아비만 기준인데요, 국가별로 소아비만 기준이 다를 수 있어요. 서양의 경우 30 이상의 사람을 비만으로 보기도 하거든요. 최근 들어 우리나라에서도 기준을 27~28까지 늘려야 한다는 의견도 많으니 내가 25나 26이라고 해서 너무 스트레스 받을 필요는 없어요! 지금 계산해볼까요?"

"으아. 난 살짝 과체중이네."

"잉? 난 저체중."

"오오 난 정상! ㅎㅎ"

"체질량지수(BMI)는 계산이 매우 간단해서 비만 추정에 도움이 되지만 나이나 성별, 근육량, 유전요인 등이 모두 사람마다 다르기 때문에 더 정확하게 알아보고 싶다면 체성분 분석기를 이용하는 것이 좋겠죠? 보건소나 한의원, 병의원, 주민센터, 헬스장 등에도 있고 우리 튼튼초등학교 보건실에도 있으니 궁금하면 꼭 측정해보세요. 단, 측정 전 바로 음식 섭취를 했다거나 생리 중인 경우 등은 정확도가 떨어질 수 있어요."

유미가 말했어요.

"잘 먹어야 키가 클 수 있는데, 많이 먹으면 살이 찌잖아요? 도대체 뭐가 맞는 거예요? 저는 살은 안 찌고 키는 크고 싶어요!"

"와 좋은 질문이에요! 잘 먹는 것은 여러 가지 영양소를 골고루 먹는 것이지, 무조건 아무거나 많이 먹는 것은 아니에요. ㅎㅎ 꼭 기억해요. 잘 먹기 ≠ 많이 먹기. 알았죠? 우리 반대로 생각해보아요. 어떻게 생활하면 소화기관에 부담이 팍팍 오면서 살이 찔까요?"

"마구마구 많이 먹어요!"

"좀 더 구체적으로?"

"음… 배부른 걸 느끼기 전에 막 빨리 최대한 많이 먹어요."

"쉬지 않고 계속 먹어요. 단짠단짠. ㅋㅋㅋ"

"목구멍까지 가득 차게 먹어요!"
"모두 맞아요. 자 그런데 먹고 운동하면~ 오오 살이 빠질 테니 최대한 움직이지 않고 티비를 옆으로 누워서 보다가, 소화 안 된 상태로 쿨쿨 잠들어야겠죠."
"으아! 건강이 막 나빠지는 소리가 들려요."
"선생님, 그럼 어떻게 해야 키는 크면서도 건강하게 다이어트를 할 수 있어요?"
진지한 자세로 수업을 듣던 리아가 물었어요.

"적게 먹으면 살이 빠지고, 많이 먹으면 살이 찌는 건데요."
"에이~ 그게 뭐예요. 다 아는 내용이네."
"여러분이 먹는 군것질, 콜라나 사이다 같은 음료수, 이런 것도 다 한 끼로 생각해야 해요."
"으아, 쉬는 시간마다 간식 먹는데 그럼 전 하루 8끼를 먹는 건가요?"
"슬프게도 그렇답니다. ㅎㅎ 그래서 규칙적인 식습관이 제일 중요해요. 일정한 식사시간에 비슷한 식사량을 유지하는 거죠. 그래야 내가 얼만큼 먹는지 알기 쉽고, 식사량을 몸에 무리하지 않고 조금씩 줄일 수 있어요. 생각을 해봐요. 우리가 부모님에게 용돈을 받을 때, 나는 매달 1만 원을 쓰는데, 용돈으로 1만5천 원을 꼬박꼬박 받으면? 남은 5천원은 저금하겠죠?"
용돈 이야기가 나오니 친구들의 귀가 더 쫑긋해졌어요.

"그런데, 어떤 달은 1만 원, 다음 달은 5천 원, 그 다음 달은 3천 원… 한동안 너무너무 부족해서 쪼들렸는데 그러다가 2만 원을 용돈으로 받아요. 그럼 어떻게 할까요?"
"안 쓰고 다 모아놔요. 다음 달에 부족할 수도 있으니까요."
"정답! 우리 몸도 마찬가지예요. 우리가 흔히 하는 실수인데요. 다이어트를 결심하고, '무조건 굶고 조금만 먹어야지.' 하면서 확 식사량을 줄였다가, '그래, 내가 5일

동안 안 먹었으니 오늘은 좀 마음 편히 먹자!' 이러면?? 몸에서는 '와, 언제 또 굶을지 모르니 지금 먹는 건 모조리 다 저장하자!' 이렇게 되는 거예요."
"아…. ㅎㅎㅎ 제 이야기네요."

세린이가 질문했어요.
"똥글 선생님, 우리 이모는 물만 먹어도 살이 찐대요! 그런 체질도 있나요?"
"우리가 마신 물이 살이 될 수는 없어요. 다만 체중이 늘어날 수는 있죠."
"넹? 살이 찌는 건 아닌데 체중은 늘어난다고요? 헷갈려요."
"ㅎㅎㅎ 물 500g을 먹으면 몸무게가 얼마나 늘어날까요?"
"500g 맞나용?"
"정답! 우리 모두가 아는 질량보존의 법칙이죠. 정상적이라면 이 물이 소변으로 다 나가야 하는데… 짠 음식을 많이 먹으면 몸에서 '어? 너무 짜서 몸이 좀 싱거워져야겠어'라고 생각하고 물을 다 내보내지 않아요. 이걸 몸이 붓는다고 하고, 의학용어로 '부종'이라고 하죠."
"아… 몸이 부어도 몸무게는 늘겠네요."
"그렇죠. 그래서 우리가 먹는 음식의 종류도 중요해요. 여러분이 다 알고 있듯이, 인스턴트 식품, 패스트푸드 중에는 짠 음식이 많아요. 그보다는 집에서 엄마 아빠가 해주시는 음식이 훨씬 영양소도 풍부하고, 간도 적당하죠. 탄수화물, 지방, 단백질, 비타민과 무기질 모두 성장에 꼭 필요합니다. 신선한 재료와 정성이 담긴 음식을 감사하며 잘 먹어야 해요!"

① 아침식사 챙겨 먹기 : 그래야 점심시간 전에 간식 생각이 덜 나겠죠? 게다가 우리가 아침식사로 즐겨먹는 먹는 빵은 입에는 짜지 않아도 소금이 많이 들어 있어요. 가급적 빵보다는 간이 되지 않은 밥이 낫겠죠?

살찌는 생활습관

1) 빠르게 많이 먹기

위가 꽉 찼다고 하더라도
뇌에서 배가 부르단 걸 알기까지는 시간이 조금 걸립니다

따라서 음식을 빨리 먹으면
배부름을 느끼기도 전에 너무 많이 먹어버리겠죠?

적당한 속도로 먹고,
배가 부르면 그만 먹는 것이 중요합니다.

2) 끼니 사이에 간식, 탄산음료 먹기

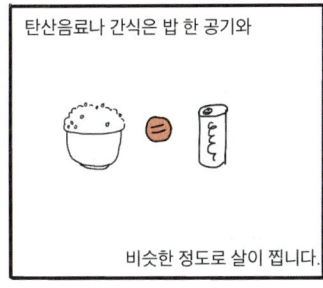
탄산음료나 간식은 밥 한 공기와
비슷한 정도로 살이 찝니다.

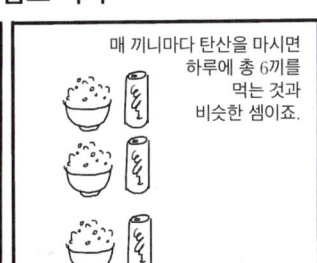
매 끼니마다 탄산을 마시면 하루에 총 6끼를 먹는 것과 비슷한 셈이죠.

특히 탄산에는 영양분이 거의 없으니
우리 몸의 입장에선 좋을 게 하나도 없습니다.

3) 굶다가 폭식하기

밥을 제때 먹지 않고 굶는 버릇을 하면
우리 몸은 비상상황이 됩니다.

그러다가 먹는 양을 늘리면,
몸은 이때다!싶어 먹는 족족 살로 저장하려고 하죠.

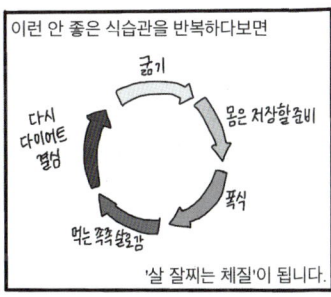
이런 안 좋은 식습관을 반복하다보면
'살 잘찌는 체질'이 됩니다.

4) 짜게 먹기

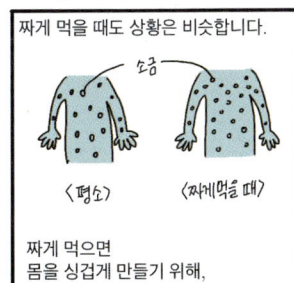
짜게 먹을 때도 상황은 비슷합니다.
짜게 먹으면 몸을 싱겁게 만들기 위해,

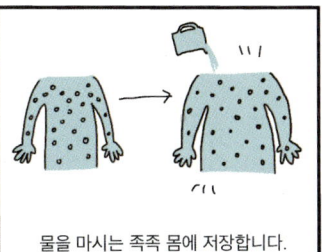
물을 마시는 족족 몸에 저장합니다.

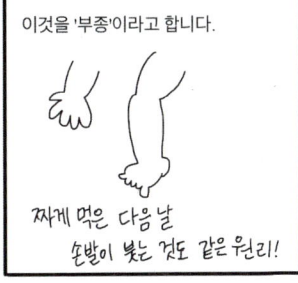
이것을 '부종'이라고 합니다.
짜게 먹은 다음 날 손발이 붓는 것도 같은 원리!

② 천천히 꼭꼭 씹어 먹기 : 꼭꼭 씹는 과정에서 침과 충분히 섞여야 소화가 잘됩니다. 이게 생각보다 어려워요. 입에 있는 음식을 다 삼킨 후에 다음 음식을 드세요.

③ 잠들기 3시간 전부터 음식 먹지 않기 : 잠자기 직전에 먹은 음식은 소화가 제대로 안되고, 속을 쓰리게 해요. 낮에 식사 직후 낮잠을 자면 이 역시 소화에 부담을 주죠.

④ 식사할 때 동영상 시청하지 않기 : 동영상 시청은 뇌를 자극해서 흥분하게 만들고, 소화기능을 떨어뜨려요. 배부르다는 느낌을 못 느끼게 될 수도 있고요.

⑤ 담백한 음식 위주로 골고루 먹기 : 자극적인 음식을 좋아하면 점점 편식을 심하게 하게 되어 영양소의 불균형이 올 수 있어요.

"이렇게 바른 식습관 플러스! 계속 강조하는 운동과 충분한 수면! 이 조화를 이루면, 살은 안 찌고, 키는 클 수 있죠."

"똥글 선생님! 그런데 지금 뚱뚱해도, 나중에 어른이 되어서 살 빼면 되는 거 아니에요?"

"하하, 그게 마음대로 안되는 게 문제랍니다. 성인 비만은 지방세포 크기가 증가하는 거라서 체중 감량이 비교적 쉽죠. 그런데, 소아 비만은 지방세포의 수가 증가해버려서 한번 증가한 숫자를 줄이기가 훨씬 어려워요. 그래서 소아비만이 성인 비만으로 이어지는 경우가 많아요."

"오~ 노우!!!"

"여기서 끝이 아니랍니다. 여러분 혹시 성인병이라고 들어봤나요?"

은철이가 손을 번쩍 들었어요.

"우리 할아버지한테 들었어요. 매일 약을 한 주먹씩 드세요. 혈압약, 당뇨약, 고… 고릴라 약??"

"ㅋㅋㅋㅋ 그게 뭐야. 웬 고릴라?"

"고지혈증 약?"

"맞아요!"

"성인병은 주로 중년 이후에 노화로 심혈관계를 비롯한 내부 장기 기능이 약해지고, 비만, 고혈압, 당뇨, 고지혈증, 백내장, 심근경색 등등이 한꺼번에 오는 경우를 말해요."

"아 그래서 드시는 약이 많구나. ㅜㅜ"

"네. 그런데 소아청소년이어도 비만이 심하면 성인병이 올 수 있답니다."

"오 마이 갓!!!"

"그럼 차라리 바짝 마른 몸이 낫겠네요?"

리아와 세린이는 서로 소근거렸어요.

"개말라. 뼈마름이 답이야. ㅋㅋ"

"오늘 점심도 씹뱉? 먹토?"

"역시 프로아나족으로 가야지."

· 부모님께 ·

처음 듣는 신조어가 어색하시죠? 프로아나(pro-ana)는 거식증(anorexia)을 찬성(pro)한다는 뜻입니다. 연예인들의 깡마른 체형을 동경하면서 아주 마른 상태(개말라), 뼈만 남도록 마른 상태(뼈마름)을 목표로 삼고, 음식을 씹기만 하고 뱉거나(씹뱉), 먹자마자 토하는(먹토) 학생들도 많이 늘어나고 있습니다. 무조건 혼내기보다는 정확한 문제인식을 공유하고 바른 식습관을 가족 모두 함께 실천하는 것이 중요합니다.

"오잉? 우리 튼튼초등학교에도 프로아나족이 있나 보군요!"

리아와 세린이는 깜짝 놀랐어요.
'똥글 선생님은 귀도 밝으셔.'
'우리만의 비밀 이야기를 어떻게 아시지?'
"여러분이 좋아하는 씹뱉, 먹토, 프로아나가 얼마나 위험한지 이야기해줄게요. 우리가 먹는 음식 중에 섬유질이 없으면 변비를 유발하죠? 그래서 씹고 뱉는 식으로만 식사를 하면 복부팽만감, 가스 차는 느낌이 심해지고, 지독한 방귀 냄새에 변비가 생겨요."
'으악!'
"먹고 토하기는 더 심하죠. 위에서 나오는 강력한 산성 소화액인 위산이 식도를 타고 올라와 입에까지 올라올 수 있어요. 역류성식도염이라고 하는데요, 식도는 위와 달리 위산을 막아주는 보호막이 없어요. 그러니 위산에 녹아버리죠. 식도가 손상되면 가슴통증, 목통증, 쉰 목소리가 생기고, 입까지 올라온 위산에 의해 치아 손상이 생겨요. 더 심해지면 가벼운 기침에도 구토를 하게 되고, 작은 자극에도 습관적인 구토가 일어나요."
'헐… 진짜 심각하네. ㅜㅜ'
"프로아나는 끝판왕이죠. 음식을 거부하는 증상을 거식증이라고 하는데 이게 습관으로 완전히 굳어지면, 뼈말라 개마름이 되는 건 당연하고요. 이런 모습이 정말 멋지고 건강해 보이나요? 영양 불균형, 몸의 이상뿐 아니라, 심리적 문제를 일으키고 생명이 위험한 상황까지 갈 수 있어요."

갑자기 모두 숙연해졌어요.

"하하. 그리고 식사를 잘 하지 않으면 우리 몸은 무슨 에너지로 키를 키우고, 공부하고, 질병하고 싸우나요? 갑자기 체중이 줄면 식욕이 점점 떨어지기만 하는 게 아니에요. 조금만 움직여도 숨이 차고요, 심장이 쿵쾅쿵쾅 심하게 뛰게 되죠. 누가 봐도 아픈 사람처럼 안색이 창백해지거나 누런 색이 되고요. 툭하면 어지러워서 쓰러지고, 아무것도 하기 싫어질 수 있어요. 그리고 되게 예민해져요. 우울하고 짜증 내고 막 웃다가 갑자기 울기도 하죠."

"으아… 어렵네요!"

"어렵지만 꼭 알아야죠. 만약에 서른다섯살 먹은 어른이 '아, 나는 키가 크고 싶으니 좋은 음식을 먹고, 운동도 열심히 하고, 잠도 잘 자야겠다.' 하고 결심한 뒤에 열심히 진짜진짜 아주아주 매일매일 실천하면? 키가 클 수 있을까요?"

"아뇨…."

"건강해질 수는 있지만, 25세가 넘은 성인이 스스로 노력해서 키가 크는 것은 거의 불가능해요. 여러분의 지금 이 시간은 성장에 있어서 나중에 다시는 찾아오지 않을 아주 중요한 시기에요. 정상체중인지 한번씩 잘 확인하고, 알려준 바른 생활 습관을 꼭 지켜나가면 튼튼하게 쑥쑥 자랄 수 있어요!

그리고 또 한 가지! 내가 정상체중이라면, 밥 먹을 때마다 너무 살찔까, 살 빠질까 스트레스 받지 마세요. 즐겁고 행복한 식사도 나 스스로를 사랑하는 과정 중 하나니까요!"

그 날 저녁, 집에 돌아온 리아의 머릿속은 건강한 다이어트에 대한 수업 내용으로 가득했어요.

그동안 리아는 극도로 배고픈데도 불구하고 살을 빼야 한다는 생각에 먹지 않고 버티기도 했고, 식사를 제대로 안 하는 날이 며칠씩 지속되기도 했어요. 그러다가 못 참고 폭식하기도 하고요. 그런데 알고 보니 그게 오히려 건강에도 안 좋고 체중 조절에도 방해가 될 줄이야!
요즘에는 성장기라 그런지 한창 식욕이 오르고, 돌아서면 배가 고파져서 식사 조절하기가 정말 힘들었어요. 그럴 때마다 리아는 '날씬해야 예쁜 거야.', '세찬이에게 잘 보여야 해.' 하는 생각으로 식욕을 참곤 했어요. 최근에는 학원의 친한 무리들 사이에서 마른 몸을 유지하기 위해 음식을 씹다가 삼키지 않고 뱉어버리는 행동이 유행하면서, 리아는 더더욱 원하는 만큼 식사를 할 수 없었어요. 삼켜버린 음식은 먹자마자 얼른 토한 적도 있고요.
그런데 오늘 건강 수업에서 다룬 내용과 똥글 선생님이 한 이야기는 지금까지 리아가 했던 생각과 행동이 얼마나 잘못된 것이었는지를 깨닫게 했어요.

마침 그 날 리아네 저녁 메뉴는 리아가 정말 좋아하는 매콤한 낙지볶음이었어요. 낙지볶음의 매콤달콤한 양념에 삶은 소면까지 넣어 비벼 먹으면, 국수를 좋아하는 리아와 아빠에게는 천상의 음식이나 다름없었죠.
밥과 함께 어느 정도 낙지볶음을 먹고 나자 엄마는 당연하다는 듯 리아와 아빠에게 물었어요.
"리아는 살찌니까 국수 안 먹지? 당신 먹을 것만 삶을게요."
"아니! 나 아빠랑 같이 국수 먹을 거야. 제 것도 삶아주세요."

"어머, 얘! 이 저녁에 밥 먹고 국수까지 먹는다고? 너 알면서 왜 그래? 안 돼."
"엄마, 나 이제 살 안 찌려고 무조건 적게 먹고, 먹고 싶은 거 참는 거 안 할 거예요. 사람의 아름다움은 살이 얼마나 쪘느냐로 결정되는 게 아니에요. 그리고 오늘 학교에서 BMI를 계산해봤더니 저는 정상체중에서도 낮은 편에 속했어요. ㅎㅎ 나는 나의 아름다움을 찾을래요."
리아의 단호하고도 똑 부러진 대꾸에 엄마는 너무 놀라 말을 잇지 못했어요.

"아이구, 우리 딸 잘한다! BMI라니!!! 누굴 닮아 이렇게 똑똑할까~ ㅎㅎㅎ 우리 딸이 날 닮아서 국수를 얼마나 좋아하는데! 애기 때도 국수 한번 삶아주면 얼마나 잘 먹었다구. 여보, 우리 딸이 저렇게 똑 부러지게 얘기하는데 이제 리아가 스스로 알아서 하게 둡시다."
아빠는 기뻐하는 목소리로 거들었어요.

아빠와 함께 배부르고 만족스러운 식사를 마친 리아는 간만에 느끼는 포만감이 싫지 않았어요. 가볍게 운동을 하며 소화를 시킨 후 기분 좋은 나른함과 함께 잠자리에 든 리아는 생각했어요.

'이제부터는 바보같이 무조건 마른 거, 무조건 날씬한 것을 추구하지는 않을 거야. 몸이 건강해야 마음도 건강하지. 그리고 남들을 따라 하는 아름다움이 아니라, 나만의 아름다움을 찾을 거야. 그 후엔 세찬이에게 다시 한 번 고백할거야!

2. 이 수술 꼭 해야 하나요?

또다시 돌아온 뚱글 선생님의 성교육 시간이에요.

"오늘은 남학생들만 따로 이야기를 해봐요. 포경수술이 궁금하다고요?"

"네. 엄마가 이번 방학 때 포경수술 하자고 하는데 저는 정말정말 하기 싫어요. 이거 정말 꼭 해야 하는 거예요?"

"전 세계적으로 보면 우리나라는 포경수술의 비율이 높은 나라에 속해요. 미국 소아과학회의 영향을 많이 받아서 그런 것으로 추측해볼 수 있어요. 반대로 영국, 네덜란드, 덴마크 등 유럽의 일부 국가 의료계에서는 미성년자가 치료 목적이 아닌 포경 수술을 받지 말라고 강력하게 권고하고 있죠."

"엥? 너무 헷갈리는데요?"

"좀 더 자세히 알아볼까요? 음경의 끝부분을 거북이 모양처럼 생겼다고 귀두라고 하는데요, 이걸 덮고 있는 피부를 포피라고 불러요.

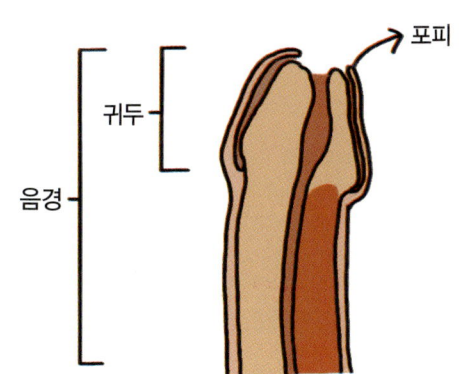

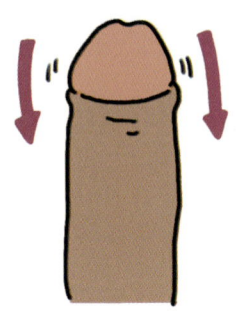
가성포경

포피를 손으로 살짝 잡아 내릴 때
귀두가 잘 드러나는 경우

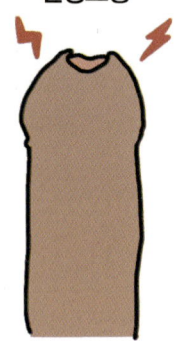
진성포경

포피를 손으로 살짝 잡아 내릴 때
귀두가 조금만 드러나고 통증이 있는 경우

포피를 손으로 살짝 잡아 내릴 때 귀두가 잘 드러나면 가성포경, 귀두가 조금만 드러나고 통증이 있다면 진성포경이라고 하죠. 여기서 가성포경은 포경수술을 할 필요가 없고 진성포경인 경우만 수술이 필요하다고 구분하죠.

포경수술은 이 포피의 일부를 절개해서 귀두가 드러나도록 하는 수술이에요. 포경수술은 포피에 끼는 이물질을 깨끗이 관리할 수 있고, 자궁경부암이나 음경암 위험을 낮춰주며, 성병 예방에도 도움을 준다고 알려져 있어요.

하지만, 가성포경이라고 해도 위생의 문제는 자주 씻어서 해결할 수 있고^^ 어린 시절 포경수술을 받고 심리적·정신적 충격에 시달리는 친구들도 꽤 많으니 비뇨기과 의사선생님, 부모님과 포경 수술에 대해 잘 의논해보세요."

"잘 씻는 방법이 따로 있나요?"
"하루에 한 번, 샤워할 때 순한 비누로 거품을 내서 고환과 음경 그리고 귀두 아래에 비누칠을 해요. 그러고는 비누 거품을 완전히 물로 씻어내고, 수건으로 잘 건조시켜요. 간단하죠?"

"네. ㅎㅎ"
"포경수술을 하지 않았다면, 포피 안에 피지가 쌓여 있는지 확인하기 위해 샤워 중에 포피를 젖혀보세요. 피지는 성기의 수분을 유지하기 위해 몸이 만들어내는 자연스러운 윤활유예요.
그런데 피지가 치즈처럼 보인다면, 좀 더 꼼꼼히 잘 씻어야 한다는 뜻이에요."

세찬이가 물었어요.
"포경수술을 하면 몽정을 안 하나요?"
"응? 그건 포경수술과는 상관없어요!"

시오가 물어봤어요.
"세찬아 몽정이 뭐야?"

똥글 선생님이 이야기했죠.
"몽정에 대해 이야기하기 전에, 사정이 뭘까요?"

은철이가 이야기했어요.
"에고… 쯧쯧… 그런 딱한 사정이… 이거 아니에요?"

"ㅎㅎ 한글은 같은데 한자는 달라요.
은철이가 말한 사정은 事情. 어떤 일의 형편이나 까닭을 말하는 거고요.
우리가 이야기하는 射精은 발사! 할 때 사(射)에 정자, 정액 할 때 정(精). 음경에서 정자가 나오는 걸 사정이라고 해요. 잠을 자다가 꿈을 꾸고, 사정을 하면?"

시오가 답했어요.

"아…! 꿈 몽, 정자 정. 몽정(夢精)!"

"그렇죠!! 그리고 낮에 활동하다가, 운동하다가, 아님 공부하다가 등등 주루룩 정액이 흘러나오는 건 흐를 류자를 써서 유정(遺精)이라고 해요."

"몽정이나 유정은 못 참아요?"
"응, 그건 소변, 대변이랑 다르죠. 우리가 땀이 나는 것을 참을 수 없는 것처럼."
"그럼 병은 아니에요?"
"네. 여러분의 2차성징이 잘 진행되고 있고, 그 중에서도 특히 성기능이 건강하게 성숙해지고 있다는 뜻이에요. 사람마다 몽정을 잘 하지 않는 경우도 있고, 어떤 사람은 한 달에 한 번, 어떤 사람은 일주일에 2번 할 수도 있어요. 유정은 그보다 적고요. 하지만 너무 잦은 것 같고, 계속 피곤하고 힘들다면 부모님이나 선생님에게 꼭 이야기해줘야죠. ^^"
"근데요, 몽정인지 오줌 싼 건지 어떻게 구분해요?"
"지린내가 나면 오줌이겠지. ㅋㅋㅋㅋ"
"아 더러워~"

"응, 좋은 질문이고 맞는 답이기도 해요^^ 정액은 성기와 속옷에 묻으면 끈적한 느낌이 들 거예요. 그리고 몽정한 줄 모르고 시간이 흘렀다면 딱딱하게 굳어버리고요. 소변이랑은 확실히 다르죠. 냄새도 달라요. 소변과 달리 정액은 특이하고 비릿한 냄새가 나요. 밤꽃 냄새와 비슷하죠. 밤나무의 꽃을 본 적이 있나요?"
"아, 군밤 먹고 싶다!!! 밤 까기는 해봤는데 꽃은 못 봤어요. 밤나무도 꽃이 피어요?"
"그럼요. ㅎㅎ 초여름에 밤꽃이 피면 산 전체가 하얗게 눈 내린 것처럼 아름답죠!"
"우와!"
"여성의 질은 강한 산성으로 되어 있어요. 정자가 살기 위해서는 중화가 필요할 텐데… 그럼 정액은 어떤 성질이어야 할까요?"
"알칼리성이요?"
"빙고! 전립선에서 분비된 알칼리성 액체가 정액에 포함되어 있어서 그런 특유의 냄새가 나는 거예요. 그리고 정자가 운동하기 위한 영양 물질과 자동차 에어백 같은 완충 작용, 윤활유 역할을 하는 물질도 포함되어 있어요."
"몽정하면 속옷은 버려요?"
"아뇨. ㅎㅎ 부모님께 이야기하고 잘 세탁해서 입으면 되어요."

"꿈 이야기가 나와서 말인데요."
시오가 말을 꺼냈어요.
"요새 자꾸 밤마다 꿈을 꾸는데, 왜 그러는 걸까요?"

"흠, 그래? 꿈 내용이 특별히 안 좋은가요?"
"항상 그런 것은 아닌데 악몽을 자주 꿔요. 누가 죽는 꿈이나, 도망치는 꿈이요. 너무 무서워서 자다가 자주 깨요. 이것도 사춘기랑 관련이 있나요?"

똥글 선생님은 잠시 생각에 잠겼다가, 이내 시오를 보며 대답했어요.
"시오가 요즘 죽음에 대해 궁금해하고 있군요?"
"맞아요. 얼마 전에 전쟁 영화를 봤는데, 주인공 중 한 명이 총에 맞아 죽는 장면을 보고 너무 무서워서 이불을 뒤집어쓰고 막 울었어요."
"그 후부터 누군가가 죽는 꿈을 자주 꾸는 거고~?"
"그런 것 같아요. 저희 엄마랑 아빠가 언젠가는 죽는다는 생각을 계속 하게 돼요. 저희 엄마가 죽으면 저는 어떡하죠?"

그러자 은철이도 말을 꺼냈어요.
"저는 예전에 로봇이 세상을 지배하는 영화를 봤는데, 그 후로 로봇에게 공격 당하는 꿈을 여러 번 꿨어요! 같은 내용의 꿈을요!"
"어? 나도 TV에서 납량특집 보고 나서 가위 눌린 적 있는데!"
그렇게 다른 친구들도 덩달아 자신의 악몽 경험을 늘어놓기 시작했지요.

"자자! 알았어요. 그만~!"
똥글 선생님은 씩- 웃고는 말을 이어갔어요.
"꿈에 대해서는 연구자들마다 가설이 다르긴 하지만, 보통 꿈이 낮 동안 정리되지 않은 생각이나 우리가 접한 정보를 처리하는 기능을 한다고 해요. 또는 내가 가지고 있는 걱정이나 고민이 꿈을 통해 이루어지면서 현실의 불안을 없애주기도 하고요."

'그냥 아무 이유 없이 꿈을 꾸는 게 아니구나!'
세찬이는 생각했어요.

"여러분 나이대가 인간의 죽음과 죽음 이후의 삶에 대해 깨닫고 고민하기 시작할 때이기도 해요. 인간의 존재 이유에 대해 고민하고, 삶의 의미를 찾고자 하는 생각을 '실존지능'이라고 따로 분류하는 학자도 있고요."
똥글 선생님의 설명에 시오는 고개를 끄덕이며 말했어요.
"그럼 제가 잘못된 건 아닌가 봐요. 친구들도 비슷하게 악몽을 꾼다고 하니 안심돼요."
"그래요. 아주 자연스러운 현상이에요. 다만, 짧은 기간 동안 연이어 악몽을 꾼다면 나에게 걱정거리가 있는 건 아닐까 생각해보세요."
"네!"
"사정 현상이나 남성의 몸에 대해 또 궁금한 점 있나요?"
선생님의 질문에 갑자기 남학생 무리가 속닥속닥하더니 큭큭대며 웃기 시작했어요.
"어허~! 선생님은 여기에 있다구! 궁금한 점은 초등학생들끼리 해결하지 말고 전문가에게 물으시게나!"
선생님의 독촉에 큭큭대며 웃던 무리 중 한 친구가 웃음을 참으며 말했어요.
"아…ㅋㅋ 그게 아니고, 유튜브에서 봤는데, 발기가 되었다가 사정을 안 하면 막혀서 병에 걸린다던데요. 진짜예요?"
그 친구의 말에 갑자기 남학생들이 큰 소리를 내며 웃기 시작했어요.
"야! 그걸 말하면 어떡해!"
"아 왜!! 그 사람 성교육 유튜버야! 실버 버튼 받은 거 몰라?"
꽤 많은 남학생들이 문제의 인터넷 방송 채널을 잘 알고 있는 듯 했어요. 그 분위기를 눈치챈 똥글 선생님도 아무렇지 않게 답했어요.
"오잉? 발기가 될 때마다 사정을 하는 게 아니에요. ㅎㅎ 사정되지 않은 정액은 몸속으로 다시 흡수되거든요. 자위를 이야기해줘야겠군요. 자위는 스스로 음경을 만지면서 성적인 쾌감을 얻는 것을 말해요. 자위가 나쁜 걸까요?"

똥글 선생님이 아무렇지 않게 '자위'라는 단어를 꺼내자 와글와글 웃던 남학생들이 순간 웃음을 멈추고 서로 눈치를 보기 시작했어요. 사실 남학생들이 말한 인터넷 방송은 '아무도 알려주지 않는 진짜 성교육'을 주제로 해서, 요즘 남학생들 사이에서 꽤나 인기가 있었거든요.
"음… 아니요."
"그럼 좋은 걸까?"
"음… 그것도 이상한데요. ㅎㅎㅎ"
"괜히 죄책감이 들 것 같아요."
"자위는 나쁜 행동이 아니에요. 어떻게 하면 좋을까요?

1. 샤워를 하고, 특히 손이 깨끗한 상태에서
2. 화장실이나 방 안에 혼자 있을 때
3. 깔끔한 뒤처리를 위해 휴지나 물티슈를 준비해놓기
4. 스트레스 받거나 화가 날 때는 하지 말고, 기분 좋을 때
5. 야한 사진이나 영상을 보면서 자위하는 것은 점점 더 강한 자극을 찾게

되니 멀리하세요.
6. 오래 하지 말기. 자위할 때 사정을 꼭 해야 하는 것은 아니에요. 너무 자주 혹은 오래 자위를 하면 소변 볼 때 통증이 있거나 아랫배가 당기듯 아플 수 있어요.
7. 소중한 내 몸! 조심히 부드럽게 대해주세요.

이상한 친구들이 있어요. 장난으로 다른 친구들에게 자위하는 것을 보여주거나, 반대로 자위를 하도록 시키는 행위 등등은 결코 바람직하지 않을 뿐 아니라 성폭력이에요!"
"으익! 이상해요!!"
"네. 우리 친구들은 그렇지 않을 거라 믿어요! 자위를 너무 자주 많이 하면 소변 볼 때 통증이 생기거나 아랫배가 당기는 느낌이 들 수 있고요. 더 나아가 체력이 떨어지고, 식욕도 없어지고, 멍하거나 정서적으로도 불안해질 수 있어요. 술, 담배 등에 중독되는 것처럼 자꾸 자위를 더 하고 싶어질 수도 있고요. 그래서 자위를 하고 싶은 생각이 들 때는 밖에 나가서 운동을 하거나, 산책을 하는 등 몸을 움직여서 혈액순환을 도와주면 조절하는 데 도움이 되어요."

남학생들 사이에서 초미의 관심사이자 금기어이기도 한 '자위'에 대해 똥글 선생님이 너무나 자연스럽게 설명하자 다들 이게 무슨 상황인가 싶어 어리둥절했어요. 선생님은 그런 분위기를 이미 알고 있었는지 슬쩍 물었어요.
"요새 여러분에게 인기 있는 유튜브 방송이 있나 봐요?"
"아~ 그거 성교육 해주는 거예요! 막 이상하거나 야한 거 아니에요!"
평소에 학교에서 그 방송 얘기를 자주 하던 친구가 괜스레 찔렸는지 큰 소리로 말했어요.

"아~ 그래요? 그런데 얘들아, 아까 너희가 방송에서 봤다고 말한 내용도 틀린 정보인걸?"

선생님의 말에 다들 서로 눈치만 봤어요.

"인터넷에 나와 있는 정보들이 엄청 많죠? 물론 그것들이 다 틀린 것은 아니지만, 다 맞는 것도 아니에요. 성(性)은 여러분의 건강을 결정짓는 문제 중 하나이기 때문에, 여기저기서 들려오는 확인되지 않은 정보를 있는 그대로 믿어서는 안돼요. 성에 대한 내용은 특히나 더, 선생님 같은 의료인이나, 교육기관, 성 관련 상담기관에서 시행하는 교육을 받는 것이 중요해요. 여러분의 몸은 그 무엇보다 소중하잖아요. 선생님이 있는데, 왜 그런 방송을 통해서 정보를 얻어~~ 선생님에게 물어보살!"

"똥글쌤! 자위하면 키 안 큰대요!"

"ㅎㅎ 꼭 그렇지는 않지만, 만약 자위하느라 잠을 깊이 못 자거나 수면 리듬이 깨진다면, 성장에 방해가 될 수 있죠. 자, 이 그림을 보세요, 성장호르몬이 언제 많이 나올까요?"

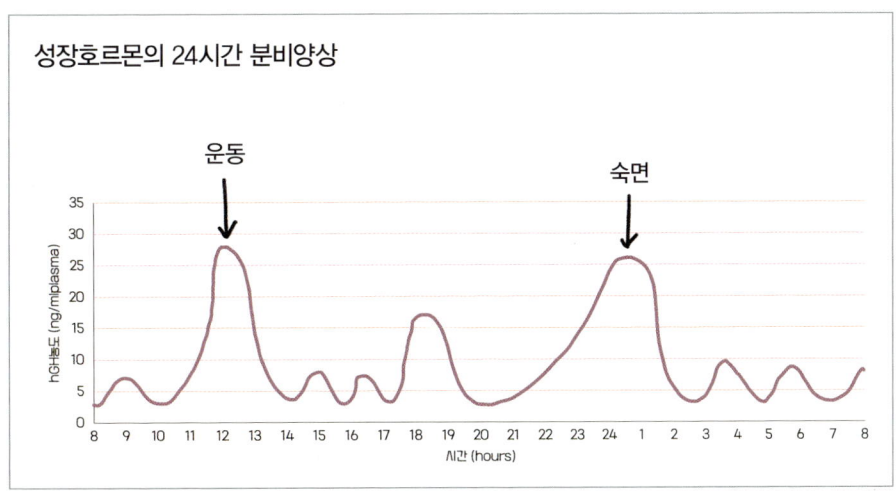

"운동할 때와 잠잘 때요!"

"그렇죠!

"그러니까 자위할 시간에 운동을 하면, 성장호르몬이 나오겠죠? 그리고 낮에 운동을 하면 밤에 잠도 잘 올 테니 자면서 또 성장호르몬이 나올 거고요. ㅎㅎ 자, 그런 의미에서 축구하러 나갈까요!!!"

"네!!!"

똥글 선생님과 유후 선생님이 이번에는 여학생들만 모아서 남학생의 2차성징 이야기를 들려주었어요.

유미가 물었어요.

"작년까지는 남학생들이 저보다 다 작았는데 점점 따라잡히고 있어요. ㅜㅜ"

"아항, 그럴 수 있어요. 여학생의 급성장기가 조금 더 먼저 찾아오고, 남학생은 상대적으로 그 시기가 좀 늦어요."

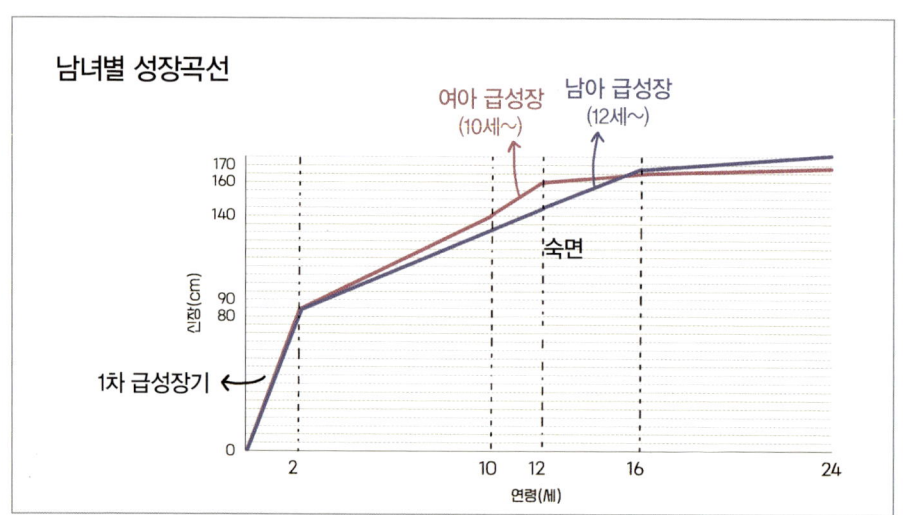

"에잇, 따라잡히기 전에 얼른 더 커버려야겠다!"
"크크! 좋다 좋다!"

세린이가 질문했어요.
"생리 시작하면 키 안 큰다는데 진짜 그런가요? 저는 더 크고 싶어요."
"생리 시작하면 키 성장이 딱 멈추는 건 아니에요. 하지만 초경을 하면 평균 2~3년 정도 이후에 성장판이 닫혀요. 성장 속도도 점점 느려지고요. 그래서 생리 전에 부지런히 크는 것이 중요해요. 그런데, 초경을 했더라도 유전적으로 키가 더 클 수 있는 상황이고 키 크는 습관을 잘 지킨다면 대략 5~8cm 정도 더 클 수 있죠. 운동, 균형 잡힌 식사, 충분한 수면시간. 오케이?"
"오케이!"

> * 성장판이란?
> 대개 뼈의 양쪽 끝에 있으며, 뼈와 뼈 사이에 끼어 있는 연골판으로, 팔뼈와 다리뼈에서 길이 성장이 일어나는 부분이에요.

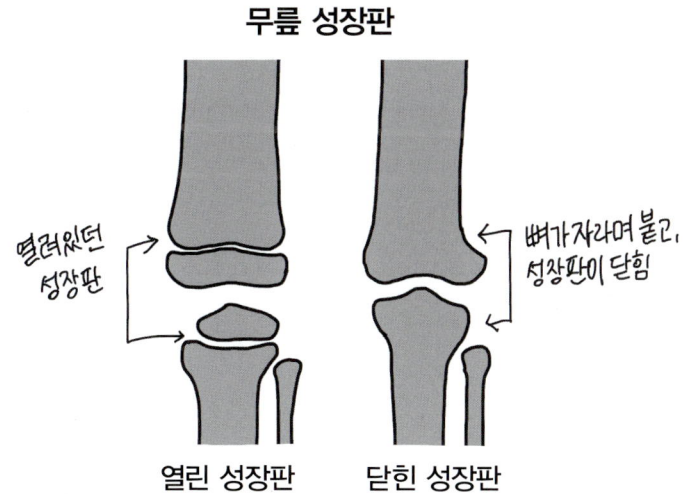

"유후~ 선생님은 자세만 딱 봐도 누가 키가 클지 안클지 알겠네요~"
유후 선생님 말에 모두 자세를 고쳐 앉았어요.
"좋아요! 우리 친구들 쑥쑥 키 자라는 소리가 들리네요."
"하하하. 어떤 소리에요?"
"무럭무럭, 쑥쑥쑤우~~욱."
"오, 그리고 한 가지 더! 남학생뿐 아니라 여학생도 자위를 할 수 있어요. 성기를 만지면 뭔가 찌릿찌릿하면서 기분이 좋을 수 있어요. 그런데, 꼭 지켜야 할 유의사항이 있어요^^

1. 샤워를 하고, 특히 손이 깨끗한 상태에서
2. 화장실이나 방 안에 혼자 있을 때
3. 휴지나 물티슈를 준비해놓기
4. 스트레스 받거나 화가 날 때는 하지 말고, 기분 좋을 때
5. 야한 사진이나 영상을 보면서 자위하는 것은 점점 더 강한 자극을 찾게 되니 멀리하세요.
6. 오래 하지 말기.
7. 소중한 내 몸 조심히 부드럽게 대해 주세요. 성기에 이물질을 넣는 행동은 위험해요!
8. 성기를 의자나 책상 모서리에 문지르는 경우가 있어요. 이런 경우 몸에 상처가 나기 쉬우니 바람직하지 않아요.

3. 똥을 쌌나 봐요

며칠 후, 체육시간이 끝나고 난 뒤 점심시간. 걱정 가득한 표정으로 지우가 유후 선생님에게 와서 안깁니다.
"선생님, 저 큰 병에 걸렸나 봐요."
"응? 우리 지우 어디 아프니?"
"아마도 그런 거 같아요…."
한참을 엉엉 울고 나더니 슬며시 뒤를 돌아 체육복 바지를 보여주네요.
"똥을 싼 거 같아요. 아무 느낌도 없었는데."
"어디 한번 선생님이 살펴볼게."

두근두근.

"유후! 우리 지우 축하해줘야겠는걸?"
"네?"
"이건 지우야, 똥이 아니라 초경이란다!"
"저도 초경이 뭔지는 알아요. 하지만 빨간색이 아닌데요? 이건 갈색이잖아요."
"응. 많이 착각하기 쉬운데, 첫 생리는 빨간색이 아닌 경우도 많아. 갈색, 검붉은 색 등등 다양할 수 있어."
"그럼, 저 큰 병에 걸린 건 아닌 거예요?"

"응. ^^ 우선 속옷과 체육복 바지에 묻은 생리혈부터 조치해보자."

유후 선생님은 지우와 함께 화장실에 가서 세수대야에 찬물을 받아 속옷과 체육복 바지를 충분히 적셨어요.
"생리혈이 묻은 지 얼마 안 되었을 때는 찬물에 30분 정도만 담가두기만 해도 깨끗하게 지울 수 있단다. 따뜻한 물이 닿으면 생리혈 속의 단백질에 변형이 오면서 얼룩이 남을 수 있어요. 그러니까 꼭 찬물! 그러고는 집에 잘 가져가서 세탁하면 끝!"
"와, 신기하네요. 친구들에게도 알려줘야겠어요!"
"그리고 생리대 착용하는 방법을 알려줄게. 어렵지 않단다. 이거 우리 둘만 이야기하기보단, 여학생들을 모아 이야기를 나누는 것이 좋겠는데?"

유미와 세린이, 지우, 리아를 비롯한 여학생들이 특별실에 모였어요.

유미가 말했어요.
"지우야, 많이 놀랐겠다. ㅜㅜ 나는 지난달에 초경을 시작했어."
그러자 세린이가 말했어요.
"나는 아직 시작 안 했는데, 으~ 늦게 시작하면 좋겠다, 아니 그냥 안 하면 좋겠다."
리아도 말했어요.
"나도 그래. ㅎㅎ"

유후 선생님이 이야기했어요.
"갑자기 생리를 시작했는데 생리대가 없으면 어떻게 해야 할까?"

"양호실에 가서 말씀드려요."
"친구에게 빌려요."
"얼른 편의점 가서 구매해요."
"오, 모두 좋은 방법이에요.
우리 학교는 화장실 근처 사물함에
공용 생리대 가방이 있어요.
이걸 이용해도 되지용!"

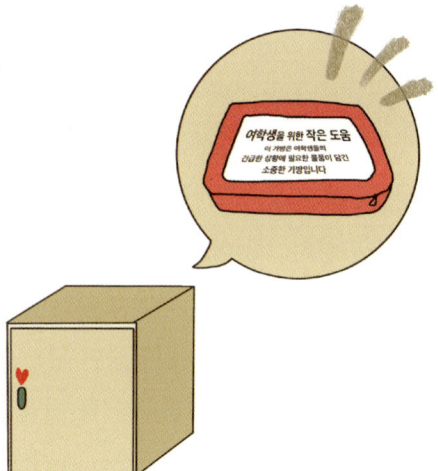

"그리고 생리대를 착용하는 것만큼이나 잘 버리는 것도 중요하단다.
생리대를 변기에 버리면 내려가지 않고 물 위에 둥둥 뜰 거예요.
그런데 그 상태에서 억지로 물을 내리면 변기가 막혀요.
절대 하지 말아야 할 행동이겠죠? 포장지에 잘 싸서 꼭 쓰레기통에 버리기 약속~
생리대 교체할 때 물티슈로 잘 닦아주는 것도 좋은 방법인데요.
요즘 항균 물티슈가 있으니 그걸 사용하세요! 그리고 닦는 방향이 중요해요.
뒤에서 앞으로 닦다 보면 자칫 대변이 묻을 수도 있으니까요.
따라하세요. 앞에서 뒤로!"
"앞에서 뒤로! ㅎㅎㅎ"

이번 주 똥글 선생님의 건강 수업 때 생리에 대해서 더 이야기 들어보도록 해요."
"네!"

• 부모님께 •

대부분의 초등학교에서는 초경이 시작될 조짐이 보이는 여학생의 경우 미리 속옷과 생리대를 준비해서 개인 사물함에 두도록 지도하고 있습니다.

생리대 사용하기

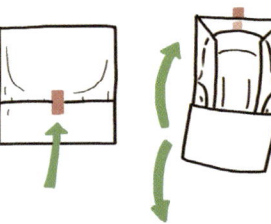
포장 스티커를 떼서 펼치고,

팬티의 안쪽 면에 붙인 뒤 양 날개를 뒤쪽으로 접어 붙여줍니다.

생리대 버리기

사용한 면이 보이지않게 돌돌말아

새롭게 교체할 생리대의 포장지 혹은 휴지로 한 번 더 말아서 버려줍니다.

"안녕하세요!!! 으하하!!!"

"ㅎㅎㅎㅎ 똥글 선생님, 안녕하세용!"

"오늘은 여학생들만 따로 이야기를 하기로 했어용. 생리, 초경에 대해 알아보자. ^^ 평소에 궁금한걸 적어달라고 했는데… 어디 보자."

"쥐어짜는 듯한 생리통 너무 싫어요."
"체육 수업 중에 힘을 주면 생리가 나올까 봐 겁나요."
"생리대 종류가 많아서 뭐가 뭔지 모르겠어요."
"생리를 숨기고 싶어요."

"음. 다양한 고민이 있구나. 하나씩 풀어보자.
그전에, 우리 예전에 배운 임신 과정 기억 날까?"

세린이가 씩씩하게 답했어요.
"여자의 난소에서 배란된 난자가 남자 몸에서
나온 1억 개의 정자 중 하나와 만나는 거요."
"응, 맞아. 그걸 수정이라고 하지.
정자 1개와 난자 1개가 만난 작은 알을
뭐라 불렀지?"

지우가 외쳤어요.
"수정란이요!"
"그렇지! 그리고 그 수정란이 자궁 속의 안전한 위치에 착륙하는 과정은?"

유미가 말했죠.
"착… 착상이요!"
"역시!!! 누구에게 배웠나 몰라. 아무래도 엄청 멋진 선생님이 알려줬나 봐."
"ㅎㅎㅎ 똥글 선생님 장난꾸러기!"

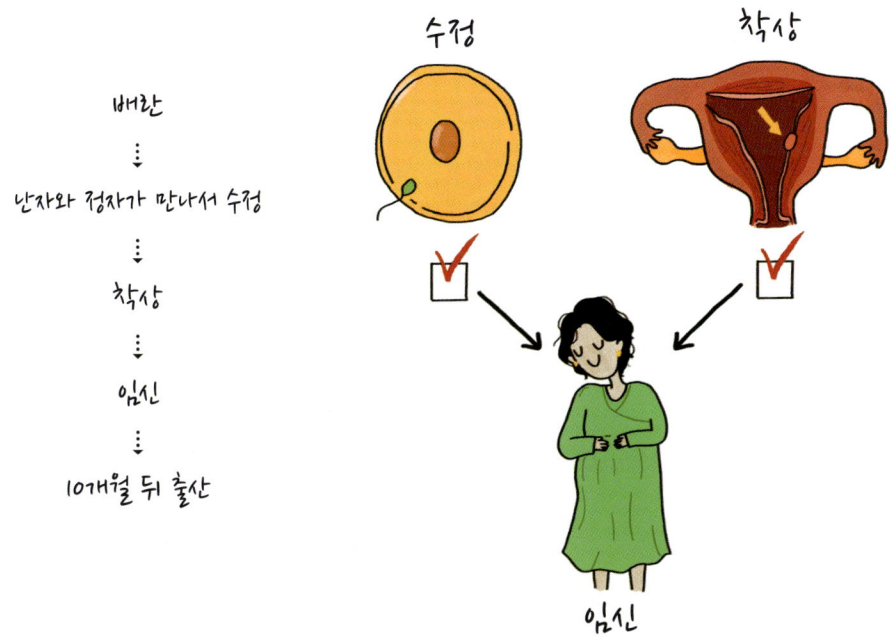

"그런데 이 과정에서

1. 배란이 안 되거나, 2. 수정이 안 되거나, 3. 착상이 안 되면

한 달 동안 임신을 위해 폭신폭신 튼튼하게 만들었던 자궁벽을 와르르 허무는 과정을 거치는데, 이것이 바로 생리예요. 대략 한 달에 한번 생리를 하니 월경이라고도 부르고, 영어로는 'menstruation'이라고 불러요. 자궁 안쪽 막을 자궁내막(자궁의 안쪽 벽을 덮은 점막)이라고 부르는데, 생리 직후에는 자궁 내막의 두께가 대개 6mm 이하로 얇아지지만 배란기에는 10~12mm로 증식되고 생리 직전에는 최대 14mm까지 두꺼워져요. 그러고는 며칠 동안 생리를 하면서 다시 6mm 이하로 훅 줄어들죠."

유미가 물었어요.

"그럼 생리를 안 하면 아기를 못 가져요?"

"음, 그렇다고 볼 수 있겠죠. 대략 한 달에 한 번씩 신선한 혈액으로 자궁벽을 잘 만들어놓아야 착상에 유리할 테니 생리를 규칙적으로 하는 것은 임신과 밀접한 연관이 있어요. 수정란이 착상해서 탯줄을 통해 엄마에게 연결되어 영양분을 받고, 노폐물을 내보내야 하는데 자궁벽이 충분히 두껍지 않으면 착상이 잘 안되거나 임신 유지가 어려울 수 있거든요."

"아…."

"그런데 사람마다 한 달에 한 번 생리를 하는 사람, 20일마다 하는 사람, 40일마다 하는 사람 등등 주기가 다를 수 있어요. 여기서 생리주기란 생리를 시작한 첫날부터 다음 달 생리 시작 전날까지의 기간을 이야기하는 거예요."

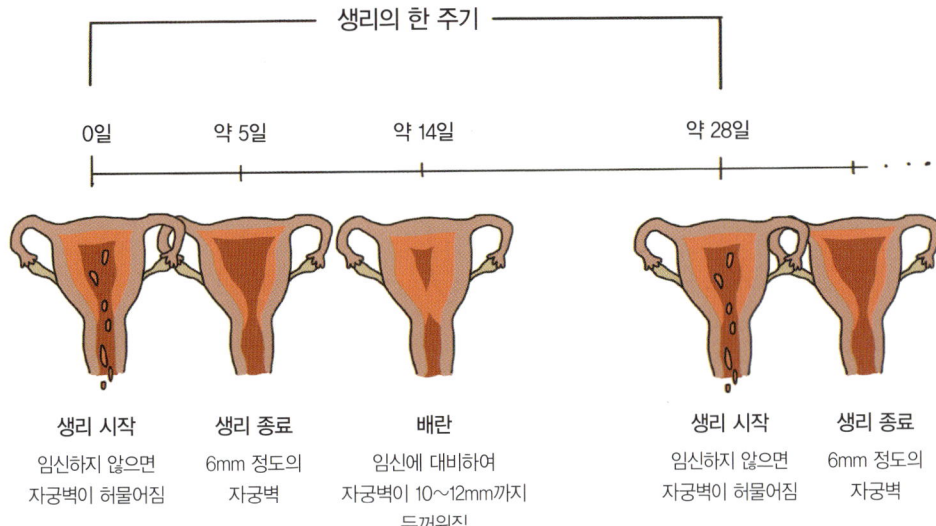

세린이가 이야기했어요.
"그렇게 들쭉날쭉하면 맨날 속옷과 생리대를 들고 다녀야 하나요? 아이 귀찮아."
"ㅎㅎ 여러분 나이대에 처음 하는 월경을 초경이라고 하는데, 보통 초경 이후 1~2년 정도는 규칙적이지 않을 수 있어요. 몸에서 생리와 관련된 호르몬들이 조화를 이루기 위해서 맞춰보는 시간이 필요하거든요. 하지만 그 조율이 끝나고 건강한 생활을 잘 유지하면 규칙적인 주기로 생리를 하게 될 거에요. 그럼 대략 이때쯤 생리하겠다 예상할 수 있죠. 생리주기를 체크하는 어플리케이션을 활용해서 내 생리주기가 규칙적인지 확인해보는 것도 좋을 거예요!"

지우가 물어봤어요.
"생리대 종류가 되게 많던데요. 뚱뚱한 사람이 대형을 하는 건가요?"
"하하. 그건 아니에요. 생리는 보통 5~7일 정도 하는데, 2일째 되는 날 생리량이 많을 수 있어요. 그때 대형을 쓰는 거고, 밤에 잘 때 뒤척이다 새는 걸 방지하기 위해 오버나이트를 쓰기도 하죠."

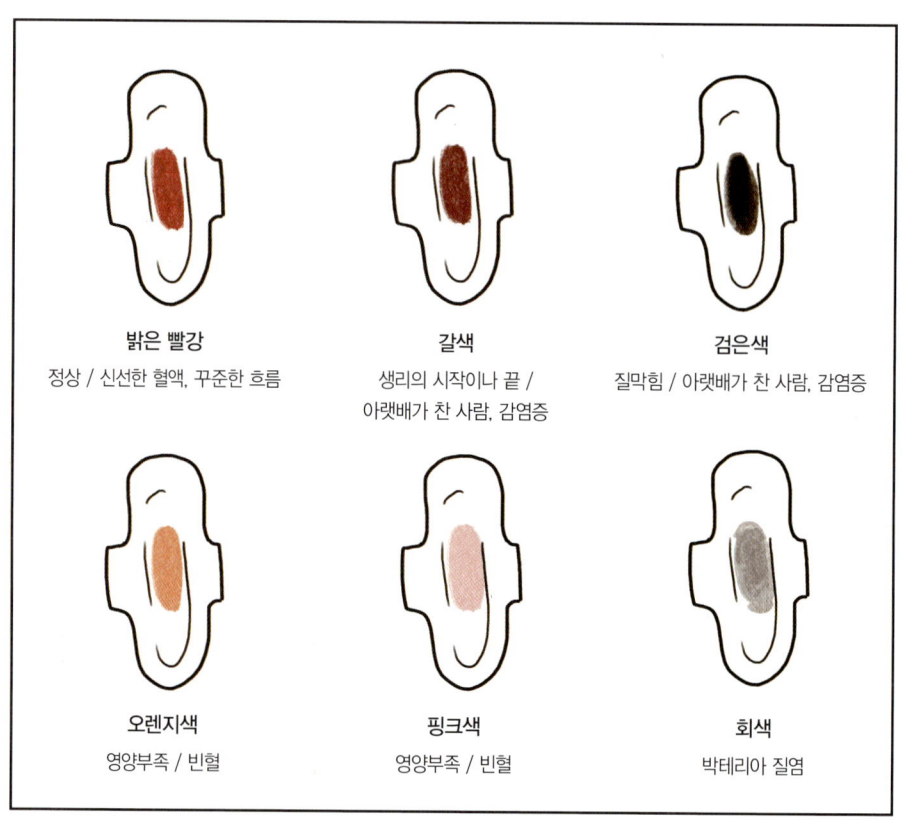

지우가 조심스럽게 물었어요.

"생리 색깔이 갈색이어도 괜찮은 건가요?"

"괜찮아요. 원래 생리는 혈액이 대부분이니 빨간색이어야만 할 것 같지만, 첫날에는 약간 갈색이나 검붉은색으로 시작하다가 선홍색으로 나오는 경우가 많고, 또 끝날 때쯤에는 짙은 색으로 나오기도 해요. 중간중간 덩어리진 젤리처럼 뭉쳐진 형태로 나오기도 하고요. 그리고 옷이나 이불에 묻고 시간이 지나면 갈색으로 변하기도 하죠."

※ 덩어리진 혈액(어혈)이 많은 경우 : 심한 생리통이나 혈액순환장애를 의미

유미가 말했어요.

"근데요, 생리대 너무 귀찮아요. 수업시간에 생리대 바꾸러 가기도 눈치 보이고."

"보통 2~3시간에 한번 생리대를 교체한다고 하지만 양이 너무 많을 때는 그보다 자주, 적을 때는 그보다 좀 더 오래 생리대를 하고 있어도 되어요. 근데 생리대를 너무 오래 하고 있다 보면 가려움증이나 피부 트러블, 염증 등이 생길 수 있으니 선생님께 이야기하고 교체하는 게 좋겠죠. 유후 선생님, 괜찮죠?"

"유후! 그럼요! 말하지 않아도 윙크 한 번이면 알 수 있죠!"

모두 다 빵 터졌어요.

"하하하하. 역시 우리 유후 선생님!!!"

"잠깐 이야기 나누고 있어요. 옆 반에 모여 있는 남학생들에게 다녀올게요!"

"안녕, 친구들~ 똥글 선생님이에요!"

"안녕하세용!"

"오늘은 월경에 대해 이야기하려고 합니당."

시오가 물었어요.

"에이~ 선생님, 우린 남자라 상관없는 이야기 아닌가요?"

"오잉? 시오는 어디서 태어났지요?"

"넹?"

"엄마 배 속에 있다가 안 나온 사람 아무도 없죠? ㅎㅎ 남자든 여자든 우리는 모두 엄마 자궁에서 자라다 세상에 나왔어요. 임신, 생리 등 여성의 건강에 대해 남성들도 당연히 알아야 하지 않을까요? 반대로 남성의 건강에 대해서 여성도 알아야 하고요."

"그렇네요. ㅎㅎ"

여학생들이 들은 것과 같은 이야기를 듣고, 남학생들도 질문이 이어졌어요.

시오가 물었어요.

"선생님, 그런데 우리가 아기일 때는 똥오줌을 잘 못 참아서 기저귀를 차는 거잖아요. 생리도 그렇게 참았다가 화장실 가면 안 되는 거예요?"

"오, 그럴 수만 있다면 얼마나 좋을까요! 시오 코피 날 때 힘줘서 멈출 수 있나요? 생리혈은 대소변과 다르게 출혈이에요. 그것도 며칠씩 지속되는."

"그렇군요. ㅜㅜ 힘든 일이네요."

수학대장 은철이가 물어봤어요.

"생리대를 매달 일주일씩 하고 다니면 엄청 불편하겠어요. 생리대를 한 번 할 때 몇 개나 하고, 몇 살까지 생리를 해요?"

"사람마다 생리량이 달라서 개수도 제각각이지만, 보통 일주일간 20개 정도의 생리대를 써요. 초경은 보통 13세부터, 생리가 끝나는 것은 50세 정도죠."

"그러면… 50세 - 13세 = 37년에다가 곱하기 20개, 거기다 곱하기 열두 달 = 8880개. 으아. 평생 이렇게 많이 생리대를 써야 하는 거네요?"

"역시 수학대장! 대략 계산을 해보면 그렇겠네요."

"우와, 돈도 많이 들겠네요. ㅜㅜ"

세찬이가 물었어요.

"그럼 똥글 선생님, 생리할 때 막 짜증 나고 기분 좋았다 나빴다 하는 건 생리대 때문이에요?"

"그럴 수도 있겠지만 여성호르몬의 급격한 변화는 몸도 힘들게 하고, 심리적으로도 불안하게 할 수 있어요. 그러니 잘 배려해줘야죠."
유후 선생님이 덧붙였어요.
"한번은 어떤 남학생이 여학생이랑 말싸움하다가 "너 생리하냐?", "그 날인가 보네!"라고 이야기한 적이 있었어요. 이건 배려도 존중도 아니에요. 우리 반에는 이런 남학생들 없겠죠?"
"네!"
"자, 그럼 난 다시 옆 반으로 슝~!"

"이번엔 우리 여학생들과 생리대의 종류에 대한 이야기를 해볼까요? 일회용 생리대는 비용도 많이 들고, 알러지 반응을 보이는 경우도 있어요. 그래서 천 생리대를 쓸 수도 있어요. 매번 세탁해야 하는 번거로움은 있지만 건강에 도움이 되고, 쓰레기를 줄이니 환경오염을 줄일 수 있죠."

수영을 사랑하는 유미가 심각한 표정으로 물었어요.
"생리할 때는 수영은 못하는 거예요?"
"오, 좋은 질문이야. 생리대를 착용한 상태로는 수영할 수 없겠죠? 생리대 대신 탐폰을 쓰면 수영도 할 수 있어요^^
탐폰은 생리대처럼 생리혈을 흡수하는 재질을 질 안에 넣는 방식이에요. 그런데 아까 이야기한 수영처럼 꼭 필요할 때 잠깐만 쓰는 것을 권하고요, 이상 반응이나 감염의 우려가 있어서 너무 자주 혹은 오래 쓰는 것은 별로 권하지 않아요. 양이 많은 날은 1~2시간 동안만, 적은 날이라고 해도 3~4시간을 넘기지는 않는 것이 좋아요."

여기서 잠깐! 독성 쇼크 증후군

포도상구균이나 연쇄상구균의 독소에 의해 발생하는 심각한 질환입니다. 15~20세의 생리 중에 탐폰을 사용하는 여성에서 나타날 수 있어요. 흔하지는 않지만, 일단 걸리게 되면 치명적인 영향을 끼치는 감염성 질환이죠. 열이 나거나 구토, 설사, 심한 근육통, 피부 트러블 등이 나타날 수 있어요. 탐폰의 유효기간을 확인하고, 오염되지 않았는지도 확인하세요. 무엇보다 탐폰 제거하는 것을 잊지 않도록 반드시 꼭!!! 신경 써야 해요!!! 증상이 생기면 바로 입원해서 집중 치료를 받으면 90%는 완전히 회복할 수 있어요.

"또 다른 방법으로 생리컵도 있어요. 이렇게 다양한 방법이 있으니 일회용 생리대만 고집하지 말고 본인에게 맞는 방식을 잘 찾아보세요. ^^"

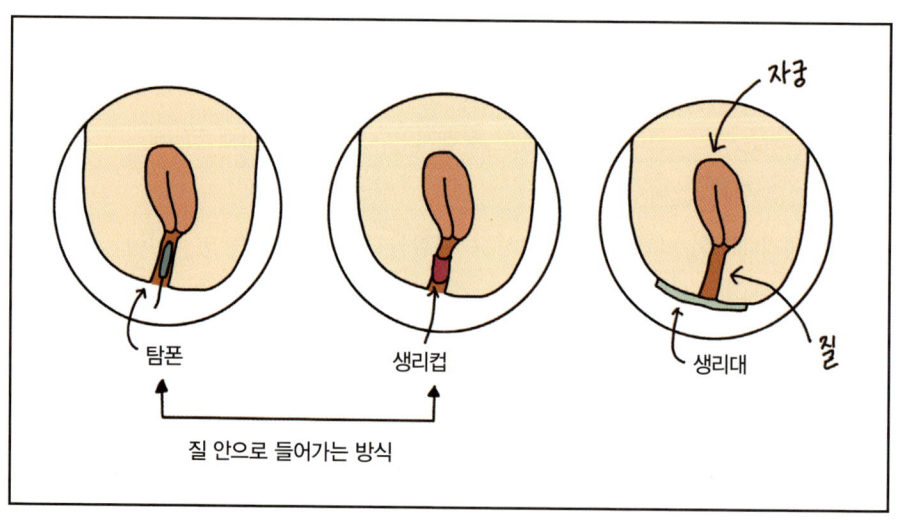

"똥글 선생님, 생리할 때 피 나오는 것 말고, 다른 날 콧물처럼 나오는 건 뭐예요?"

"응, 그건 냉 또는 대하라고 불리는 건데. 주로 배란이 될 때 나오는 냉을 배란점액, 혹은 배란액이라고 불러요. 배란이 되는 날은 사람마다 조금씩 달라요. 생리 주기가 28일인 사람이라면 보통 생리 시작한 날로부터 14일 정도 지났을 때 배란이 되는 경우가 많아요. 배란액은 우리 몸속에서 언제 배란이 되는지 알려주는 신호이기도 하고, 그 양이 갑자기 많아지거나 냄새가 심하게 나는 것이 아니라면 정상이니 걱정할 필요가 전혀 없어요.

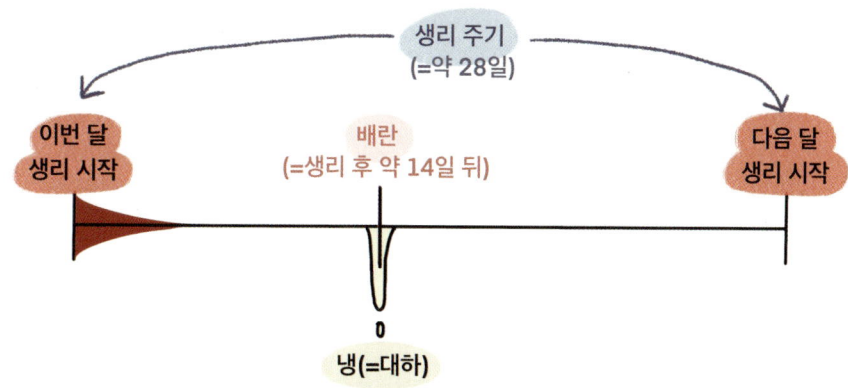

배란액이 아닌 다른 냉은 생리 전후로 나오기도 해요. 혈액이 아닌, 질을 통해 나오는 끈적끈적한 점액성 배출물을 이야기하는 거죠. 코에서 콧물이 이물질을 막아주는 역할을 하는 것처럼, 냉은 세균이나 박테리아 등을 막아주는 역할을 해요.

이때는 생리대를 쓰기보다는 좀 더 간편한 팬티라이너를 많이 쓰는데, 너무 자주 혹은 오래 쓰면 통풍이 되지 않아 세균번식을 더 시킬 수 있어요. 잠깐 동안만 사용하거나 천으로 된 팬티라이너를 쓰거나 흡수기능이 보강된 기능성 속옷을 착용하는 것도 권할 만해요."

"그럼 냉은 많이 나와도 괜찮은 건가요?"

"주로 봄이나 가을에 콧물이 너무 많이 나오고 재채기하면 알러지성 땡땡이라고 하는데… 땡땡이 뭘까용?"

"비염이요!"

"그렇죠. 냉도 너무 많으면 질염을 의심해볼 수 있어요. 질염에 걸리면 질에 가려움증이 생기고, 냉이 노란색이나 초록색을 띠며 생선비린내 같은 불쾌한 냄새가 나게 되죠. 질염을 예방하기 위해서는 잘 씻어줘야 하는데요. 핵심은… 열심히 씻지… 않는 거예요!!!"

"네? 뭐라고용? 잘 씻어야 하는데 그 방법이 열심히 씻는 게 아니라고요?"

"질 내부는 약산성 환경을 유지할 때 제일 건강해요. 그런데 너무 자주 씻거나 비누를 많이 이용하면 오히려 좋지 않죠. 하루 1~2번 깨끗한 물이 위에서 아래로 흐르도록 질의 바깥쪽만 씻어주면 충분해요."

"그럼 그렇게 씻기만 하면 질염은 안 걸려요?"

"그렇지는 않죠. ㅎㅎ 우리가 질병이랑 싸우는 힘을 면역력이라고 해요. 뭐라고 한다고요?"

"면역력!"

"그렇죠. 이 면역력이 무너지면 염증에 약해져요. 염증이 코에 생기면 비염, 질에 생기면 질염, 장에 생기면 장염, 폐에 생기면 폐렴… 면역력을 키우려면, 밥 잘 먹고, 잘 쉬고, 스트레스 덜 받고, 충분히 잠을 자야 해요."

"아… 그렇구나…."

"오늘 하루 만에 다 이해하기엔 어려운 내용들도 있으니 앞으로도 궁금한 내용 있으면 언제든 물어봐주세요. 걱정하지 말고, 여러분이 아주 잘 성장하고 있다는 뜻이니 당당하게 대처하면 되어용!"

"네!!!"

4. 두고 봐, 가만두지 않겠어!

리아의 고백 사건 후에도 튼튼초 5학년 1반 친구들은 평화로운 분위기 속에서 여느 때와 같은 시간을 보냈어요. 은철이는 그날의 일이 무척 궁금했지만 세찬이에게 따로 이야기를 꺼내지는 않았어요. 그리고 리아 역시 평소와 전혀 다를 바 없이 여전히 상냥하고 똑 부러지게 생활하고 있었기에 모두에게 그날의 일은 잊혀져 가는 듯했지요.

어느 날, 유후 선생님이 학예발표회 일정을 공지했어요.
"유후~! 여러분, 이제 몇 주 후면 튼튼초 학예발표회가 있는 날입니다!
여러분의 멋진 꿈과 끼를 마음껏 발휘할 수 있는 시간이 될 테니, 팀을 구성해서 자유롭게 원하는 공연을 준비해보세요. 노래, 춤, 연극, 마술, 무엇이든 좋아요. 기대해도 되죠? 유후~!"

선생님의 말씀이 끝나자마자 교실 안은 아이들의 흥분된 목소리로 가득 찼어요.
"와~! 우리 뭐 하지? 핑크벨벳 공연할까?"
"나랑 마술 쇼 할 사람~?"
"몇 명 모아서 스트리트 걸스 파이트 할까?"

어린이들은 금세 관심사와 취향이 비슷한 친구들끼리 삼삼오오 모여 제각기 공연할 내용을 상의하기 시작했어요.

지우, 유미, 세린이는 평소에 좋아하던 여자 아이돌 그룹인 핑크벨벳의 노래와 춤을 공연 주제로 정했고, 세찬이, 은철이, 시오는 개그빅리그의 개그 코너를 따라 하는 것을 선보이기로 마음먹었지요.

그렇게 다들 왁자지껄 신이 난 채로 학예회에 대해 이야기꽃을 피우는 동안, 리아도 친한 친구들과 함께 이야기를 나누고 있었어요. 두 친구가 신이 나서 여러 아이디어를 떠올리는데 리아는 집중하기가 어려웠어요. 자꾸 멀리서 들려오는 지우의 목소리가 거슬려 도통 다른 친구들의 말은 귀에 들어오지 않았지요.
"같이 동요 부를까? 음악시간에 배운 '다섯 글자 예쁜 말' 어때?"
"나는 합주도 좋을 것 같아! 우리 다들 악기 하나씩은 하니까, 셋이 3중주 하는 거 어때?"

친구들의 제안을 듣는 둥 마는 둥 하던 리아의 귀에 지우의 목소리가 날아와 꽂혔어요. 바로, 여자 아이돌 그룹인 핑크벨벳의 노래로 공연을 한다는 이야기였지요.
"…우리, 블루핑크 공연하자."
계속 조용히 있던 리아가 갑자기 결연한 목소리로 말하자 두 친구는 어리둥절했어요.
"리아 너, 아이돌 좋아했어?"
"갑자기 웬 블루핑크?"

블루핑크는 핑크벨벳과 함께 여자 아이돌 그룹 중 1, 2위를 다투는 경쟁 그룹이었어요. 실제로 음원차트, 인기투표, 팬카페 회원 수 등이 모두 비등비등해서 각 팬덤 간에도 상당한 라이벌 의식이 형성되어 있었지요.

리아도 왜 갑자기 아이돌 공연이 떠오른 건지 설명할 수 없었어요.
평소에 가요를 즐겨 듣지도 않았고, 아이돌에 관심이 많지도 않았는데 그저 지우가 핑크벨벳 공연을 한다는 소리에 무작정 블루핑크를 해야겠다는 생각밖에 들지 않았지요.

그렇게 모든 팀이 공연 주제를 결정한 후, 교실은 쉬는 시간마다 여기저기서 학예회 연습을 하는 친구들로 북적거렸어요.

지우, 유미, 세린이는 핑크벨벳의 현란한 안무가 돋보이는 곡을 공연 곡으로 선택하여 매일 교실 뒤쪽에서 안무 연습에 매진했어요.
"하, 유미야, 나는 이 부분이 너무 어려워. 진짜 아무리 해도 안돼."
마치 발레 동작처럼 한쪽 발끝만 땅에 대고 회전하면서 동시에 두 팔을 힘차게 펼쳐야 하는 동작에서 세린이가 몇 번이고 넘어지더니 결국은 바닥에 털썩 주저앉아 말했어요.
"나도 그래. 진짜 이 동작은 너무 어렵다. 지우야, 네가 시범 좀 보여줘봐."

유미 역시 세린이 옆에 주저앉으며 말했지요.
지우는 두 친구의 말에 시범을 보여주고자 자세를 고치더니 이내 멋지게 회전하며 두 팔을 힘차게 양 옆으로 펼쳤어요.

그때였어요.
뒷문으로 교실에 들어오던 리아와 빙그르르 돌던 지우가 충돌한 것은.

회전하며 펼친 지우의 한쪽 손은 그대로 리아의 목덜미를 치고 말았고, 그 충격에 리아가 넘어지면서 지우까지 함께 교실 바닥에 우당탕탕 넘어지고 말았지요.

두 친구가 함께 넘어지는 소리에 왁자지껄하던 교실은 순식간에 조용해졌어요. 다들 놀라 한달음에 달려와 넘어진 두 친구를 살폈지만, 두 사람 모두 바닥에 웅크린 채 쉽게 일어나지 못했어요.
"야, 괜찮아?"
"어떡해! 엄청 세게 부딪혔어!"
"누가 선생님 좀 불러와!"
"지우야, 리아야, 일어나 봐!"

잠시 후 지우가 먼저 서서히 고개를 들고 일어났어요. 빙글 돌다가 넘어진 터라 무릎을 바닥에 세게 부딪혀 얼얼하고 정신이 없었어요. 하지만 아픔도 잠시, 넘어지기 직전에 손으로 리아의 목덜미를 친 기억이 떠올라 서둘러 리아에게 향했어요.

"아우… 아퍼… 리아야, 괜찮아? 내가 너 쳤지? 미안해, 다친 데 좀 봐 봐."

친구들의 걱정에도 내내 고개를 푹 숙인 채 바닥에 쓰러져 있던 리아는 지우가 자신의 어깨에 손을 올리자마자 손을 쳐내며 고개를 들었어요. 그러고는 지우에게 고함을 치기 시작했어요.

"야! 한지우! 너 진짜 몇 번째야! 너 진짜 싫어! 너 같은 애는 이 세상에서 사라져 버려!"

뜨겁게 타오르는 우리의 여름

비명에 가까운 울음 섞인 소리를 마구 쏟아낸 리아는 자리를 박차고 일어나 교실 밖으로 뛰쳐나갔어요. 리아가 나가고 난 자리에는 모두가 놀라 누구도 먼저 말을 꺼내지 못하고 있었지요.

뛰쳐나가던 리아는 소식을 듣고 달려온 유후 선생님과 복도에서 마주쳤어요.
"리아야, 다쳤다며? 괜찮니? 어디 보자."
"…아니에요. 저 조퇴할래요."
"무슨 일이야? 다친 데는?"
"괜찮아요. 진짜 안 아파요. 엄마한테 전화해주세요."

고개도 들지 않고 눈물을 삼키며 말을 잇는 리아를 물끄러미 바라보던 선생님은 잠시 생각을 하다가 리아의 어머니에게 연락을 했어요. 이어서 교실에 가고 싶지 않다는 리아를 일단 보건실로 보내 그곳에서 엄마를 기다리게 했지요.

교실로 돌아온 유후 선생님은 심상치 않은 분위기를 느끼고 상황부터 파악했어요. 일단 타박상을 입은 지우의 타박상을 처치하게 하고 나서 방과후에 따로 지우를 불렀지요.

"지우야, 리아랑 이전에 무슨 일 있었니?"
"아뇨. 아무 일도 없었는데…."
"아까 리아가 네게 크게 화를 낸 이유가 뭐라고 생각하니?"
"사실은, 제가 예전에 유미랑 장난치다가 유미가 절 맞추려고 던진 실내화가 리아 머리에 맞은 적이 있어요. 그때 사과는 했는데… 리아도 괜찮다고 했고…."
"그 후로 리아와 다툰 적은 없고?"
"네, 진짜 없어요."

"그렇구나. 잘 알았다. 오늘 지우도 많이 놀랐을 텐데, 어서 가서 푹 쉬렴. 타박상 약, 씻고 나서 자기 전에 꼭 바르고. 알았지?"
"네, 안녕히 계세요."

집으로 돌아온 리아는 가슴이 두근거리고 얼굴이 화끈거렸어요.
자꾸 아까의 장면이 떠오르고, 무엇보다 자신이 화를 내던 모습을 세찬이가 모두 지켜보았을 것이라 생각하니 견딜 수가 없었어요.

거기까지 생각이 닿자 리아는 분노를 참을 수 없어 마구 소리를 지르기 시작했어요. 가슴이 터질 것 같고 미칠 것 같았어요. 아무리 소리를 질러도 화가 가라앉지 않자, 이번엔 눈앞에 있는 물건을 던지기 시작했어요. 의자에 놓여 있던 쿠션과 책상 위의 인형들을 잡히는 대로 마구 던지며 정신없이 소리를 지르는데, 누군가 그런 리아를 뒤에서 꽉 끌어안았어요.

엄마였어요.

흥분을 가라앉히지 못하고 벗어나려 버둥대던 리아는, 강하게 자신을 부둥켜안은 채 버티는 엄마의 힘과 온기를 느끼며 차츰 진정이 되었어요.
정신을 차리고 보니 엄마는 흥분해 소리지르는 리아의 귀에 계속
"괜찮아, 괜찮아, 우리 딸, 괜찮아."라고 속삭이고 있었어요.

리아를 겨우 진정시키고 난 엄마는 리아와 함께 나란히 침대에 기대어 앉았어요.
엄마는 리아의 곁에 꼭 붙어 앉아 있을 뿐, 아무 말씀도 하지 않았어요.

리아는 그런 엄마의 체온을 느끼고는 갑자기 눈물을 흘리기 시작했어요. 엄마에게 미안한 마음, 고마운 마음, 아까의 행동이 후회되는 마음 등 여러 가지 마음이 복합적으로 들며 눈물밖에 나오지 않았어요.
그렇게 흐느껴 우는 리아를 엄마는 아무 말없이 끌어안아주었어요.
엄마 품에서 한참 울던 리아는 지쳐 잠이 들었고, 그런 리아를 침대에 조심스레 눕히고 밖으로 나온 엄마는 깊은 고민에 빠졌어요.

리아의 엄마는 직장에 있다가 유후 선생님의 연락을 받고 서둘러 집으로 돌아왔던 것이었어요. 오는 길에 이미 선생님으로부터 상황을 모두 들어 알고 있었고요.

사실 몇 달 전 리아가 초경을 한 후부터 이전과 다르게 불안해하거나 짜증스러운 모습을 보이는 경우가 점점 많아져 걱정이 되던 참이었어요. 그러던 중 오늘처럼 리아가 그렇게 극도의 흥분 상태가 된 것을 목격하자 더 이상 가만히 지켜볼 수가 없었어요. 고민 끝에 리아의 엄마는 유후 선생님에게 전화를 걸었어요.

"네, 어머님. 리아는 좀 어떤가요?"
"선생님, 제가 집에 들어왔을 때 리아는 말리기조차 힘들게 흥분 상태였어요. 울고 불고 하는 걸 겨우 진정시키고 나서도 또 한참을 울다가 이제 겨우 잠이 들었어요."
"저런, 그랬군요. 일단 제가 아까 설명드린 것 외에는 리아와 지우 사이에 밀접한 교류도, 큰 갈등도 없었어요. 혹시 리아가 최근에 가정에서 감정의 변화를 보인 일은 없었나요?"
"사실 그것 때문에 전화 드린 거예요, 선생님. 오늘만큼은 아니지만 안 그래도 리아가 요새 짜증이 많이 늘었다 싶었어요."
"네, 그랬군요. 사춘기여서 그럴수도 있지만, 특별히 리아에게 최근에 생긴 변화가 있었을까요?"
"몇 달 전부터 리아가 생리를 시작했는데, 생리 이후로 심해진 것 같아요. 이런 식이라면 저도 감당하기가 쉽지 않을 것 같네요. 어쩌면 좋을까요, 선생님?"
"흠, 일단 어머님께서도 잘 아시다시피 대부분의 여성이 월경 전후로 우울감과 같은 감정변화를 겪잖아요. 월경전증후군으로 인한 것일 수도 있고 상대 친구에게 리아가 가지는 특별한 인식이나 감정 때문일 수도 있겠다는 생각이 드네요. 일단 저희 주치 한의사님께 이 내용 상의드려서 리아의 월경전증후군에 대한 상담을 부탁드릴게요. 그리고 저는 따로 리아가 지우에 대해 가지고 있는 감정을 확인하고, 두 친구의 관계 개선을 위해 힘써보겠습니다."
"네, 선생님. 부탁드립니다. 고맙습니다."

통화를 마친 유후 선생님은 서둘러 똥글 선생님에게 연락하여 오늘 있었던 일을 설명했어요.
똥글 선생님은 리아를 따로 만나 상담을 진행해주기로 했지요.

다음날 아침, 친구들을 만나기가 불편하다는 리아의 말에 유후 선생님은 리아를 교실이 아닌 보건실로 데려갔어요. 오늘 오전에 리아는 수업 대신 똥글 선생님과 따로 보건실에서 상담을 하게 된 것이지요.

보건실에 누워 있는 리아의 손목을 똥글 선생님은 말없이 가만히 짚었어요.

"한의학에서 우리 몸을 진단하는 방법 중에 맥을 짚어서 확인하는 방법을 맥진이라고 해요. 우리 리아 손목에 있는 혈관에서 느껴지는 맥은 기타 줄처럼 팽팽한 느낌이네요. 이런 걸 현맥(弦脈)이라고 불러요."
"무슨 병에 걸린 건가요?"

"우리 리아, 이유도 없이 막 화나고 속상해요?"

"네?"

"현맥은 스트레스를 받았을 때 많이 나타나요. 화병이라고 볼 수도 있고요. 배를 눌러보면 특히 배꼽 주변이 딱딱하고 아프죠? 양의학, 한의학에서 공통적으로 배꼽 주변 복통은 스트레스를 많이 받을 때 나타난다고 진단을 해요."

"모르겠어요. 그냥 막 다 짜증나고 친구들도 싫고, 변덕스러운 제 자신도 미워요."

"몸이 붓거나, 가스 차는 증상, 두통, 가슴통증이 같이 있나요?"

"어떻게 아셨어요? 온몸이 너무 무겁고요. 학교 수업 끝나고 집에 가면 양말을 벗었을 때 발목에 양말 자국이 깊게 나 있어요."

"음… 혹시 지난번에 알려준 생리주기 어플 쓰고 있나요? 한번 체크해봐요. 며칠 내로 생리가 예정되어 있는지."

"잠깐만요. 2일 뒤가 예정일이에요."

"선생님이 보기에는 생리전증후군이네요."

"네? 그게 뭐에요?"

"여성의 몸에 작용하는 호르몬 중에 에스트로겐, 프로게스테론이라는 여성호르몬이 있다고 했었죠? 생리 전에 호르몬 분비가 바뀌면서 몸과 마음에 많은 증상을 가져와요. 사람마다 증상도 다르고 시기도 달라요. 가슴이 아프거나 부풀어오르는 증상, 두통, 복통, 요통, 불안감, 피로감, 불면증, 우울감, 짜증, 소화장애 혹은 식욕증가, 여드름, 얼굴이 붉어지는 증상 등등 정말 다양해요."

"매달 이러면 너무 힘들겠어요. ㅜㅜ 어떻게 하면 좀 나아질까요? 초콜릿이나 콜라처럼 달달한 음식을 먹으면 좀 나아진다던데 진짜예요?"

"오잉? 식욕증가로 달달한 간식이 끌릴 수는 있는데, 연구에 의하면 오히려 초콜릿 속의 티라민이라는 물질과 커피, 콜라 등의 탄산음료 속 카페인은 생리전증후군을 더 악화시켜요."

"아… 어쩐지 별 도움이 안 되더라고요."

"유후 선생님께 양해를 구했으니 괜찮다면 여기서 침 치료와 뜸 치료를 좀 받아볼래요?"
"아프지 않나요? 저 한 번도 침 안 맞아봤어요."
"걱정하지 마요. 살짝 따끔하지만 금방이에요."
"네. 지금 이 불쾌한 기분으로 계속 지내긴 싫어요. 침 치료도, 뜸 치료도 해주세요!"
"역시! 현명한 리아! 우선 치료받기 전에 시냇물 소리를 찾아서 들려줄 테니 눈을 감고 천천히 심호흡을 해봐요. 코로 숨을 깊이 들이마시고 흡~~~~~, 입으로 천천히 내쉬는 거에요. 호~~~~"
"흡~~~~ 호~~~~"
"이때, 가슴으로 숨을 쉬기보다는 배로 숨을 쉬는 복식 호흡을 해보면 더 도움이 될 거에요."
"흡~~~ 호~~~ 머리가 맑아지는 것 같아요."
"좋아요. 손과 발 몇 군데에 침을 놓고, 배에는 냄새와 연기가 나지 않는 전자 뜸을 올려줄게요."

똥글 선생님이 침을 놓는 동안 리아는 살짝 아프긴 했지만 참을 만했어요. 어느새 스르륵 잠이 들었답니다.

띵동띵동.

"응? 제가 잠들었었나 봐요."
"20분 정도? ^^"
"몇 시간은 잔 것 같아요. 기분도 좀 나아졌어요."
"^^ 치료도 도움이 되겠지만, 그와 함께 '아, 내가 생리전증후군으로 감정변화가 커지는구나' 하고 자신의 상태를 아는 것이 중요해요. 알려준 명상 방법도 틈틈이 해보고요. ^^ 다른 몇 가지 방법은 생리통 예방법과 겹치는 게 많으니 다른 친구들과 함께 있을 때 알려줄게요."
"네! 감사합니다."

보건실을 나서는 리아의 몸과 마음이 한결 편해졌어요.

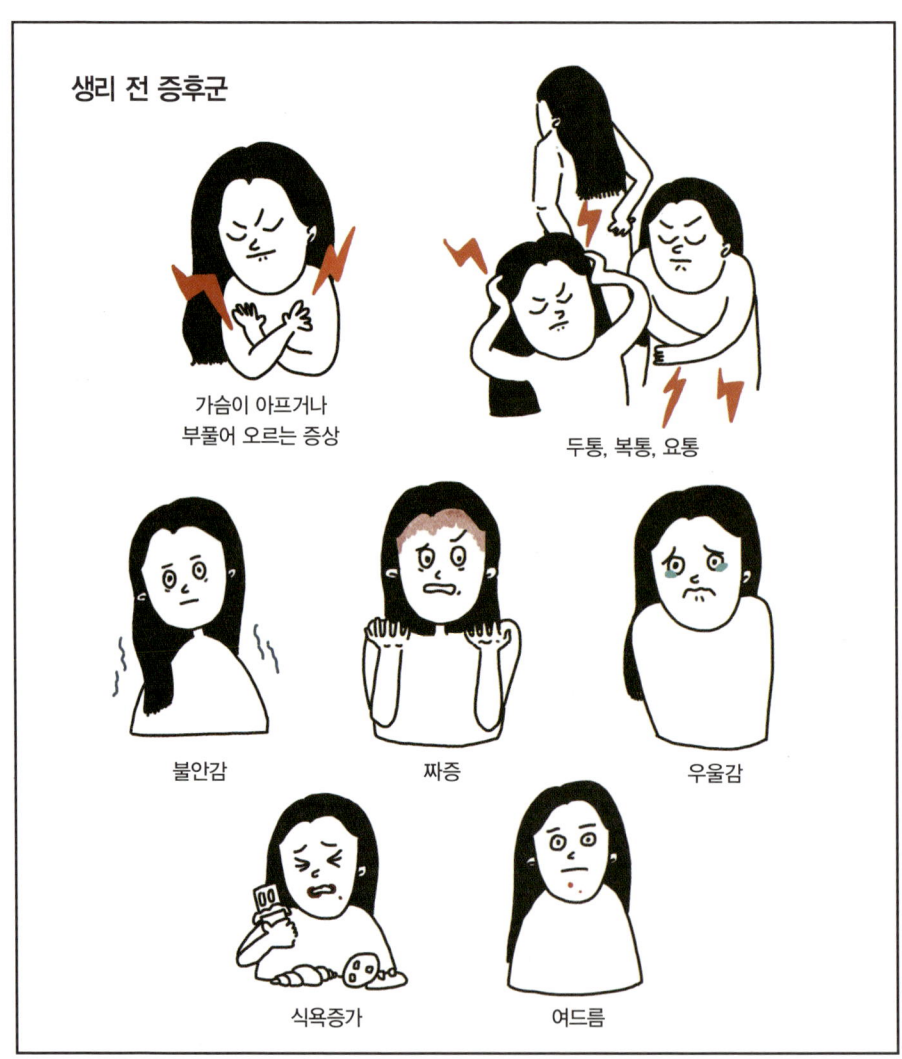

리아와의 상담 후, 똥글 선생님은 생리통을 주제로 건강 수업을 진행했어요.

"오늘 수업은 여자 얘기인데 왜 남자, 여자 나눠서 안 해요?" 세찬이가 물었어요.

"좋은 질문이구나, 세찬. 생리통은 여성의 몸에서 일어나는 현상인데 왜 남자와 여자가 함께 알아야 할까? 여러분이 한번 생각해보세요."

은철이가 잽싸게 손을 들었어요.
"저희 엄마는 생리통이 엄청 심해서 아빠가 그때는 엄마를 여왕님처럼 모셔야 된다고 집안일도 다 하시고, 요리도 해주세요! 엄마는 탱자탱자 누워만 있고요!"
은철이의 말에 친구들은 깔깔대며 웃었어요.
"와, 은철이 어머님 정말 좋으시겠다. 아마 평소에 은철이 어머님께서 아버님을 왕 대접 해주시나 봐요.
전에 선생님과 여성의 생리에 대해 수업한 적 있죠? 생리는 모든 여성이 일정 기간 동안 주기적으로 겪는 일이기 때문에, 매달 생리를 겪는 여성들이 느끼는 고통에 대해 남자들도 잘 알아둬야 해요. 그래야 은철이 부모님처럼 서로 도울 수 있으니까요."

지우가 물었어요.
"생리통 너무 힘들어요. 왜 이러는 거죠?"
"쉽게 설명해줄게요. 어려운 단어 하나만 이야기하고요. ㅎㅎ
한 달에 한번 두껍게 만들어놓은 자궁벽을 말끔하게 비워내는 과정이 생리라고 했죠?

자궁은 평활근이라는 근육으로 구성된 주머니 같은 모양이죠. 이 주머니를 짜서 생리가 자궁 밖으로 나오게 하는 물질이 있어요. 이것이 prostaglandin이에요. 뭐라고요?"

"프로스타…글란딘."

"어려우니까 PG라고 부르자고요. 이 PG가 많이 나올수록 생리통이 심해져요. 배도 아프고 허리도 아프고, 머리도 지끈지끈하고.

짜잔! 자궁을 이 케첩통, 생리혈을 이 안에 담긴 케첩이라고 생각해봐요.

1. 케첩이 얼어 있는 경우
2. 케첩에 젤리 같은 뭉쳐진 알맹이가 많은 경우
3. 케첩통이 뻣뻣하게 굳는 경우

세 경우 모두 쥐어짜는 PG가 많이 나와야겠죠?

1의 경우는 아랫배가 찬 경우고,
2의 경우는 생리혈에 어혈이라고 부르는 덩어리가 많은 경우,
3의 경우는 스트레스를 많이 받아서 몸도 마음도 경직된 경우에요.

자, 케첩통에 어떻게 하면 PG가 덜 나오게 할 수 있을까요?"

"케첩통을 따뜻하게 안아줘요!"
"막 흔들어서 뭉쳐진 덩어리를 깨줘요!"
"스트레스 안 받도록 음악을 틀어줘요."

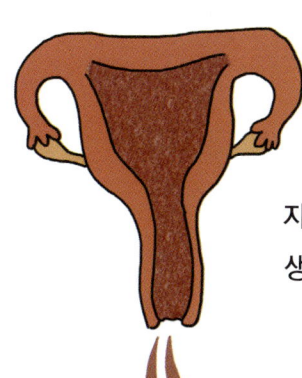

자궁 = 케첩통
생리혈 = 케첩

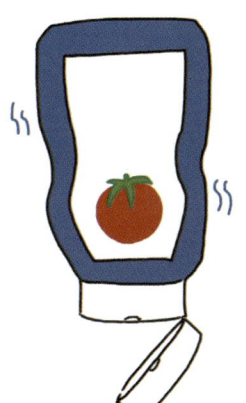

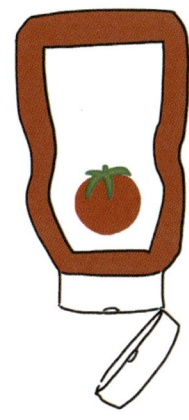

케첩이 얼어있는 경우   케첩이 젤리처럼 뭉친 경우   케첩통이 뻣뻣하게 굳는 경우

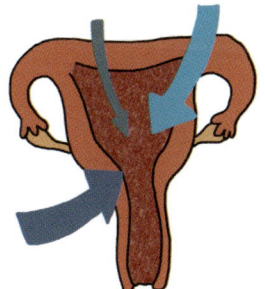
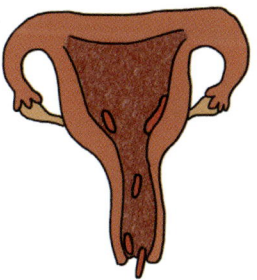
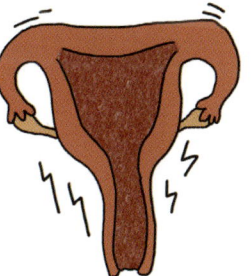

아랫배가 찬 경우   생리혈에 '어혈(덩어리)'가 많은 경우   스트레스로 인해 몸과 마음이 경직된 경우

뜨겁게 타오르는 우리의 여름   • 149 •

"역시!!! 똑똑한 튼튼초등학교 친구들!!! 우리 자궁도 마찬가지거든요.
그래서 생리 전이나 생리 시작할 때 반드시 아랫배를 따뜻하게 하고,
평소 운동을 열심히 해서 생리혈이 뭉치지 않게 하고,
음악 감상, 미술 감상, 명상 등으로 스트레스를 잘 해소하면
생리통을 줄여나갈 수 있답니다."

지우가 이야기했어요.
"유미가 평소 잘 웃고 운동을 잘 해서 생리통이 없나 봐요!"
"맞아요, 밝고 긍정적인 태도는 중요하죠! 오늘은 특별히 생리통에 도움되는 운동과 지압을 알려줄게요. 거의 대부분의 요가 자세가 도움이 되겠지만 특히 오랫동안 앉아 있어서 아랫배가 눌린 채 지내는 친구들에게는 활 자세가 좋아요. 자, 다 같이 요가매트를 깔고 해볼까요? ^^

시범을 보이는 똥글 선생님의 얼굴이 금세 붉어졌지만, 표정만큼은 의연했어요.
다른 친구들도 따라서 활 자세 요가를 해봤죠.
"우와, 은철이 유연해!!!"
"세찬이는 뭐 하는 거야. ㅋㅋㅋㅋㅋ"

"자, 운동을 할 수 없는 상황이라면 간단한 지압으로 생리통을 줄여줄 수 있어요.
바로 삼음교라는 혈자리예요.
안쪽 복숭아뼈에서 두 번째~다섯 번째
손가락 너비만큼 떨어져 있는 높이에 위치한 혈자리인데,
한의원에서 침이나 뜸, 부항 치료를 하는 곳이에요.
여기를 살살 자극해주면 생리통을
미리 예방하고 줄여줄 수 있어요."
"선생님! 여기 맞나요?"
"저도 봐주세요."
"으잉? 시오는 바깥쪽을 잡았네요? 안쪽에 있어요!"
"아, 여기군요!"
"그렇죠! 다들 잘하는군요! 자, 그리고 오늘의 특별 수업 시간! 아랫배와 손발이
찬 사람이 생리통을 겪을 때 특히 좋은 차가 있어요. 수정과라고 들어봤나요?"
"네! 수정과 좋아요!"
"으. 난 별론데. 난 식혜가 좋아. ㅎㅎ"
"오늘은 수정과를 함께 만들어볼 거예요. 아주 쉽고 간단하답니다. 요리 실습실로
이동해서, 유후 선생님 따라 하나씩 해봐요!"

크리에이터를 꿈꾸는 세찬이가 물었어요.
"선생님, 이거 동영상으로 찍어서 제 채널에 올려도 되나요?"

"다른 친구들도 동의하나요? 여러분의 초상권은 소중하니까요."
"네. ㅎㅎ 이미 여러 번 출연했어요. ㅋㅋ"
"그거 아무도 안 봐요. 세찬이 구독자 20명이에요~"
"심지어 다 우리 학교 애들. ㅋㅋ"
"나중에 유명해지면 우리 맛있는 거 사줘야 해!"
"당연하지! 구독자 100명 넘어가면 아이스크림 하나씩 쏠게! ㅎㅎㅎ"
"좋은 생각이에요. 재미있게 편집해주세요!"

앞치마를 두른 유후 선생님이 이야기를 시작했어요.
"오늘의 요리는 수정과! 보조는 똥글 선생님이 해주실 거예요. 준비물 소개부터 해주시죠!"
"물 3리터를 준비하시고요. 계피 60g, 생강 40g, 대추 40g 그리고 흑설탕 120g을 준비해주세요. 그리고 수정과와 함께 곁들여 먹을 곶감과 호두, 아몬드, 크림치즈, 잣도 있으면 좋아요!"

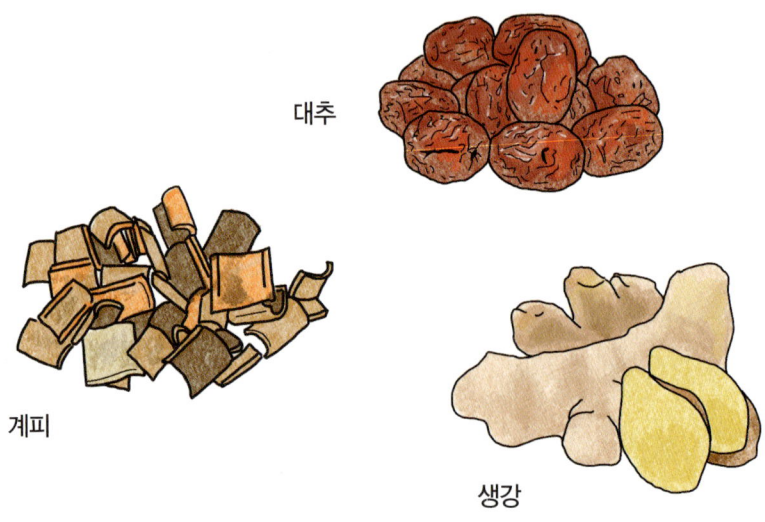

"엥? 크림치즈요?"
"우린 전통 수정과를 뛰어넘는 글로벌 스페셜 수정과를 만들 거거든요!"
"ㅋㅋㅋ 기대되네요."

시오가 소근거렸어요.
"나 호두, 아몬드 이런 거 싫어하는데. 뭔 맛으로 먹는지 모르겠어."

은철이도 말했죠.
"우리 아빠는 술안주로 좋아하는데 나도 별로야. ㅎㅎ"

오늘의 PD 세찬이가 질문했어요.
"오늘은 생리통에 좋은 차 만들기가 주제잖아요? 어떤 재료가 메인인가요?"

똥글 선생님이 대답했어요.
"하하, 그건 조수인 제가 알려드리죠! 일단 계피가 자궁의 혈류순환을 도와서 생리통 예방에 효과적이에요. 생강은 소화를 도와주고, 대추는 몸과 마음을 부드럽게 해주죠! 게다가 대추는 설탕을 덜 넣어도 맛을 달콤하게 만들어주고요."
"자, 그럼 만들기를 시작해볼까요? 모두 냄비 안에 물 3리터를 넣어주세요. 그리고 준비한 약재들을 잘게 썰어주고요."
"그냥 넣으면 안되나요?"
"작게 썰어줘야 맛과 향과 약재 성분이 잘 우러나오죠. 특히 대추를 자르지 않고 그냥 넣으면 단맛이 잘 우러나오지 않을 수 있어요."

시오가 물었어요.
"그럼 아예 믹서기로 갈아버리면 어때요?"

"맞아, 그럼 되겠다. ㅋㅋ" 은철이가 웃었어요.
"유후~ 다 갈아버리면 잘 우러나긴 하겠지만, 나중에 건져낼 때 힘들죠. ㅎㅎ"
"아항!"

똥글 선생님이 말했어요.
"약재를 잘게 썰었으면 찬물일 때부터 넣어주세요."

성격 급한 유미가 물었어요.
"선생님, 아예 정수기 뜨거운 물 받아서 쓰면 안 되나요? 그럼 후딱 만들 텐데요."
"ㅎㅎ 뜨거운 물에 약재가 들어가면 겉이 익어서 약재 안쪽의 성분이 물에 녹아 우러나는 것을 방해합니다. 음식도 한약도 서두르기보다는 시간과 정성이 필요해요."
"하긴, 우리 엄마도 슬로우푸드가 몸에 좋은 거래요."
"자, 세 가지 약재를 넣었으면(계피, 생강, 대추) 인덕션 숫자를 10, 가장 높은 온도로 맞춰주세요. 그리고 물이 팔팔 끓기 시작하면 선생님에게 알려주세요."

학생들 모두 집중했고, 세찬이는 여기저기 다니며 인터뷰와 촬영을 했어요.
"세린 학생, 지금 뭘 하고 있나요?"
"저는 생강을 자르고 있습니다. 떡을 써는 한석봉 어머니 같나요? ㅋㅋㅋ"
"시오 학생, 지금 잘 하고 있는 거 맞나요?"
"그럼요. 계피 냄새가 참 좋네요. 기대가 됩니다용."
"자! 모두 약재를 넣은 물이 팔팔팔 끓었나요?"
"네!"
"저희는 아직이요."
"자, 팔팔 끓은 냄비는 중불로 인덕션 숫자를 5, 중간 온도로 낮춰주고요. 지금부터 1시간 30분을 기다리면 되어요."

"우와… 되게 오래 걸리네요!"

"그동안 스페셜한 간식을 만들 거예요. 바로 곶감 말이! 곶감의 반을 살짝 잘라서 넓게 펼쳐주세요. 씨앗은 집게로 잘 빼주세요. 곶감 안쪽 면에 작은 호두 조각 2개, 아몬드 2개, 크림 치즈 한 조각을 넣어주세요. 그러고는 김밥 말듯이 돌돌돌 말고요. 김밥 썰듯이 살살 잘라주면 완성!"

"이야!!! 진짜 이뻐요!"

세찬이가 인서트로 클로즈업했어요.

"오오, 이걸 내가 만들다니!" 은철이가 흥분해서 이야기했어요.

"선생님, 곶감 말이 먹어보면 안 되나요?"

"유후~ 그럴까요? 그럼 이따 수정과랑 같이 먹어야 하니 다 먹지는 말고 ㅎㅎ 하나씩만 맛을 보세요."

시오는 눈이 똥그래졌어요.

"뭐야? 호두가 이렇게 맛있는 거였어?"

세찬이가 인터뷰했어요.

"무슨 일인가요? 시오 학생?"

"저는 지금까지 호두를 싫어했는데요, 오늘부터 완전 좋아할래요. 특히 크림치즈랑 같이 먹으니 완전 맛있어요!"

"자, 곶감 말이는 냉장고에 넣어두고요. 아직 수정과가 끓으려면 시간이 많이 남았으니 음악 선생님과 함께 다음 주 합창준비를 하고 오세요. 선생님이 끓어 넘치지 않나 잘 봐주고 있을게요."

"네!!"

학생들이 합창 연습을 하는 동안 복도를 따라 음악실로 수정과 향기가 퍼져나갔어요. 기대감에 시간이 어떻게 흘렀나 몰라요. 합창 연습이 끝나기가 무섭게 학생들은 요리 실습실로 다시 모였습니다.

"선생님! 선생님! 다 되었나요?"

"네. 충분한 시간이 지났고, 색깔을 보니 잘된 것 같군요. 다른 빈 냄비에 체와 면포를 받치고 물을 부어주세요. 대략 1.5리터 정도 나올 거예요. 뜨거우니까 조심조심!"

두 조 학생들 모두 서로 협력해서 약재를 걸러냈어요.

"자, 그 다음엔 다시 냄비를 인덕션에 올리고, 센 불로 맞춘 뒤에 흑설탕을 붓고 잘 녹여주세요. 국자로 휘휘 잘 섞어주면 더 빨리 녹을 거예요."

"왜 흑설탕을 쓰나요?"

"이쁜 색깔을 위해서요!"

"아항!"

"오홍, 벌써 다 녹았어요!"

"오케이, 좋아요. 자, 그럼 각자 준비한 텀블러에 잘 나눠 담고요. 식는 동안 냄비와 체, 도마, 칼 등을 설거지합시다."

열심히 분업해서 설거지와 뒷정리를 하니 어느새 요리실습실이 깔끔해졌답니다.

유미가 애타는 목소리로 물었어요.

"선생님, 이제 우리 먹나요!"

"ㅎㅎ 시원하게 먹는 게 더 맛있답니다. 텀블러들을 냉장고에 넣고, 영어 공부를 좀 하고 난 뒤에 맛을 보도록 하죠!"

"아아잉~ 선생님~~~"

"유후~ 여러분의 정성과 사랑이 듬뿍 담긴 수정과를 가장 맛있게 먹기 위해 30

분도 못 기다린단 말인가요? ㅎㅎㅎ"
얼마나 30분이라는 시간이 길게 느껴지는지, 모두들 영어 책을 펼쳐 놓고도 자꾸 시계만 바라봤어요.
"OK. See you next Monday!"
"Thank you, sir!"

다시 돌아온 요리 실습실에는 학생 수에 맞춰 나무 소반과 예쁜 도자기 잔, 그리고 접시가 놓여 있었어요.

세찬이는 다시 촬영을 시작했어요.
"개봉 박두!"
"자, 각자 본인 앞에 놓인 도자기 잔에 수정과를 따르고, 잣을 3개씩 올리세요. 그리고 곶감 말이도 3개씩 접시에 놓고요."
다들 신경 써서 세팅을 했어요.
"와 진짜 이뻐! 사진 찍어야겠다."
"응, 인별에 올려야지~"

두근두근.

"자, 모두 오늘 고생했어요.
우선 수정과를 한 모금 마셔보고요,
곶감 말이를 퐁당 빠뜨려서도 먹어보세요."
"잘 먹겠습니다!!!!"

다들 오랜 시간을 기다린 만큼 허겁지겁 오늘 만든 음식을 먹기 시작했어요.

"아아아아아아~~ 진짜 맛난다!!!"
"그러게. 내가 만들어서 그런가?"
"나 요리사 해야겠어."

세찬이의 영상에는 즐겁고 신나게 웃는 친구들 모습이 고스란히 담겼습니다. 특히 유난히 곶감 말이를 이쁘게 만든 지우도요. ^^

글로벌 스페셜 수정과 만들기

재료 준비 : 물 3리터, 계피 60g, 생강 40g, 대추 40g, 흑설탕 120g
곶감 말이(곶감, 호두, 아몬드, 크림치즈), 잣
→ 최종 1.5리터 수정과 완성.
준비부터 마무리까지 약 2시간 소요.

① 물 3리터에 계피, 생강, 대추를 잘게 썰어 찬물부터 끓인다.
② 센 불에 끓이다가 팔팔팔 끓으면 중불로 낮춘다.
③ 1.5시간 끓이는 동안 곶감 말이를 준비한다.
④ 곶감을 반으로 살짝 잘라 펴고, 씨를 제거하고, 안쪽에 호두, 아몬드, 크림치즈를 넣고 돌돌 말아 썰어준다. 냉장보관한다.
⑤ 1.5시간 끓인 수정과를 체와 면포에 걸러준다(약 1.5리터 남는다).
⑥ 걸러낸 수정과를 다시 센 불로 끓이면서 설탕을 충분히 녹인다.
⑦ 식은 수정과를 유리통이나 텀블러에 담아 냉장보관한다.
⑧ 시원해진 수정과와 곶감 말이를 예쁘게 준비해서 맛나게 먹는다!

1. 야! 한지우! 교실은 너네만 쓰냐?
2. 첫 커플 탄생
3. 으! 땀 냄새!
4. 19금 야한 동영상의 유혹
5. 너네 진짜 사귀는 거 맞아?
6. 모르는 오빠와 사귀게 되는 건가!

1. 야! 한지우! 교실은 너네만 쓰냐?

나무들이 곱게 여러 색깔로 물들어가는 어느 가을 날, 유후 선생님은 점심 식사를 마친 지우와 리아를 따로 불러 밖으로 나섰어요.

"우리, 날도 좋은데 교정 산책이나 할까?"

며칠 전에 있었던 일 때문에 여전히 어색한 상태인 지우와 리아는 서로 데면데면한 채 선생님을 따라 걸었지요.

포근한 햇살 속에서 새들은 지저귀고, 바람결에 맞춰 살랑대는 잎사귀들이 반짝였어요.

그 속에서 아무 말없이 한 걸음 앞서 걷던 유후 선생님이 등나무 벤치 앞에서 걸음을 멈추고 두 친구를 돌아보며 말했어요.

"여기에 좀 앉을까?"

선생님은 말없이 벤치에 나란히 앉은 지우와 리아의 맞은편에 자리를 잡고 앉아 두 친구를 번갈아 바라보았어요. 둘은 고개를 숙인 채 선생님의 눈을 피했지요.

"아직 서로 불편하지? 한 번 갈등이 생겨서 감정이 상하고 나면 쉽게 마음이 풀리지는 않으니까 억지로 서두를 필요는 없단다. 다만, 너희들이 서로의 마음 상태는 알았으면 해서 대화의 자리를 마련한 거야. 이야기를 하고 싶은 부분은 하고, 아직 하고 싶지 않다면 하지 않아도 돼. 지금 마음이 어떤지 이야기해 줄 수 있니?"

잠시 망설이다가 지우가 먼저 입을 열었어요.

"전에 제가 리아를 두 번이나 실수로 쳐서 미안해요. 근데, 며칠 전에는 리아가 너무 크게 화를 내서 솔직히 저도 좀 당황스러웠어요."

"그래, 솔직하게 이야기해줘서 고맙구나. 그럼 지우는 지금 리아에 대해 어떤 마음을 가지고 있니?"

"미안하긴 한데… 사실 그날 리아가 친구들 앞에서 소리 지르고 화낸 일이 계속 떠올라요. 그래서 좀 미워요."

"그렇구나. 그럴 수 있지. 리아야, 지금 지우는 이런 마음이라고 하는데 리아는 어떠니?"

지우의 이야기를 듣고도 리아는 쉽사리 입을 열 수 없었어요.
지우만 보면 세찬이가 떠오르는데, 차마 그 얘기를 할 수는 없었기 때문이었어요.

"리아야, 지금 리아의 기분이 어떤지만 알려주면 어떨까? 지우도 리아의 마음을 알아야 리아의 마음에 대해 찬찬히 생각해볼 수 있으니까."

선생님의 말씀에 리아는 어렵게 입을 뗐어요.
"…저는… 아직 지우와 이야기하고 싶지 않아요. 지우가… 싫어요."

리아의 말에 지우는 놀라고 얼굴이 화끈거리기 시작했어요.
"음, 그래, 리아야. 아직 리아에게는 시간이 더 필요한 것 같구나. 이 자리가 불편하다면 먼저 일어서도 좋아."

선생님의 말씀이 끝나기가 무섭게 리아는 자리를 떴어요.
선생님은 덩그러니 자리에 남은 지우의 표정을 살피곤 이내 지우의 곁으로 옮겨

앉아 말했어요.

"지우야, 속상하지?"

지우의 눈에선 눈물이 떨어지기 시작했어요.

"제가 리아에게 먼저 잘못한 건 맞는데, 저렇게까지 말하다니… 흐흐흑… 저 너무 화가 나요."

"그래, 지우야. 그렇게 느낄 수 있어. 아직 리아가 지우에게 마음을 다 표현하지 않았기 때문에 지우 입장에서는 저런 리아의 마음이 당황스럽고 이해가 안 될 수 있어."

"…이제 어떻게 해야 해요?"

"흠, 일단 둘 사이에 시간이 필요할 것 같구나. 당분간은 지우와 리아는 서로 거리를 두고 지내는 게 좋겠네. 두 친구의 자리나 모둠이 겹치지 않도록 조정해둘게. 그리고 선생님은 리아가 지우에 대해 어떤 마음인지 따로 들어보도록 하고. 지우도 혹시 리아에 대해 더 하고 싶은 이야기가 생각나면 언제든 선생님에게 알려주렴."

"네, 선생님."

한편, 먼저 자리를 뜬 리아는 혼자 터벅터벅 걸어 학교 뒤편의 '사색의 길'로 향했어요. 그곳은 아이들이 많이 모여 있는 운동장과 떨어져 있고, 메리골드와 로즈마리로 꾸며져 조용히 사색하며 걷기 좋은 아담한 산책로였어요.

고개를 푹 숙이고 걷는 리아의 곁에 누군가 가만히 다가왔어요.

바로, 은철이였어요.

사실 은철이는 점심 식사 후 유후 선생님을 따라나서는 리아와 지우를 보고 걱정이 되고 궁금해 몰래 뒤를 쫓아갔어요. 그러다 금세 혼자 자리를 뜨는 리아를 보고 따라온 것이지요.

"리아야."

자신을 부르는 소리에 고개를 든 리아는 은철이를 보고 날카롭게 물었어요.

"나 따라온 거야? 나한테 할 말 있어?"

"아니, 꼭 그런 건 아닌데, 그냥… 걱정돼서…."

"왜? 너도 내가 지우한테 막 소리질렀다고, 왜 그랬는지 물어보러 온 거야?"

리아는 자기도 모르게 은철이에게 화풀이하듯 말했어요.

그런 리아를 보며 은철이는 안쓰러운 기분이 들었어요. 짜증을 내는 리아의 모습에서 리아가 겪고 있는 스트레스가 그대로 느껴졌지요.

"그런 거 아니야, 네가 걱정돼서 왔어. 이번이나 저번이나 지우가 잘못한 건데, 당연히 소리지르고 화낼 수 있지. 널 탓할 생각 전혀 없어."

평소답지 않게 진지한 말투와 표정으로 말하는 은철이를 보며 리아는 마음이 살짝 누그러졌어요.

"진짜 그렇게 생각해?"

"응! 진짜야! 헐크 한지우가 잘못한 거지, 리아 네가 무슨 잘못이 있어!"

밝아진 리아를 보며 기분이 좋아진 은철이는 리아의 기분을 더 좋게 만들어주고 싶은 마음에 한껏 과장되게 목소리를 높여 말했어요.

그런 은철이를 보며 리아는 좋은 수가 떠올랐어요. 은철이를 이용해 지우를 괴롭히고 싶다는 마음이 든 것이었죠.

"그럼 은철아, 나 좀 도와줄 수 있어?"

"물론이지! 뭘 도와줄까?"

"실은, 학예회 말야. 어쩌다 보니까 우리 팀은 블루핑크 공연을 하고, 지우네는 핑크벨벳 공연을 하던데… 지우는 워낙 춤도 잘 추는데, 나랑 내 친구들은 그만큼

잘할 자신도 없고. 쉬는 시간마다 지우네가 계속 교실에서 연습하니까 우리는 연습할 장소도 없고…."

말을 채 잇지 못한 리아의 목소리가 가늘게 떨렸어요.
그 모습을 보는 은철이는 자기 일처럼 화가 나기 시작했어요. 어떻게든 리아를 속상하게 만든 지우의 기를 팍 꺾어주고 싶다는 생각뿐이었어요. 게다가 자기가 좋아하는 리아가 자신에게 이런 속 이야기를 털어놓는다는 게 고맙기도 하고, 리아를 실망시키고 싶지 않았어요.
"리아야, 걱정 마. 내가 도와줄게."
"정말이야?"
"그럼! 나만 믿어!"

그렇게 리아와의 대화를 마치고 교실로 돌아온 은철이는 괜히 지우, 그리고 지우와 늘 함께 다니는 유미, 세린이가 미워 보였어요. 세 친구가 착하고 예쁜 리아를 괴롭히는 나쁜 아이들처럼 보였지요.

5교시가 끝난 쉬는 시간, 며칠 앞으로 다가온 학예회 준비에 모두 여념이 없었어요.

지우, 유미, 세린이는 늘 그랬듯이 교실 한쪽에 자리를 잡고 막 연습을 시작하려던 참이었지요. 그때였어요.
"야! 한지우! 교실은 너네만 쓰냐?" 느닷없이 은철이가 큰 소리로 외쳤어요.
"무슨 소리야, 우리 학예회 연습하려고 그러는 거잖아."

영문을 모르겠다는 듯 지우가 대꾸했지요.

"그러니까! 학예회 연습은 너네만 하냐고! 그 넓은 자리를 너네가 다 차지하고 있으면 다른 애들은 어디서 연습하라고!"

은철이는 질세라 더 크게 소리를 쳤지요.

그러자 유미도 덩달아 큰 소리로 대답했어요.

"은철이 너 왜 갑자기 시비야? 여태 우리가 여기서 연습할 때 아무 말도 없었으면서?"

분위기가 안 좋아지자 세린이도 동조하기 시작했어요.

"맞아! 우리는 춤춰야 돼서 공간이 많이 필요하잖아. 왜 갑자기 난리야!"

그렇게 세 여자 친구가 은철이를 몰아붙이자, 은철이는 당황하기 시작했어요.
그런 은철이를 지켜보던 리아가 나서서 은철이를 옹호했어요.

"너네 좀 심하긴 해. 이번 학예회에서 춤추는 팀이 너희밖에 없는 것도 아니잖아. 우리 팀도 춤 연습해야 하는데 할 자리가 없어서 제대로 하지도 못한다고."

똑 부러진 목소리로 리아가 말하자 이번엔 리아네 팀 여학생들도 합류했어요.

"그래. 너희들 너무 이기적인 거 아니니? 솔직히 아무도 얘기를 안 해서 그렇지, 쉬는 시간마다 너네 너무 시끄러워."

"맞아, 그리고 문 앞에서 연습한답시고 그때 리아 친 것도 너네잖아. 그거 통행 방해야!"

그렇게 지우네 팀과 리아네 팀 친구들은 말싸움을 하기 시작했어요.
그 모습은 마치 1, 2위를 다투는 블루핑크와 핑크벨벳이 치열하게 경쟁하는 모습과도 같았지요.

"유치하게 블루핑크가 뭐냐!"

"그러는 너네는 고른다고 고른 게 핑크벨벳이냐?"

두 패거리의 싸움이 심각해지자 다들 눈치만 보고 선뜻 나서서 말리지 못했어요.

"그만!!!!!!!!!!!!"

싸움을 말린 사람은 다름아닌 시오였어요.
한쪽에서 조용히 책을 읽던 시오가 갑자기 큰 소리로 외치자 정신없이 싸우던 친구들 모두가 조용해졌어요.

"들어보니까 너희들 모두 각자 그렇게 생각할 수 있어. 그럼 서로의 입장을 잘 설명한 다음에 타협하면 되잖아. 모두 즐겁자고 하는 학예회인데, 그것 때문에 이렇게 인신공격까지 하면서 싸우면 안 되지."
시오는 차분하게 말을 이어갔어요.
"자, 일단 리아네는 연습할 공간이 없는 거잖아. 사실 지우네가 매일 이 자리에서 연습했던 건 사실이고. 리아네도 춤 연습하려면 넓은 공간이 필요하니까 이 공간은 서로 요일을 정해서 돌아가면서 사용하는 게 좋겠어. 어때?"

"좋아."
"학예회 날까지 4일 남았으니까, 하루씩 번갈아 가면서 사용해. 두 팀 모두 이틀씩 말야."
"그럼 교실 못 쓰는 날에는 어디서 연습해?"
"학교 뒷마당이나 운동장 한쪽에서 해야지, 뭐."
"알았어."

시오의 중재에 여학생들의 말다툼은 겨우 끝을 맺었어요.
연습 장소에 대한 문제는 합의가 되었지만, 두 팀의 감정의 골은 깊어만 갔지요.
그리고 은철이도 지우에 대한 미움이 사라지지 않은 채 시간이 흘렀어요.

방과 후, 여느 때처럼 남학생들은 축구를 하기 위해서 운동장에 삼삼오오 모여들었어요.
세찬이는 벤치에 가방을 내려놓는 은철이에게 다가가 슬쩍 말을 걸었어요.
"은철, 아까 왜 그랬냐?"
"뭐가?"
"지우랑 애들한테 말야. 오늘 뭐 기분 나쁜 일 있었어?"

세찬이의 질문에 은철이는 순간 당황스러웠지만 아무렇지 않은 듯 대답했어요.
"아니, 그렇잖아. 리아네도 아이돌 공연하는데 계속 지우네만 교실 넓은 데 다 쓰고…"
"리아가 필요했으면 비켜달라고 얘기했겠지. 걔가 그런 말도 못할 애냐?"

세찬이의 말을 들은 은철이는 발끈했어요.
"너 왜 리아에 대해 그렇게 말하냐?"

"뭐래, 너 왜 그래? 너 리아 좋아하냐?"

두 친구의 언성이 막 높아지려는데 경기를 시작하려는 다른 친구들이 둘을 불렀어요. 은철이는 세찬이를 한 번 노려본 후 경기장으로 뛰어갔어요. 세찬이는 그런 은철이가 이상하다고 생각하면서 뒤따라 경기에 참여했어요.

그날따라 은철이는 세찬이가 미웠어요. 리아가 세찬이를 좋아하는 것도, 세찬이는 그 고백을 거절해버리는 것도 다 마음에 안 드는데 리아에 대해 함부로 말하는 것 같은 세찬이가 나쁘게만 느껴졌어요.

그런 생각을 하며 축구를 하니 은철이는 자기도 모르게 다리에 힘이 들어갔어요.
"야, 은철아, 이쪽으로 패스!"
원래 같았으면 세찬이와의 협공으로 득점을 했을 은철이지만 오늘만큼은 세찬이에게 절대로 공을 넘겨주고 싶지 않았어요.
은철이는 세찬이의 말을 무시하고 혼자 골을 넣으려고 안간힘을 썼어요.
하지만 몸은 마음 같지 않았어요. 혼자서 골을 끌고 가려고 최선을 다해 달렸지만 번번이 상대 편 선수에게 공을 빼앗겼고, 결국 은철이네 팀의 패배로 경기는 끝났지요.

경기가 끝난 후 세찬이는 곧장 은철이에게 뛰어왔어요.
"야, 너 뭐야? 패스도 안하고 진짜 왜 그래, 오늘?"

은철이는 세찬이의 말에도 아랑곳하지 않고 가방만 챙긴 채 혼자 집으로 돌아와 버렸어요.

그 날 저녁, 은철이는 잠을 잘 수가 없었어요. 양쪽 무릎이 너무 아팠거든요.
'이상하다. 아까 축구할 때 삔 건가?'
은철이는 그렇게 다리 통증 때문에 한참을 뒤척이다가 겨우 잠들었어요.

다음 날 아침, 통증이 조금 나아진 것 같았는데 학교까지 걷다 보니 다시 아파져서 절뚝였어요.

은철이가 등교하는 모습을 유심히 지켜보던 똥글 선생님이 이야기했어요.
"굿모닝 은철! 어디가 아픈 건가용?"
"안녕하세요. 똥글 선생님. 아무래도 다리를 다친 것 같아요."
"음… 어디 볼까요? 내가 눌러볼 테니 아프면 이야기해요."
똥글 선생님은 발가락, 발목, 무릎 관절들을 살살 움직이면서 은철이의 반응을 살폈어요.
"별로 아프지는 않은데요? 무릎 쪽 깊은 곳이 은근히 아파요."
"다행히 부기도 없고, 움직이는 각도도 모두 정상이네요. 뼈나 관절에 이상이 생긴 것은 아니에요. 이건 성장통이네요!"
"네? 성장통이요?"
"네. ㅎㅎ 다른 친구들과 같이 있을 때 이야기해줄게요!"

모두 모인 시간, 똥글 선생님은 무릎의 해부학 그림을 보여줬어요.
"자, 우리 무릎은 이렇게 생겼어요. 예전에 성장에 대한 이야기를 하면서 성장판을 알려줬었죠?"

요즘 들어 키가 쑥쑥 자라고 있는 시오가 이야기했어요.
"네! 성장판이 닫히면 더 이상 안 큰다고요!"
"맞아요. 그런데, 뼈의 끝부분이 자라는 속도와 주변 근육이나 인대가 자라는 속도가 똑같지 않을 수 있어요. 같이 자라줘야 하는데 한쪽은 열심히 자라고, 다른 쪽은 '아, 나는 좀 이따가 자랄게' 이러고 있는 거죠."

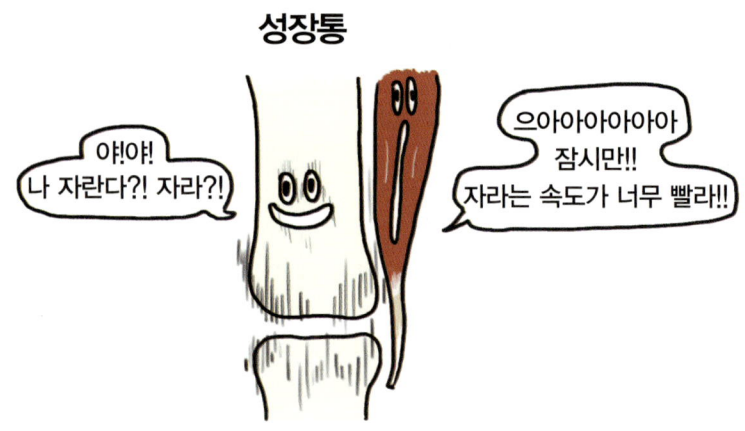

"ㅎㅎ 별로 안 친한가 봐요."
"그러게요. 이렇게 속도 차이가 나면 통증이 발생할 수 있는데, 이걸 성장통이라고 불러요. 너무 걱정할 질병은 아니에요. 열심히 크고 있다는 뜻이기도 하니까요."
"저도 키 크고 싶어요. 성장통이 없으면 키 안 크는 건가요?"
"하하하, 그렇지는 않아요. 성장통 없이 잘 크는 사람들도 있거든요."

아직도 졸린 은철이가 물어봤어요.
"그런데 왜 낮에는 괜찮다가 밤에 더 아플까요?"
"오, 좋은 질문이에요. 성장통의 특징 중에 하나인데요, 운동할 때와 수면시간에 성장호르몬이 많이 나오기 때문이에요. 같은 이유로 가만히 있기 좋아하는 친구들보다는 운동을 좋아하는 학생에게 더 잘 발생해요. 양쪽 무릎이 대칭으로 아픈 경우가 많고요, 하루 종일 한 달 내내 아프기보다는 아프다가 또 괜찮다가 하는 식으로 띄엄띄엄 통증이 생기죠."
"많이 아플 때는 어떻게 해야 하죠?"

각탕

"지금부터 좋은 해결책을 알려줄게요.

1. 아픈 부위에 따뜻한 온찜질이나 각탕하기
혈액순환을 잘 시켜주면 통증도 줄어들고,
성장에도 도움이 될 수 있어요.
아니면 저녁에 자기 전에 큰 통에 따끈한 물을 받아서
무릎 아래까지 담그기. 이걸 각탕이라고 하는데요,
각탕을 15분 정도 꾸준히 해보세요.

2. 통증이 심할 때는 무리한 운동보다는
   가벼운 스트레칭하기

스트레칭

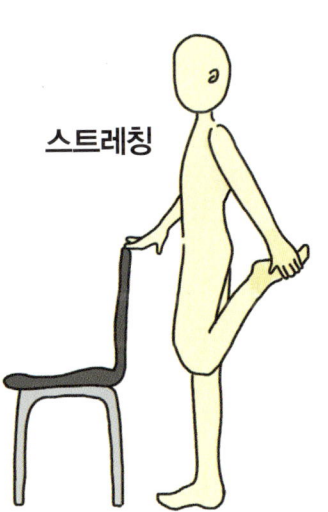

자, 다같이 해볼까요?
모두 일어나서 의자를 왼손으로 잡고,
오른손으로 오른쪽 발목을 잡아요. 10초 유지하기."
"으아아, 균형을 못 잡겠어요."
"오오, 유미 잘하는데?"
"이 자세가 익숙하면 오른쪽 발을 조금 더
뒤쪽 위로 올려보세요. 이때 상체를 앞으로 기울이지 말고요~"
여기저기서 우당탕우당탕 소리가 났어요.

3. 관절에서 통증이 시작하는 부위와
   끝나는 부위를 부드럽게 마사지하기

마사지

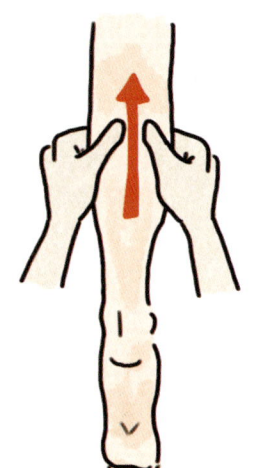

"그 다음은 마사~쥐!
집에 있는 바디오일이나 바디로션을 잘 활용해보세요.
근육 결을 따라서 부드럽게 슥슥 문질러
마사지를 해주면 성장통도 줄일 수 있고,
키 크는 데에도 도움이 될 거예요.
자, 옆에 있는 친구 다리를 마사지해보세요."

세찬이가 은철이에게 다가와 다리 근육을 지압해줬어요.
"악, 너무 아파! 살살 해."
"오키. 이 정도면 어때?'
세찬이가 은철이의 다리를 간지럽히듯 만졌어요.
"키키키, 간지러워."
이번에는 두 팔 걷어붙이고 진지한 표정으로, 스으스으 근육을 풀어줬어요.
"그럼 요렇게는?"
"어~ 시원하다! 완전 전문가 같아!"

세찬이가 조용히 이야기했어요.
"은철, 어제 내가 뭐 기분 상하게 한 것 있으면 말해줘~ 내가 워낙 장난을 많이 치니까 언제 무슨 잘못 했는지 모르겠다. ㅋㅋ 뭔 일인지 알려주면 내가 사과하고 고칠게. ㅎㅎ 난 네가 좋거든. ㅎㅎ"
"응? 하하, 그런 거 없어. 그냥 컨디션이 안 좋았어."
"엥, 그럼 다행이고 ㅎㅎ 그럼 우리 여전히 친한 친구 맞지?"

"당연하지!"

은철이는 속으로 생각했어요.
'세찬이 이 녀석… 이렇게 좋은 녀석인데 ㅎㅎ 내가 괜히 속 좁게 굴었나?'

그날 밤 은철이는 다리 통증 없이 꿀잠을 잘 수 있었답니다.

2. 첫 커플 탄생!

어느새 학예발표회 날이 되었습니다.
아침부터 학교는 그 어느 때보다 들뜬 분위기였어요.
모든 친구들이 각자 준비한 공연에 맞게 의상을 차려 입고,
소품을 챙기며 최종 점검을 하느라 바빴지요.

지우, 유미, 세린이는 아이돌 공연에 어울리게 화사한 블라우스와 스커트, 머리 장식으로 한껏 멋을 냈어요. 고학년이 되면서 점점 치마 입기를 꺼리던 지우는 간만에 입은 치마 때문에 혼자 등교하기가 부끄러워서 일부러 유미, 세린이와 만나 함께 등교를 했어요.

"아, 치마 입으니까 진짜 어색하다."
"아니야, 지우야. 너 너~무 예뻐! 앞으로 치마 자주 입고 다녀."
오늘따라 두 뺨이 더 발그레하게 상기된 세린이가 지우의 차림새를 칭찬했어요.
"맞아, 저학년 때는 원피스도 자주 입더니 요새 왜 치마를 안 입는 거야~"
유미 역시 어색해하는 지우의 기를 살려주었지요.
그렇게 세 친구는 즐겁게 이야기를 나누며 교실로 들어섰어요.

그때, 교실 안에서 개그 쇼를 준비하던 은철이가 지우를 발견하곤 큰 소리로 놀리기 시작했어요.
"와하하하하! 헐크 오늘 치마 입었다!!!!"

은철이의 말에 친구들의 시선이 지우를 향했어요.
리아를 위해 지우의 기를 눌러버리려는 은철이의 마음과 달리 놀림을 받은 지우는 은철이의 말을 가볍게 무시하고 지나쳐버렸어요. 대신 뒤이어 들어온 유미와 세린이가 은철이에게 따가운 눈초리를 날려주었지요.

은철이와 함께 공연을 준비하던 세찬이는 교실 문으로 들어서는 지우의 모습을 보고 순간 심장이 철렁, 내려앉는 기분이 들었어요.
머리에 예쁜 리본 장식까지 달고 서 있는 지우가 너무 예뻤기 때문이지요.
어색한 표정을 한 지우를 보며 세찬이는 눈을 뗄 수도, 어떤 말을 건넬 수도 없어 그저 지우를 빤히 쳐다봤어요.
"뭐야, 너 왜 그렇게 쳐다봐?"
지우는 세찬이의 눈길이 부담스러워 괜히 퉁명스럽게 말을 건넸어요.
"어? 어, 아니! 그냥 본 건데?"
세찬이는 황급히 눈을 피하며 다시 공연 준비를 하는 척했지만 사실 온 정신은 지우를 향해 있었어요.
'아, 이상하다. 쟤 오늘 왜 저렇게 예쁘냐…'

그렇게 학예회가 본격적으로 시작되고 학생들이 준비한 다양한 공연을 모두가 함께 즐기며 행복한 추억을 쌓아가고 있었어요.

세찬, 은철, 시오가 준비한 개그 쇼의 차례가 되었어요.

세찬이는 뛰어난 언변과 무대 장악력으로 말 한마디, 한마디마다 관객들이 정신없이 웃게 만들었지요. 그렇게 친구, 선생님들이 모두 배를 잡고 웃는 동안 세찬이는 자기도 모르게 계속 지우의 표정을 살폈어요. 자신의 말에 지우가 깔깔 웃는 모습을 보자 세찬이는 가슴이 벅차올랐어요.

다음은 리아와 친구들이 준비한 아이돌 공연이었어요.
무대의상을 갖춰 입은 리아는 여느 때보다 훨씬 더 예뻤지요. 그런 리아를 보며 은철이는 입을 다물 수가 없었어요.
'와, 진짜 여신이다, 여신! 진짜 대박 예뻐!!'
음악의 전주가 나오면서부터 은철이는 환호성을 지르며 분위기를 띄웠어요.
은철이의 환호와 박수에 맞춰 다른 친구들도 덩달아 신이 나서 함께 환호했어요.

모든 사람들이 자신을 보며 환호하고, 박수를 치는 모습을 보며 노래하고 춤추는 리아는 짜릿한 기분이 들었어요. 그리고 목이 터져라 응원하는 은철이를 보며 고마운 마음이 들어 은철이에게 싱긋 미소를 보내주었지요.
미소를 날리는 리아와 눈이 마주친 은철이는 세상을 다 가진 기분이 들었어요.

응원의 열기가 뜨거웠던 리아의 공연을 마치고, 마지막으로 지우와 친구들의 공연이 남아 있었어요. 지우, 유미, 세린이는 마지막까지 긴장을 놓지 못해서 다른 친구들의 공연을 제대로 즐기기가 어려웠어요. 세 친구는 손을 맞잡고 화이팅을 외친 후 무대에 올랐어요. 전주가 흘러나오며 조명이 서서히 밝아지자 세 친구의 모습이 보이기 시작했어요.
세찬이의 심장은 마구 쿵쾅대기 시작했지요.

본격적으로 춤과 노래가 시작되자 세찬이는 서둘러 핸드폰을 꺼내 사진과 영상을 찍었어요. 지우의 예쁜 모습을 꼭 남겨두고 싶었거든요.
지우는 무대에 오르기 직전까지 너무 긴장되고 어색했지만 노래가 흘러나오자 언제 그랬냐는 듯이 카리스마 있는 눈빛과 파워풀한 안무로 친구들의 마음을 사로잡았어요. 어느새 친구들은 세 친구의 공연에 푹 빠져 환호하며 공연을 즐겼지요.

관객들의 환호성 속에서 리아는 뾰로통해졌어요.
왠지 자기가 공연할 때보다 더 큰 함성이 나오는 것 같아 질투심이 들었거든요. 지우에게 환호하는 친구들의 모습을 둘러보다가 리아는 핸드폰으로 촬영을 하는 세찬이를 보게 되었어요. 세찬이는 입이 귀에 걸린 채 꿀이 뚝뚝 떨어지는 눈빛으로 지우를 바라보고 있었어요.

'진짜 짜증 나. 한지우도 짜증 나고 세찬이도 짜증 나!'
리아는 화를 참지 못하고 지우의 공연이 끝나기도 전에 자리를 박차고 나가버렸어요. 그런 리아를 보며 은철이는 마음이 무거워졌지요.

모두가 최선을 다해 준비한 공연을 잘 마치고 지우는 집으로 돌아왔어요.
맛있는 저녁을 먹은 후 책상 앞에 앉아 있던 지우의 핸드폰이 울렸어요.
"깨톡!"
'이 시간에 누구지?' 지우에게 메시지를 보낸 건 바로 세찬이었어요.
"지우야, 오늘 공연 최고였어. 사진 보내줄게."
이어서 세찬이가 찍은 사진들이 도착했어요.
수십 장에 이르는 사진은 죄다 세 친구 중 지우만 중점적으로 찍은 사진이었어요.

사진을 보고 놀란 지우는 답장을 보냈어요.
"뭐야. ㅋㅋ 너 원래 나랑 깨톡 잘 안하잖아. ㅋㅋ"
"사진 보내주려고. ㅎㅎ"
"근데 왜 사진에 나만 있냐. ㅋㅋㅋ 누가 보면 나 좋아하는 줄 알겠다. ㅋㅋㅋㅋㅋ"
지우는 어색함을 숨기려 일부러 장난스럽게 물었어요.

지우의 메시지를 받은 세찬이는 얼굴이 벌개졌어요.
"아, 뭐지? 얘가 자기 좋아하는 거 알아차린 건가? 어떡하지! 어떡하지!?"
세찬이는 당황스러워 자리에서 벌떡 일어나 손톱을 뜯으며 방 안을 빙글빙글 서성였어요.
세찬이가 메시지를 읽고도 답이 없자 당황스럽기는 지우도 마찬가지였어요.
'뭐야? 왜 답이 없지? 아, 괜히 보냈다. 어쩌지?'
지우는 서둘러 메시지를 하나 더 보냈어요.
"야. ㅋㅋㅋ 농담이야. 왜 답이 없어~ 사람 무안하게. ㅠㅠ"

그 메시지를 읽은 세찬이는 결심했어요.
'박세찬! 난 남자다! 당당하게 고백하자!'
"너 좋아하는 거 맞아."
몇 분이 지나 세찬이의 답이 오자 지우는 서둘러 메시지를 확인했어요.
그러고는 놀라 핸드폰을 떨어뜨리고 말았어요.

세찬이는 자신이 보낸 메시지의 '1'이 사라진 것을 보고는 침대에 뛰어들어 마구 발을 굴렀어요.
'아~!!!!! 읽었어, 읽었어!!! 어떡하지, 어떡하지?'
한참을 이불킥을 했는데도 지우에게서는 답이 오지 않았어요.

세찬이는 몸을 벌떡 일으키고 두 손으로 핸드폰을 꼭 쥔 채 답을 기다리다, 굳게 결심한 듯 '통화' 버튼을 눌렀어요. 통화 연결음이 울리는 동안 세찬이는 심장이 쿵쾅거려 숨이 가빠왔어요.

"어, 여보세요…."

지우가 놀란 목소리로 전화를 받았어요.

"어, 지우야… 나야…."

"응… 알아…."

"어… 저… 내가 보낸 거… 진심이야. 나, 너 좋아해."

세찬이의 말에 지우의 심장도 쿵쾅쿵쾅 뛰기 시작했어요.

지우는 자신의 심장 소리가 수화기 너머로 들릴까 봐 걱정이 되었어요.

"아… 나도… 너랑 노는 거 좋아."

"진짜? 그럼 우리 사귈래?"

세찬이는 자기도 모르게 '사귀자'라는 표현을 뱉어놓고 스스로 깜짝 놀랐어요.

지우 역시 기분이 이상했어요.

세찬이와 노는 것이 늘 즐겁고 세찬이를 좋은 친구라고는 생각했지만 사귄다는 생각은 해본 적이 없었는데, 갑자기 그 말을 듣자 싫지 않은 기분이 들었어요.

"음… 그래."

지우의 대답에 세찬이는 자기도 모르게 "예쓰!" 하고 외치고 말았어요.

그 소리를 들은 지우는 깔깔거리며 웃었지요.

오늘부터 1일이라고, 내일 학교에서 보자고 인사하며 지우와 대화를 마친 세찬이는 하늘로 날아가버릴 것 같았어요. 너무 기뻐서 창문을 열고 동네 사람들 모두 듣게 소리를 지르고 싶은 기분이었지요.

그렇게 두 친구는 각자의 방에서 두근거리는 마음을 붙잡고 행복하게 잠에 들었어요.

다음 날, 학교에 가자마자 세찬이는 서둘러 지우부터 찾았어요. 어서 지우를 보고 싶었거든요. 아직 지우는 등교 전이라 세찬이는 이 설레는 기분을 누구와 나눌 수 있을까 싶어 괜히 교실과 복도를 서성였죠. 등교하던 은철이가 그런 세찬이와 복도에서 딱 마주쳤어요.

"세찬! 하이! 여기서 뭐해?"
"아, 은철아! 안녕? 하하하하하."
갑자기 막 웃어젖히는 세찬이가 이상해 은철이는 갸우뚱했어요.
"너 왜 그래? 뭐 좋은 일 있어?"
"은철아, 나 사실… 여친 생겼다!!"
세찬이는 목소리를 낮추면서도 흥분을 감추지 못한 채 은철이에게 어제의 일을 모두 털어놓았어요.
은철이는 그간 지우와 리아의 갈등, 리아가 지우를 미워하던 일 등이 퍼즐처럼 맞춰짐을 느끼며 무척 놀랐어요.
"야~~~ 박세찬~~ 축하한다! 지우랑 너 엄청 잘 어울려!"

두 친구가 복도에서 그렇게 이야기를 나누는 사이, 친구들이 하나둘 더 등교하기 시작했어요. 세찬이는 뿌듯한 마음을 숨기지 못하고 등교하는 친구들마다 붙잡고 지우와의 교제 사실을 자랑 삼아 이야기했지요.

그렇게 1교시를 채 시작하기도 전에 세찬이와 지우의 교제 사실은 학급 전체에게 알려졌어요. 지우는 그런 세찬이의 행동이 당황스럽고 부끄러웠지만, 설레고 기분 좋기는 마찬가지였기 때문에 그냥 웃어넘겼어요.

"유후~~! 좋은 아침! 오늘 어쩐지 다들 들떠 보이는 건 기분 탓인가?"
유후 선생님은 요상한 분위기를 금세 알아차리곤 물었어요.
"세찬이랑 지우랑 사귄대요!"
아이들이 모두 들떠 한목소리로 대답했지요.
"와우! 정말? 이거 축하할 일인걸~?"
선생님이 세찬이와 지우를 번갈아 바라보자 두 친구는 흐뭇한 미소를 지으면서도 쑥스러워했어요.

"우리 반에서 커플이 탄생했으니 아침 활동으로는 바람직한 청소년 교제에 대한 이야기를 나누어볼까요?"
"초등학생들이 사귀는 건 안 좋은 거 아닌가요?"
아침부터 두 친구의 교제 사실을 알게 되어 기분이 몹시 상한 리아가 못마땅하다는 듯 물었어요. 은철이는 그런 리아의 마음이 고스란히 느껴져 안타까운 눈빛으로 리아를 바라보았어요.

"흐음, 초등학생이라고 해서 이성과 교제를 하는 게 무조건 안 좋은 건 아니에요. 다만 건강하고 바람직한 교제가 될 수 있도록 스스로 노력하고 상대방을 배려할 필요는 있지요. 그건 꼭 청소년이기 때문은 아니고, 성인 간의 교제에서도 마찬가지에요."
선생님의 말씀을 듣고 세찬이와 지우는 살짝 고개를 돌려 서로를 바라보았다가 눈이 마주치고는 미소를 지었어요.
"자, 그렇다면 우선 이성 친구를 사귈 때 좋은 점이 무엇인지부터 알아볼까요?"
세찬이가 가장 먼저 손을 들었어요.
"기분이 좋습니다!!!"
큰 소리로 함성을 지르는 세찬이를 보며 모두 꺄르르 웃느라 정신이 없었어요.

"유~~~후! 우리 세찬이, 아주 솔직해서 좋아!
맞아요. 일단 내가 좋아하는 친구와 남자친구, 여자친구로 지낸다는 것 자체가 아주 특별하고 기분 좋은 일이죠. 또, 어떤 장점이 있을까?"

이번엔 시오가 차분히 대답했어요.
"서로 고민이나 생각을 나눌 수도 있고, 나와 다른 성별을 가진 친구의 특성을 더 잘 알 수 있습니다."

"시오가 잘 얘기해주었네요. 우리가 건강 수업을 하며 이성의 몸과 마음에 대해 자세히 공부하는 이유도 그것이거든요. 우리는 서로 다른 성별을 가진 사람들과 평생 함께 어우러져 살아야 하고, 이성과 결혼해서 가정을 이루며 사는 경우가 많잖아요. 그래서 이성 친구를 사귀면서 그들의 특성을 파악하여 존중하고 배려하는 것이 중요하답니다."

유후 선생님은 이어서 말했어요.
"그렇다면, 이성교제로 인해 생길 수 있는 문제점은 없을까요?"

이번엔 어떻게 해서든 리아를 돕고 싶었던 은철이가 얼른 손을 들었어요.
"여친한테만 너무 몰두해서 할 일을 못 할 수 있어요! 그리고 여친하고만 놀면 남자애들이 같이 안 놀아줘요!"
세찬이는 그런 은철이를 살짝 흘겨보았어요.

"그럴 수도 있죠. 처음 교제를 시작하고 나면 아무래도 머릿속에 온통 내 남자친구, 여자친구 생각밖에 없을 거예요. 그래서 계속 보고 싶고, 연락하고 싶은 마음에 해야 할 다른 일에 집중을 못 하거나 다른 친구들과의 관계에 소홀해질 수도 있어요. 또 다른 단점은 없을까?"

선생님의 질문에 리아는 뭐라고 대답하고 싶었지만 쉽게 떠오르는 것이 없었어요. 잠시 학생들의 대답을 기다리던 선생님은 사뭇 진지한 목소리로 말씀을 이어갔어요.

"이건 앞으로 여러분이 언제, 누구를 만나게 되든 꼭 기억하고 주의해야 할 점인데요. 내가 좋아하는 상대방을 위해서 무엇이든 다 해주고 싶은 마음에, 상대방의 제안이나 부탁을 쉽게 거절하지 못하게 될 수 있어요. 내가 원치 않더라도 말이야."

선생님의 말씀을 듣고 지우는 아침의 일이 떠올랐어요.
지우가 등교했을 때 이미 세찬이와의 교제 사실이 많은 친구들에게 다 알려져 있어 당황스럽고 놀랐지만, '세찬이가 너무 기뻐서 그랬겠지' 하는 생각으로 아무렇지 않은 척했기 때문이지요.
"선생님, 그럼 상대방이 원하는데 내가 하기 싫을 때는 어떻게 해야 해요?"
지우가 물었어요.

"자, 그럼 자연스럽게 바람직한 이성교제의 방법에 대해 이야기해봅시다. 여러분이 세상에서 가장 사랑하고 아껴야 할 대상은 누구죠?"
"나 자신이요!"
유후 선생님이 늘 강조하며 반복적으로 하는 이야기라 모든 친구들이 한 치의 망설임도 없이 대답했어요.

"그렇다면 이번엔 나의 관점이 아니라 상대방의 관점에서도 생각해보자.

나에게 가장 중요한 사람은 나 자신. 그럼 내 이성친구에게 가장 중요한 사람은?"
"그 사람이요!"
"그래요. 이걸 잘 기억해야 해요.
누구에게나 자기 자신이 가장 중요한 법이에요. 나에게는 내가, 상대방에게는 상대방이. 교제하는 사이에서는 이것이 기본이 되어야 '평등한 관계'를 유지할 수 있어요."
"평등한 관계요?"
"그래, 평등한 관계. 평등한 관계란, 어느 한쪽이 더 우위에 있거나 어느 한쪽이 더 낮은 위치에 있지 않은 관계를 말해요. 평등한 관계에서는 두 사람 중 누구든, 언제든, 편안하게 자신이 원하는 것이나 자신이 불편하게 느끼는 것을 말할 수 있는 거랍니다!"

잠자코 이야기를 듣던 유미가 손을 들고 질문했어요.
"선생님! 저희 부모님은 나이 차이가 10살이나 나시거든요. 그래서 저희 엄마가 아빠한테 존댓말을 하실 때도 많고요. 그럼 저희 부모님은 불평등한 관계인가요?"
유미의 걱정 어린 목소리에 다른 친구들까지 자못 심각해졌어요.

"그렇게 생각할 수 있지. 하지만 관계에서의 평등함은 나이와 상관없답니다.
선생님이 평등한 관계 체크리스트를 알려줄 테니 잘 기억해두세요!

1. 상대방이 내 개인적인 물건(핸드폰, 일기장 등)을 보는 게 당연하다? (X)

– 누구에게나 나만의 비밀, 다른 사람에게 보여주기 싫은 것이 있는 법이에요. 만약 나와 교제하는 상대방이 "우리 사이에 이런 것도 못 보여줘?"라고 하며 나의 비밀을 모두 들추려고 한다면, 그래서 나는 싫지만 상대방이 서운해할까 봐 보여주게 된다면! 그건 평등한 관계가 아닙니다!

2. 내 친한 친구도 상대방이 싫어하면 만나기 꺼려진다? (X)

– 교제하는 관계의 두 사람은 다른 사람들보다 훨씬 더 친밀한 사이인 것은 맞아요. 하지만 나에게 교제하는 이성이 있다고 해서, 내가 상대방하고만 교류해야 하는 것은 아니에요. 친구들이나 선배, 후배들을 만나서 친하게 교류하는 건 당연한 거죠. 그런데 상대방이 내가 다른 사람들과 만나는 걸 싫어한다? 그래서 나도 어쩔 수 없이 상대방의 의견을 따라 다른 사람들과의 만남이나 연락을 피한다? 삐!!!!! 그건 평등한 관계가 아닙니다!

3. 상대방의 부탁을 거절해도 관계에 문제가 없다? (O)

– 누구에게나 부탁할 권리, 그리고 그 부탁을 거절할 권리가 있어요. 상대방이 나에게 부탁을 했고, 나는 그것을 들어주고 싶지만 그럴 수 없다면 언제든 편하게 거절해도 괜찮아요. 다만 상대방의 기분이 많이 상하지 않도록, 거절할 수 밖에 없는 이유를 설명하고 다른 대안을 제시하는 것이 좋겠죠.

4. 서로의 관계에서 불편한 일을 편하게 얘기할 수 있다? (O)

– 부모와 자식 관계에서도, 형제자매의 관계에서도, 불편한 일은 항상 생긴답니다. 서로 다른 사람들이 함께 생활할 때 갈등이 생기는 것은 자연스럽고 당연한 일이에요. 당연히 교제하는 사이에서도 갈등은 생길 수 있죠. 이때 평등한 관계라면, 내가 어떤 점이 불편한지 편안하게 얘기할 수 있어야 해요. 서로 느끼는 불편함을 조금씩 개선해나가는 게 더 깊은 관계로 발전할 수 있는 건강한 방법이랍니다!

자, 이제 내가 교제를 하게 되더라도 평등한 관계인지, 불평등한 관계인지 알 수 있겠죠?"

"…저, 선생님!"
이야기를 마무리하려는 유후 선생님을 리아가 급히 불렀어요.

"응? 우리 리아, 왜 그래요?"
"저… 제가 예전에 같은 학원을 다니는 오빠에게 고백을 받아서 잠깐 사귄 적이 있었거든요. 그때 그 오빠가 저한테 평소에 치마 입고 다니지 말라고, 치마는 둘만 있을 때만 입으라고 했어요."
'헉! 리아 치마 좋아하는데!'
세린이는 리아의 말을 듣자마자 불끈 화가 치밀어 올랐어요.

"그래, 그랬구나. 그때 리아 기분은 어땠니?"
"저는 평소에 치마를 좋아해서, 오빠가 너무 심하게 참견한다는 생각이 들었지만… 그래도 그 오빠가 저를 너무 예뻐하고, 그래서 저를 아껴주는 거라고 생각했어요."
"결국 리아는 리아가 원하는 게 아닌데도, 아니, 리아가 원하는 것을 상대방의 생각에 따르느라 하지 못했구나. 어때, 지금 와서 생각해보면 그 관계가 평등한 관계였다는 생각이 드니?"
"…아니었던 것 같아요. 생각해보면 좀 답답한 기분이 들어서 금방 헤어졌던 것 같아요."
"그랬구나. 리아의 이야기를 나누어줘서 고마워. 방금 리아가 얘기한 사례처럼, 이성 교제를 하다 보면 사랑을 이유로 상대방에게 '이거 하지 마, 저거 해' 또는 '너한테 이건 안 어울려. 내가 널 잘 알잖아'라고 하며 자신의 생각을 강요하거나, 자신의 생각대로 상대방을 조종하려는 사람이 있을 수 있어요."

유후 선생님은 한 템포를 쉬고 말을 이었어요.

"하지만 나 자신을 조종할 수 있는 것은 누구밖에 없다?"
"나 자신이요!"
모두가 답답했다는 듯이 큰 소리로 외쳤어요.
"상대방이 부담을 느낄 만한 제안은 처음부터 안 하는 것도 중요하겠어요."
진지하게 수업을 듣던 세린이가 덧붙였어요.

"맞아요. 일단 교제를 시작한 사이에서는 서로 배려하는 마음이 커서 거절하기가 쉽지 않으니 무리한 부탁이나 제안을 삼가는 게 좋죠.
그리고 부탁과 제안을 받은 사람은, 거절을 두려워하지 마세요. '이게 정말 내가 원하는 것인가'를 잘 생각해보고 결정하길 바라요. 교제를 하는 건 서로가 행복하기 위해서인데, 한 사람만 행복한 건 바람직하지 않으니까요."

지우는 선생님의 말씀을 듣고 마음속으로 다짐했어요.
'그래. 나와 세찬이 모두가 행복하기 위해서는 서로 존중하고 배려하면서도 나 자신을 사랑하고 아껴줘야지!'

"선생님은 이성 친구를 사귀는 것이 대화하는 법, 경청하는 법, 고마움과 미안함을 표현하는 법을 익히는 좋은 기회라고 생각해요. 그래서 여러분이 이성교제를 하는 것을 말리거나 혼내고 싶은 생각이 전혀 없답니다! 그러니 앞으로 세찬이와 지우처럼 혹시 이성교제를 하게 되거나 하고 싶다면 선생님이나 부모님께 꼭 알려주세요. 여러분이 멋진 남자친구, 여자친구가 될 수 있도록 도와줄게요!"

유후 선생님의 말에 친구들은 저마다 고개를 끄덕이며 미소를 지었어요.
정말 선생님에게 조언을 구한다면 행복하고 즐거운 이성교제를 할 수 있을 것 같았거든요.

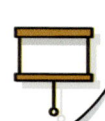

유후~쌤과 생각해보는 **이성교제**

맞아요, 이성교제를 하면 세찬이 말처럼 기분이 좋아지기도 하고, 시오 말처럼 나와는 다른 성을 가진 친구들의 특성을 보다 잘 이해할 수 있게 돼요.

그렇다면 한편으로 이성교제 시 생각해야할 점은 뭐가 있을까요?

흠... 여러분! 우리가 세상에서 가장 사랑하고 아껴야 할 대상이 누구죠?

나 자신이요!!!

맞아요.

내가 소중하듯 상대가 소중하고, 상대가 소중하듯 내가 소중하기 때문에 서로가 원하는 것과 원치 않는 것을 존중해야 한답니다!

부모님께

초등학교 고학년이 되면 자녀들은 서서히 이성에 눈을 뜨게 됩니다.

평소에 함께 놀며 가까이 지내던 친구들도 달리 보이고, 주변에서 보고 들으며 의도치 않게 이성교제에 대해 접하는 정보도 많아지죠.

이때, 어른들이 억지로 이성에 대한 관심을 막거나 이성 교제를 금지하는 것은 오히려 호기심과 욕구를 자극할 수 있어 바람직하지 않습니다. 자녀가 이성 친구에게 관심을 보이기 시작한다면 있는 그대로 들어주시고 물어봐주세요. 아이가 언제든 자연스럽게 자신의 생각과 궁금증을 부모님께 나눌 수 있도록 분위기를 만들어주시고, 이성 친구가 생기면 부모님께서 진심으로 축하하고 좋은 교제를 위해 도와주실 것이라는 믿음을 심어주세요.

그리고 자녀가 이성교제를 시작했다면 학교의 담임 선생님에게도 그 사실을 알려주세요. 선생님이 그 부분을 조금 더 관심 있게 봐주시고 건강한 교제를 위해 도움을 주실 거예요.

3. 윽! 땀 냄새!

슛~~~ 골인!!!!!!!!!
2:1 승리!!!

수업이 끝나고 옆 반과의 축구경기에서 기가 막힌 역전 골을 성공시킨 세찬이는 기분이 좋았어요.
"다녀왔습니다~"
"응. 기분이 되게 좋아 보이네?"
"네! 오늘 진짜 재미있었어요. 첫 골을 먼저 먹어서 질 뻔했는데. 은철이가 동점골을 넣었고요. 후반전 거의 5분 남기고 은철이가 패스를 깔끔하게 발 앞에 떨궈줬고, 나는 침착하게… 요럴 때 세게 차면 뻥 날아가버리거든요. ㅋㅋㅋ 그래서 살짝 인사이드로 방향만 바꿔서 살짝 톡 차니 키아~~~!!!! 우리 반 애들 다 난리가 났어요. 이걸 유튜브 영상으로 남겼어야 하는데. ㅋㅋㅋ"
"역시 우리 아들! 장하다!!"
"배고파요. 밥 주세용~"
"네가 좋아하는 명란계란찜 해줄게. 얼른 씻고 오렴!"
"안 씻어도 되어요~ 오는 길에 땀 다 식었어요."

"에엥? 세찬아! 땀 냄새 나~"
"에이~ 어차피 내일 아침에 씻을 건데요. ㅎㅎㅎ"
"옴마야. 여학생들이 막 뭐라 안 하디? 냄새 난다고? ㅎㅎ"
"헙;;"
세찬이는 체육시간 끝날 때마다 여학생들이 냄새 난다고 구박했던 것이 생각 났습니다. 더군다나 사귀기로 한 지우 생각에 얼른 씻어야겠다 싶어 화장실로 달려갔죠.
"웬일로 이렇게 말을 잘 듣는댜? 다 컸네. ㅎㅎ"

다음 날 똥글 선생님의 건강교육 시간!
"오늘은 몸 냄새 관련해서 이야기해줄게요."

세찬이는 뜨끔했어요.
'아아…. ㅜㅜ 누가 내 이야기를 했나. ㅜㅜ'
괜히 지우를 힐끔 보는데 지우는 똥글 선생님 이야기에 집중하고 있었죠.

"사춘기가 되면, 호르몬 분비도 왕성해지고 활동이 많아지면서 피지나 땀도 많이 나게 되어요. 퀴즈! 우리 몸에서 땀이랑 가장 비슷한 성분은 뭘까요?"
"눈물이요!"
"땡!"
"콧물이요!"
"땡!"
"침이요?"
"땡~! 너무 얼굴 쪽에서만 답을 찾는데요. 더 아래쪽으로 내려가보세용."
"설마 오줌인가요?"

"딩동댕!"

세찬이가 소리쳤어요.
"으아아악!! 피부로 오줌을 싼다고요!!!"
지우가 세찬이를 돌아보고는 웃었어요.

"ㅎㅎㅎ 약간 농도가 옅은, 희석된 소변과 성분이 거의 비슷해요. 땀 자체는 냄새가 별로 나지는 않지만, 우리가 먹는 음식에 따라 냄새가 달라질 수 있어요. 본인 땀 냄새는 잘 모르지만, 다른 사람들은 예민하게 느끼기도 하고요."
"그럼 꾸리꾸리한 음식을 먹으면 고약한 냄새가 나는 건가요?"
"하하하, 그렇지만은 않죠. 땀 속에 있는 지방산이 피부에 있는 세균에 의해서 분해되고 부패되는 과정에서 악취가 날 수 있어요. 쉽게 이야기해서 땀이 썩는 거예요."
"으…"
"실제로 식초가 만들어지는 과정과 비슷하고 그래서 시큼한 냄새가 나죠."

세찬이는 본인 몸에서 냄새가 나는지 슬쩍슬쩍 맡아봤어요. 아까 쉬는 시간에 뛰어다녔던 생각이 났거든요.

"또 퀴즈! 우리 피부의 세균들은 따뜻하고 습기가 많은 곳을 좋아해요. 그런 부위가 어디일까요?"
"겨드랑이요!"
"그렇죠! 접혀 있는 부위니까요!"
"발이요~"
"이것도 정답!"

"엉덩이?"

"오래 앉아 있으면 그럴 수 있죠. 사타구니라고 불리는 팬티 라인으로도 땀이 잘 날 수 있고요. 자, 땀 냄새를 없애려면 어떻게 해야 할까요?"

"잘 씻어야 해요!"

"그렇죠! 하루 한 번은 꼭 샤워를 하고, 특히 아까 이야기한 겨드랑이, 사타구니, 발은 더 신경 써서 비누칠하고, 잘 씻어내고, 잘 말려야 해요. 여름에는 아침저녁으로 샤워를 해도 좋겠죠? 그리고 시도 때도 없이 뛰어다니는 친구들은 매번 샤워하긴 힘드니 틈날 때마다 겨드랑이와 발만이라도 잘 씻어줘야죠. 그리고 잘 건조시키는 것도 중요하고요!"

세찬이는 진지하게 수업을 듣는 지우를 보며 꼭 잘 씻어서 깨끗한 남자친구가 되어야겠다고 다짐했어요.

"그리고 또 한 가지, 속옷과 양말을 최소 하루 한 번은 갈아입어야죠. 축구 경기가 있는 경우에는 갈아입을 속옷과 양말을 준비해서 운동한 후에 씻고 갈아입고요."

남학생들은 서로 쳐다보며 멋쩍게 웃었어요.

"그리고, 또 다른 냄새- 입 냄새도 좋은 생활습관을 잘 지키면 미리 예방할 수 있어요. 치과의사를 꿈꾸는 지우가 준비했으니 잘 집중해서 들어요!"

"오올~"

"오늘 발표를 맡은 한지우입니다. 입 냄새를 제거하기 위해서는 무엇보다 올바른 양치질 습관이 중요합니다. 하루 4번, 식사 직후 3분 이내에, 3분 동안 양치질하기. 다 아시죠?"

"왜 하루 3번이 아니고, 4번인가요? 아침, 점심, 저녁밥 총 3번 아니에요?"

"네, 좋은 질문입니다. 예전에는 식사 후에 하루 3번만 양치하면 된다고 했는데 요즘에는 자기 전 1번이 추가됐어요. 자는 동안 입 속 세균이 번식하기 쉽기 때문이죠!"

지우의 야무진 설명에 친구들은 다같이 고개를 끄덕였어요.

"그리고, 이를 닦는 방향이 중요합니다. 좌우로 닦지 말고, 위아래로 치아 사이사이를 쓸어내듯이 닦아줘야 해요. 그리고 칫솔로 잘 제거되지 않는 음식물이 끼어 있을 때는 어린이용 치간칫솔이나 치실을 사용하면 됩니다."

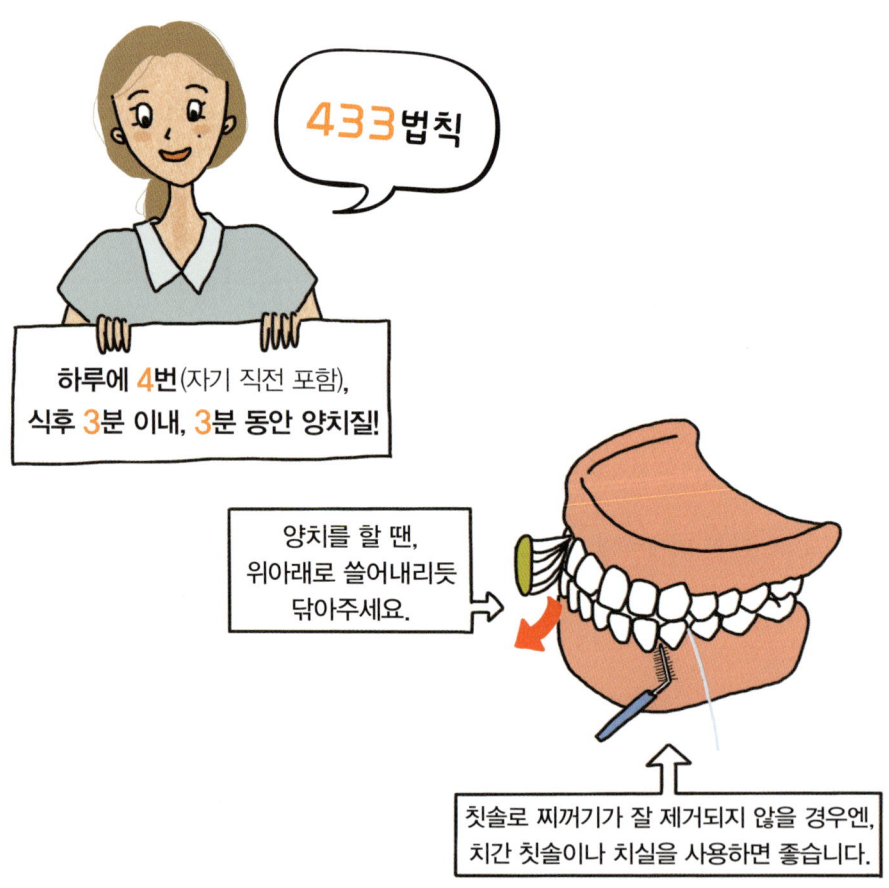

세린이가 물어봤어요.
"오오, 치실 한 번도 안 써봤는데, 아프지는 않나요?"
"너무 세게 하면 잇몸이 상할 수 있으니 살살살 앞뒤로 부드럽게 사용하면 아프지 않고 시원해요!"
시오와 은철이가 소곤댔어요.
"지우, 발표 되게 잘한다."
"그러게. 진짜 치과의사 샘 같아."
여자친구인 지우가 칭찬을 듣자 세찬이는 괜히 기분이 좋아졌어요.

"칫솔은 두 달에 한 번은 교체해주는 것이 좋고요. 6개월에 한 번씩은 치과 검진을 받는 것도 중요합니다. 그리고 구취를 없애기 위해 추천하는 혀 클리너! 혀 위에 있는 설태를 제거하는 건데요. 구취의 주요 원인이 설태라고 해요. 칫솔로 할 수도 있지만, 혀에 자극을 덜 주는 혀 클리너를 쓰는 것이 더 효과적이에요. 양치질 다 하고 살살살 설태를 닦아주세요. 마지막으로 주의사항이 있어요!"

모두 눈을 반짝이며 집중했어요.
"혀 클리너를 너무 목구멍 가까이 넣으면… 우웩. 구역질이 날 수도 있어요. ㅋㅋ 끝!"
"ㅋㅋㅋㅋ"
"재미있고 유익한 발표를 해준 지우에게 큰 박수를 쳐주세요."
지우는 발표를 마치고 들어오며 유미와 하이파이브를 했어요.
"아주 깔끔한 발표였어! 역시 지우!"

리아도 지우의 발표에 박수를 칠 수밖에 없었지만, 질투심이 스멀스멀 올라오는 것은 막을 수가 없었어요.

4. 19금
야한 동영상의 유혹

수업이 모두 끝난 방과후 시간, 튼튼초 남자화장실에서 이상한 소리가 들립니다.
속닥속닥, 키득키득.
한껏 숨죽인 감탄사까지. 도대체 무슨 일일까요?

이 소리의 주인공은 바로, 은철이와 옆 반 남자아이들입니다.
"드디어 가입 성공~"
"ㅋㅋㅋㅋ 언빌리버블!"
"어떻게 성공한 거야?"
"엄마 주민등록번호를 외웠지. ㅎㅎㅎ"
"오올~ 천잰데!"

열네 살이 되기 전에 알아야 해 – 몸과 마음

아이들이 빨려들어갈 듯 몰입하는 동영상 속에서는 신음소리가 연이어 나왔어요. 볼륨을 최대한 줄였는데도 워낙 다들 숨죽인 탓인지, 기묘한 신음소리는 화장실에 가득 퍼지네요. 그때, 옆 칸에서 물 내려가는 소리가 들렸어요.

"으악!!"
시오였지요.

"아이, 깜짝이야. 난 또 선생님인 줄 알았네."
"김은철! 뭐 보는 거야?"
"야동. ㅋㅋ"
"잉? 그거 우리는 못 보잖아?"
"다 방법이 있지 ㅋㅋ 너도 볼래?"
"난 관심 없어~"
"뭐야~ 은시오. 너 고자 아냐? ㅎㅎㅎ 이게 얼마나 화끈한데 관심이 없어!"
"유치하기는 ㅎㅎ 나 먼저 간다!"
"한번 보면 멈출 수 없을걸. 으흐흐~"

그날 저녁, 시오는 화장실에서의 대화가 생각났어요. 도대체 뭐길래 그런 희한한 소리를 내는지, 친구들은 뭘 그렇게 낄낄거리며 좋아하는지. 나쁜 짓 같아서 안 보겠다고 했는데 궁금하기도 하고.
'뭐라고 검색하는 걸까… 야동… 이라고 하면 되려나?'
그렇게 시오가 검색창에 '야동'이라고 쳐보니
"청소년에게 노출하기 부적합한 검색결과를 제외하였습니다. 연령 확인 후 전체결과를 보실 수 있습니다."라는 메시지가 바로 뜨네요.

시오는 약간 오기가 생겨서 다른 단어들로 검색을 하다보니 이상한 광고 사이트로 연결되고는 계속 광고 창이 뜨는 게 아니겠어요? 지우고 지워도 계속 뜨더니 스마트폰에서 삐삐삐 소리가 나기 시작했지요. 겁이 나서 얼른 전화기를 껐다가 켜봤는데 이제는 화면이 잘 켜지지 않네요. 불안한 마음을 안고 잠을 자는 둥 마는 둥하고는 다음 날 아침 부모님에게 곧장 말씀드렸어요.

"스마트폰이 고장 난 거 같아요."

"응? 산 지 얼마 안 된 거잖아? 아빠한테 줘봐."

"그래, 아빠가 엔지니어이시잖니. 뚝딱 고쳐주실 수 있을 거야."

"아… 네."

시오 아버지는 뚝딱뚝딱 폰을 만지더니 말했어요.

"음, 아무래도 악성 바이러스에 노출된 것 같네. 데이터가 다 날아간 거 같아."

"네? 아우… 괜히 그 사이트에 들어가서. ㅜㅜ"

"응? 무슨 이야기니?"

"음… 아… 사실은…."

시오는 아버지에게 사실대로 이야기했어요.

"하하, 그랬구나. 음란물 사이트는 문제 있는 경우가 많단다. 너도 친구들도 한창 궁금할 수 있는 나이지. 앞으로는 조심하렴!"

"네…."

시오는 혼날 줄 알았는데 쿨하게 넘어가시는 아버지가 고마웠어요.

시오 아버지는 학부모 단톡방에 회의를 열었어요.

- 시오 아빠 : 이러이러한 일이 있었습니다. 다른 부모님도 신경 써주셔야겠어요.
- 세찬 엄마 : 안 그래도 며칠 전 세찬이도 뭔가 숨기는 것 같더라고요.

- 은철 아빠 : 방에서 이상한 소리가 나서 들어가면 깜짝 놀라면서 숨기던데 그거였나 보군요.
- 유미 엄마 : 여학생들끼리도 서로 야한 이야기를 하며 궁금해하는 경우가 있나 봐요.
- 세린 엄마 : 아무래도 유후 선생님과 똥글 선생님께 음란물에 대한 교육을 부탁드려야 할 것 같아요.
- 지우 아빠 : 그렇게 해주시겠어요? 두 분이라면 우리 아이들에게 잘 설명해주실 수 있을 거 같아요!

다음 날, 똥글 선생님이 이야기 하나로 수업을 시작했어요.

"퀴즈를 하나 낼게요. 사과를 파는 사람이 한 명 있어요. 사과의 색깔이 좀 더 빨간색이면 더 맛있어 보이고 잘 팔릴 거 같아서, 색소로 칠하려고 해요. 자연 색소는 만들기도 어렵고 비싸서 그냥 저렴한 색소를 쓰기로 해요. 사람이 먹으면 몸에 해롭겠지만 그래도 뭐 껍질 먹는 사람은 별로 없으니까 괜찮겠지, 하고요. 그러고는 사과가 잘 팔렸어요. 사과장수는 더 많은 사과에 빨간색 색소를 칠하죠. 도대체 이 사과장수는 왜 그럴까요?"

"사과 많이 팔아서 돈 벌려고요."
"진짜 양심 없네요. 그런 사람들은 혼나야 해요. 못된 사람 같으니!"
"그럼 현실에서 일어나기 힘든 상황을 연출해서, 과장되고 왜곡된 성행위를 담은 음란물을 만드는 사람들은 왜 그럴까요?"

"음란물이 뭐예요?"
그런 말을 처음 들어본 세린이가 질문했어요.

"아, 음란물이 무엇인지부터 설명해야겠군요! 음란물은 사람들의 성적 욕구를 자극하려는 용도로 만들어진 책, 그림, 사진, 영상 등인데, 특히 건전하거나 건강하지 않은 방식으로 사람들의 성적 욕구나 수치심만을 자극하기 위해 만들어진 것을 말해요."
"돈 벌려고요?"
"그렇죠. 아주 간단해요. 색소로 칠한 빨간 사과는 겉으로 보기에 자연스러운 사과보다 훨씬 예뻐 보일 거예요. 사과를 사러 온 사람들의 눈길을 끌기도 쉬울 거고요. 누군가는 너무 예쁜 나머지 그 사과만 골라서 살 수도 있어요. 하지만, 인공 색소를 칠한 사과를 먹으면 어떻게 될까요?"
"건강에 해롭겠죠?"
"맞아요. 이처럼 음란물 시청은 여러분의 정신 건강을 해칠 수 있고, 그 내용을 흉내 내려다가 신체 건강을 해칠 수도 있어요. 특히 여러분처럼 막 호기심이 생기는 친구들을 살살 꼬셔서 처음에는 무료로 영상을 보게 해주다가 유료 결제로 이어지게 하려는 의도가 있을 수 있어요."

시오는 어제 화장실에서 만난 친구들이 생각났어요.

"여러분은 이미 다 배워서 알고 있어요. 우리가 성(性)이라고 부를 수 있는 범위는 매우 넓어요. 1, 2학년때 배운 것처럼 남성과 여성의 성기가 다른 것도 성(性)이고요. 2차성징으로 나타나는 남성의 발기, 몽정, 유정, 여성의 월경, 배란, 냉 모두 성(性)에 해당하는 내용이에요. 그리고 연인이 데이트하는 것도, 부부가 서로를 사랑하고 존중하고 아끼는 과정도 성(性)에 관한 부분이죠. 당연히 성관계, sex

역시 성(性)에 속하고요. 건강한 아이를 만들기 위한 노력, 임신의 모든 과정, 임신 중 부부와 가족들의 태교, 출산, 모유수유를 포함한 육아의 힘든 과정도 크게 보면 성(性)에 포함되어요. 그러니까 성교육 시간에 이 많은 이야기를 담은 거죠."
유미가 물었어요.
"여드름 이야기도 성(性)에 속하나요?"
"그럼요! 2차성징으로 왕성해진 호르몬의 영향을 받으니 이 또한 성(性)이야기에 들어갈 수 있죠. 여러분의 들쑥날쑥하는 감정변화도, 갑자기 심해진 몸 냄새도 모두요. ㅎㅎ"
세찬이는 괜히 찔려서 본인 몸에서 냄새가 나는지 킁킁거렸어요.
"하하하."
"그런데, 음란물에서는 이 많고 많은 성(性) 이야기들을 다 빼버려요. 예를 들어 남녀 이야기만 한다고 가정해봅시다. 둘이 처음 만나서, 어떤 상황을 통해 서로에게 호감을 갖고, 마음을 표현하고, 신뢰를 쌓는 과정은 없어요. 그냥 바로 성관계, sex만 보여주는 거예요. 이게 과연 현실에서 가능한 이야기일까요? 음란물에서 부각하는 신체 일부와 성관계들은 그저 여러분의 호기심을 자극할 뿐 아니라, 왜곡된 눈으로 세상을 바라보도록 만들 수 있어요. 현명한 튼튼초등학교 학생들이 이런 속임수에 넘어가서야 되겠나요!"

어느새 교실은 진지해졌어요. 그동안 음란물이 뭔가 이상하다 싶었는데 그 이유가 이거구나 싶었죠.

"그리고 또, 불법으로 다른 사람의 신체 부위 등을 몰래 촬영(불법 촬영)한 영상이나 사진들을 자꾸 찾아서 보는 사람들이 많을수록, 아 이게 돈이 되겠다 싶어서 계속 범죄행위를 하는 사람들이 많아지겠죠? 그럼 범인들은 더 교묘한 방법으로 사람들을 괴롭힐 거고요."

똥글 선생님의 설명을 들을수록 은철이는 얼굴이 빨개졌어요.

"저, 최근에 부모님께서 뉴스를 보시다가 N번방? 그런 얘기가 나오니까 엄청 화내셨어요! 그것도 불법촬영으로 만들어진 건가요?"

세찬이의 질문에 선생님은 고개를 끄덕이며 말했어요.
"그래요. 요즘 사회적으로 아주 큰 문제가 되고 있죠. 요즘 어떤 사람들은 그런 영상을 만들 때 탈의실이나 화장실 같은 곳에 몰래 카메라를 설치해두고 불법촬영을 하거나, 심지어는 협박을 하거나 어떠한 대가를 준다고 거짓말하고 강제로 성적인 사진이나 영상을 찍게 하는 사람들도 있다고 해요. 그렇게 촬영된 사진이나 영상을 성착취물이라고 하는데, 그런 것들을 온라인 상에서 판매하며 돈을 버는 거죠!"

"헉! 그건 진짜 나쁜 짓 아니에요? 진짜 감방에 처넣어야 돼!!"
갑자기 은철이가 발끈해서 소리쳤어요. 자기가 지금까지 몰래몰래 보았던 영상들이 그렇게 만들어졌을 수도 있다고 생각하니 너무 화가 났던 거예요.

"그래, 은철아. 선생님 생각도 마찬가지예요.
이런 불법 음란물들이 온라인 상에서는 순식간에 퍼지기 때문에 범인을 찾아내기도 힘들고, 이미 퍼진 것은 삭제하기도 힘들겠죠."

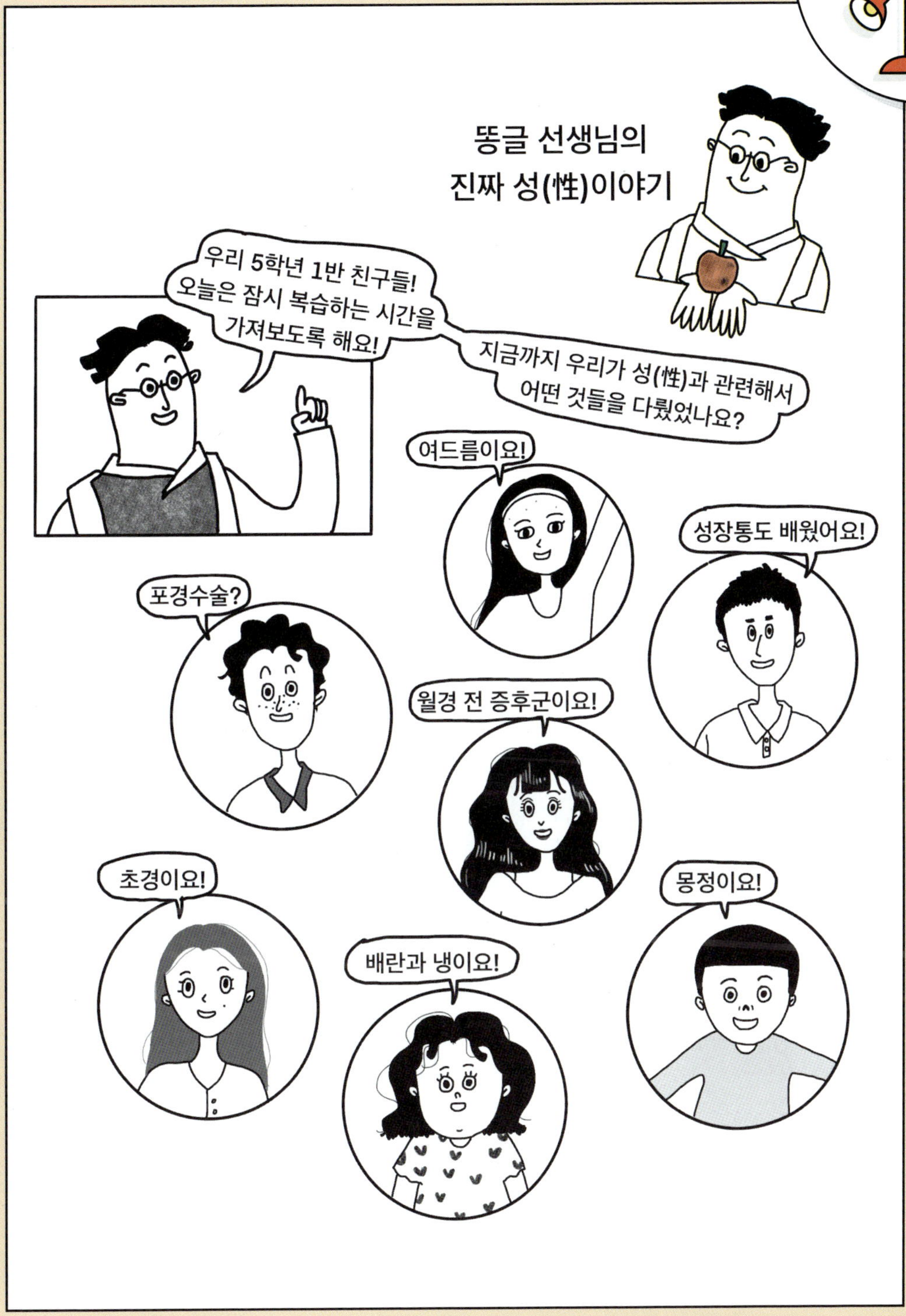

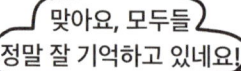

• 부모님께 •

호기심 강한 자녀들이 너무나 쉽게 접할 수 있는 음란물 때문에 걱정이 많으시죠? 부모님의 사춘기와 연애 이야기를 들려주세요. 음란물에서는 결코 찾을 수 없는 흥미진진하고 재미있는, 살아 있는 사랑 이야기요. 사춘기 시절 반항했던 이야기, 사고 쳐서 혼난 이야기도 좋습니다. 아름다웠던 추억이 있다면 더 좋고요. 이 과정을 통해 영상 속이 아닌, 현실 속에서의 성과 사춘기를 자연스럽게 배우고 익힐 수 있습니다.

음란물 중에서는 불법으로 촬영된 것도 있다는 내용을 들으니 은철이는 왠지 머리털이 쭈뼛 서는 것 같은 기분이 들었어요. 그냥 '야동'을 볼 때는 몰랐는데, 불법으로 만들어진 음란물일 수도 있다고 생각하니 죄책감이 생긴 것이었지요.

수업을 듣는 친구들의 모습을 관찰하시던 유후 선생님은 어두워진 은철이의 얼굴을 발견했어요. 이미 부모님들을 통해 음란물을 시청한 친구들에 대해 알고 있던 유후 선생님은 은철이가 궁금해할 만한 이야기를 꺼냈어요.
"지금 똥글 선생님께서 설명해주신 불법 음란물을 만든 사람은 처벌을 받을까요?"
"아, 당연하죠!"
"무조건 받아야 돼요! 협박이라니!!" 아이들이 마구 흥분해서 대답했어요.
"딩동댕! 그렇다면, 인터넷에 퍼져 있는 불법 음란물을 계속 찾아서 보는 사람은? 처벌을 받을까요?"
"그렇지 않나? 그런 거 보는 것도 나쁜 거잖아."
"그렇긴 한데, 인터넷에 떠돌아다니는 게 얼마나 많은데 우연히 봤다고 처벌을?"

"야, 그러면 나도 모르게 내가 죄를 짓고 있을 수도 있는 거 아니야? 너무 무섭다!"

아이들은 제각각 생각을 나누었어요.

그런 친구들이 충분히 생각할 수 있도록 기다리시던 유후 선생님은 말소리가 잠잠해지자 입을 열었어요.

"처벌을, 받습니다."

"네!!?!?!??"

교실 안은 놀람과 당황의 소리로 다시 소란스러워졌어요.

"지난 2020년 5월, 디지털 성범죄 처벌 관련 법이 강화되었어요. 이 법에 따르면 성적 불법 촬영물을 가지고 있거나, 돈을 주고 구매하거나, 저장하거나, 또는 시청만 해도 처벌될 수 있어요. 또, 내가 직접 만든 것이 아니더라도 사람들에게 퍼뜨리는 경우에도 처벌될 수 있고요."

· 부모님께 ·

위 법안의 개정 취지는 아래와 같습니다.

성폭력범죄의 처벌 등에 관한 특례법
[시행 2020. 11. 20.] [법률 제17264호, 2020. 5. 19., 일부개정]
텔레그램을 이용한 성착취 사건 등 사이버 성범죄로 인한 피해가 날로 증가하고 있는 바, 카메라 등 이용 촬영죄 등 성폭력범죄의 법정형을 상향하고, 불법 성적 촬영물의 소지·구입·저장·시청에 대한 처벌규정을 신설하는 등 관련 규정을 정비함으로써 사이버 성범죄로 인한 피해 발생을 미연에 방지하여 국민의 성적 자기결정권 등 기본권을 보호하고 범죄로부터 안전한 사회 조성에 기여하려는 것입니다.

유후 선생님의 말씀에 은철이의 두 눈이 똥그래졌어요.

선생님은 그런 은철이를 향해 따뜻한 눈길을 전하며 말씀을 이었어요.

"지금까지 여러분이 호기심에 본 음란물이 혹시 불법 촬영물일까 걱정되기도 하죠? 하지만 잘 모르고 본 것일 테니 너무 걱정하지 않아도 괜찮아요. 사실 사람들이 음란물에 관심을 갖는 것은 어쩌면 본능이에요. 사람은 누구나 성적 욕구를 가졌으니까요. 하지만 그런 것들만 찾아다니거나, 불법 촬영물인 줄 알고도 돈을 주고 구매한다면 정말로 문제가 될 수 있겠죠."

은철이는 선생님의 말을 단 한마디도 놓치지 않겠다는 듯이 선생님에게서 눈을 떼지 않았어요.

"누구나 성적 욕구를 가졌지만, 누구나 음란물에 빠지지는 않아요. 하지만 어떤 사람들은 왜 음란물에 빠져들까요? 미국의 심리학자 빅터 클라인이 연구를 했어요.

음란물에 대한 단계별 반응(빅터 클라인)
- 1단계 : 호기심이 생긴다.
- 2단계 : 더 자극적인 것을 찾는다.
- 3단계 : 음란물을 일반적이고 상식적인 것으로 생각한다.
- 4단계 : 음란물 속 상황을 실제로 실행해보고자 한다.

여기서 여러분은 몇 단계인지 한번 생각해보세요."

은철이는 속으로 생각했어요.

'음… 2단계쯤 될까…. 3단계까지는 아닌 거 같은데… 잘 모르겠다.'

"음란물에 중독된 경우 이성을 성적 대상으로만 바라보게 될 수 있어요. 건강한 만남이 아니라, 성적 욕구 해소를 위해 이성에게 접근하거나 그러한 욕구가 지나친 경우 범죄로 연결될 수도 있죠. 인간을 물건으로, 성을 상품으로 생각하게 되기도 하고요."
범죄 이야기가 나오니 교실이 조용해졌어요.

"또 한 가지. 성적 대상화의 다른 측면에서, 인터넷에서나 친구들끼리 혹은 이성 간에 서로 혐오하는 표현을 쓰는 것도 조심해야겠죠? 예를 들어 언젠가 남자 화장실에서 막 장난 치며 고자냐고 하는 이야기를 들은 적 있는데…"
은철이는 또 뜨끔했어요.

"우리 반에는 그런 학생들 없겠죠?
그리고 한남이라든가 김치녀 같은 표현을 쓰며 상대방을 혐오 어린 용어로 부르거나 비난하는 것은 옳지 않을 뿐 아니라, 성에 대한 고정관념을 가지게 될 수 있어서 주의할 필요가 있어요. 서로를 향한 존중과 배려, 이해하려는 태도 없이 부정과 비난만 하게 되면 상처를 주고, 상처를 받기 쉬워요.
처음에는 그런 혐오가 재미있어서 내 편은 무조건 옳고, 다른 편은 다 나쁘다는 편 가르기를 하게 될 수 있어요. 얼마나 쉬워요? 그런데 아무 이유도 없이 비난하고 다투고 마음 상하고… 그러다 보면 점점 내 주변에는 믿을 수 있는 친구도 없어지고, 외롭게 홀로 남고, 나 자신도 미워질 수 있으니까요."

선생님의 이야기를 들으며 학생들은 별 생각 없이 하던 말을 떠올리며 조금씩 마음에 걸리는 느낌이 들었어요.

"자, 그럼에도 불구하고 여러분처럼 혈기왕성하고 호기심이 넘쳐나는 시기에 음란물이나 혐오적인 단어 등이 궁금할 수 있어요. 그건 인정! 하지만 좋지 않은 결과가 불을 보듯 뻔하니 다른 방식으로 해소하는 것이 더 좋을 것 같아요. 어떤 방법이 있을까요?"

세찬이가 이야기했어요.
"무조건 밖에 나가서 뛰어요!"
"하하하하하."
"역시 세찬이! 맞아요. 우리가 집에 혼자 있고 심심하면 음란물이 더 궁금할 수 있어요. 밖에 나가서 축구도 하고 농구도 하고, 달리기도 하면서 몸을 움직여주고 땀도 흘리다 보면, 그 활동이 주는 재미 덕분에 음란물이 처음만큼 끌리지 않을 수 있겠죠."

세린이가 이야기했어요.
"저는 제가 좋아하는 그림 그리기를 할래요."
"오! 그것도 좋죠. 그림뿐 아니라 노래를 하거나 악기를 연주하거나 사진을 찍거나."

세찬이가 또 외쳤어요.
"동영상 촬영은요?"
"그럼!! 컨텐츠를 만들어내는 창작활동 너무 좋죠! 비트에 맞춰서 랩 가사를 쓰거나 새로운 안무를 구성해보거나 시나 소설을 쓰거나 맛있는 요리를 하는 과정 등의 이런 모든 활동은 우리의 뇌를 건강하게 자극시켜주고, 상상력과 창의력을 키워주죠. 음란물이 우리에게 주는 단순한 자극과는 차원이 달라요. ㅎㅎ"

리아가 슬며시 이야기했어요.
"명상도 도움이 될까요?"

똥글 선생님이 반가워했어요.
"그렇죠! 우리 리아가 명상하는 방법을 알려줘볼까요?"
"네!"
"똑바로 누워도 되고, 서서 할 수도 있지만, 우리는 지금 교실이니까 앉아서 해볼게요. 우선 음악이 필요해요. 유튜브에서 자연의 소리- 새소리나 바람 소리, 파도 소리 등을 배경음악으로 잔잔히 깔아주고요. 오늘은 파도 소리로 해볼게요."
쏴아아아~~ 철썩. 쏴아아아아~

"우오, 리얼해. 진짜 바닷가 같다!"
"허리를 구부정하게 하지 말고 똑바로 앉고요, 어깨에는 힘을 빼고 턱은 살짝 당기고요. 눈을 살짝 감아도 집중하는 데 도움이 되어요. 그러고는 코로 숨을 깊이 들이마시면서 아랫배까지 공기를 가득 채우는 거예요. 그러고는 천천히 입으로 내쉬는 거고요. 내 호흡에 집중을 하면서 천천히 호흡을 합니다."
모두 진지하게 리아의 명상을 따라 했어요.

똥글 선생님이 보충 설명을 했어요.
"호흡에 집중하기가 어렵다면, 내 입가에 미소가 생길 만한 행복한 기억의 한 장면을 떠올려서 집중해보세요."

은철이는 그 어느 때보다 더 깊이 명상에 빠져들었어요.
그동안 아무 생각 없이 재미로 음란물을 봤던 것에 대한 후회, 혹시라도 인터넷에서 야한 사진이나 영상의 섬네일을 보게 되더라도 명상이나 운동을 하며 보고 싶은 마음을 조금씩 참아보겠다는 다짐까지.

은철이에게 오늘 수업은 마음 깊이 새겨지는 귀한 시간이었지요.

세찬이는 눈을 감아도 지우 얼굴이 또렷이 떠올랐어요. 미소가 번지다가… 괜히 기분이 좋고 심장이 마구 뛰었죠.
'명상이 되는지 어떤지 잘 모르겠고 난 그냥 지우가 되게 좋다. ㅋㅋㅋ'

명상의 시간이 한 3분정도 지나고 나니 모두가 차분해진 표정이었어요.
"유후~ 어머나, 까불까불 친구들이 갑자기 맑은 표정이 되었네요. 앞으로 여러분 마음속이 시끌시끌할 때마다 명상의 시간을 가져야 할까 봐요~"
"선생님, 졸려요~"
"그러게요. 우리 한숨 자고 공부하면 안 되나요?"
"오, 그럼 여러분의 잠을 확 깨워줄 방법이 있죠. 10분 뒤에 쪽지시험?"
"아아앙~ 선생님~~"
"유후~ 농담이에요! 자 10분 동안 자연의 소리를 더 들려줄 테니, 명상을 마저 해도 좋고, 한숨 잠깐 자도 좋아요."
"넹~"

5. 너네 진짜 사귀는 거 맞아?

세찬이는 요새 고민이 생겼어요.
최근 지우와 교제를 시작하며 매일 함께 등·하교하고, 쉬는 시간마다 같이 시간을 보내다 보니 점점 이상한 마음이 들기 시작했거든요.

처음에는 그냥 둘이서 나란히 걷고, 지우의 얼굴을 쳐다보며 웃고, 방과 후에 같이 분식집에서 떡볶이를 사 먹는 게 너무 행복하고 즐거웠어요.
그런데 함께 하는 시간이 점점 길어지다 보니 이상하게 지우의 얼굴을 보다 보면 나도 모르게 입술을 쳐다보게 되고, 나란히 걷다가 팔이라도 스치게 되면 온몸에 전기가 찌릿 하는 느낌이 들었어요.

하루는 저녁 식사 후 가족들이 함께 과일을 먹으며 드라마를 보는데, 남자 주인공이 좋아하는 여자와 함께 공원을 산책하다가 은근슬쩍 여주인공의 손을 잡는 장면이 나왔어요. 그러자 여주인공이 부끄러워하면서도 좋아하는 것이 아니겠어요?
그 장면을 보며 세찬이는 마치 자기가 TV 속 남자 배우인 것처럼 얼굴이 확 달아올랐어요.

다음날 아침, 세찬이는 지우와 함께 등교하기 위해 지우네 집 앞에서 기다렸어요. 기다리던 지우는 오늘따라 예쁜 머리핀을 하고 나오며 세찬이를 향해 환한 미소를 보였어요.
그 모습을 보며 세찬이는 자기도 모르게 어제 본 드라마의 장면이 떠올랐어요.

"세찬아, 오래 기다렸어?"
"아니! 괜찮아. 오늘 머리핀 하고 왔네?"
"응… 어때?"
부끄러워하며 묻는 지우의 모습이 세찬이에게는 정말 사랑스러워 보였어요.
"예뻐."
세찬이의 대답에 지우는 가슴이 두근거렸어요.

말없이 학교를 향해 나란히 걷다가 세찬이는 용기를 내어 슬쩍 지우의 손을 잡았어요.
지우는 흠칫 놀랐지만 세찬이와 손을 잡고 걷는 것이 싫지 않았어요.
그렇게 두 친구는 서로에게 웃어 보이며 손을 잡고 등교했지요. 세찬이도, 지우도 가슴이 벅차올랐어요.

쉬는 시간, 갑자기 은철이가 세찬이에게 물었어요.
"세찬아, 너 근데 지우랑 사귀는 거 맞아? 그냥 혼자 좋아하는 거 아냐?"
"아니야~ 지우가 나 얼마나 좋아하는데!"
"그럼 뽀뽀는 해봤어?"
"응? 우리가 무슨 어른도 아니고 무슨 뽀뽀야."
"하하하, 그럼 사귀는 거 아니네. 뽀뽀해야 사귀는 거지."

시오까지 거들기 시작하네요.
"그러게. 그냥 사귄다 하면 끝인가. 아직 손도 못 잡아본 거 아니야?"
"응? 무슨 소리야! 손은 오늘 잡았어. 잠깐이긴 하지만…."
"오오올~~~ 들었어? 들었어? 둘이 손 잡았대!!!"

세찬이와 지우의 이야기에 근처에서 놀던 남학생들까지 귀를 쫑긋 세우고 모여들기 시작했어요.
"야, 어때, 어때? 손 잡으니까 무슨 느낌이야?"
"손 잡는 게 손 잡는 거지, 무슨 느낌이 있냐? 우리 매일 유후 쌤이랑 아침인사로 양손 잡고 인사하잖아! 그게 뭐가 특별해, 포옹 정도는 해야 특별하지!"

아이들은 저마다 신이 나서 떠들어대기 시작했어요.
친구들의 말에 발끈한 세찬이가 대꾸했어요.
"아니거든! 유후 쌤하고 아침인사 하는 거랑 느낌 완전 다르거든!"
"캬캬캬캬캬! 완전 다르대! 야, 그러면 한번 안아봐. 그럼 느낌 진짜 다를걸?"
"그래, 그래! 한번 안아보고 어떤지 알려줘. 진짜 궁금하다!"
어느새 잔뜩 모여든 친구들 앞에서 세찬이는 어쩐지 어깨가 으쓱한 기분이 들었어요. 친구들이 경험해보지 못한 일을 자신만 할 수 있다는 생각이 든 것이지요.

그날 오후, 학교가 끝나고 지우와 함께 손을 잡고 집으로 향하던 세찬이는 친구들의 이야기가 생각났어요. 손도 잡았겠다, 정말 포옹은 느낌이 다른지도 궁금했지요.

"지우야, 우리 공원 산책하다 가지 않을래?"
"좋아!"

그렇게 공원을 산책하며 이런저런 이야기를 나누던 지우와 세찬이는 커다란 나무 아래의 벤치 부근에 다다랐어요. 잠시 쉬었다 가려고 벤치에 앉았는데, 지우와 나란히 몸을 붙여서 앉으니 세찬이의 심장이 마구 두근거리기 시작했어요.

그런 세찬이의 마음을 아는지 모르는지 지우는 신이 나서 오늘 있었던 일을 조잘조잘 이야기했지요. 재미있었던 일을 말하며 웃는 지우의 얼굴을 보자 세찬이는 움찔했어요.

"지우야."
"응?"
"한번만 안아봐도 돼?"
"…응?"
세찬이의 말에 놀란 지우가 미처 대답도 하기 전에
세찬이는 지우를 끌어안았어요.
갑자기 세찬이에게 안긴 지우는 너무 놀라고 당황했지만
콩닥콩닥 빠르게 뛰는 세찬이의 심장 소리를
더 듣고 싶어 그대로 안겨 있었어요.
그렇게 조용히 안고 있는 두 친구의 심장 소리는
그 어떤 소리보다도 크게 느껴졌지요.

며칠이 지난 뒤, 쉬는 시간에 화장실을 다녀왔다가 칠판에 크게 써 있는 낙서를 보고 지우는 얼굴이 화끈거렸어요.

"둘이 안았다면서?"
"우어어어~~~"
"뭐야 뭐야~~~"
"둘이 곧 결혼하겠네. ㅎㅎㅎ"
지우는 세찬이와 둘만 아는 비밀 이야기를 다른 친구들이 알고 떠드는 상황이 화도 나고 부끄러웠어요.

'나는 세찬이가 좋기는 하지만… 이렇게 내 이야기를 여기저기 하고 다니다니.'
지우는 너무 속이 상해 세찬이와 이야기를 하고 싶지 않은 기분이었어요.
수업이 끝난 후 세찬이는 여느 때처럼 지우와 함께 하교하려고 다가왔어요.

"지우야, 오늘 같이 문구점 들렀다가 집에 갈래?"
"…아니. 나 오늘은 너랑 같이 안 갈래."
한껏 가라앉은 지우의 목소리에 세찬이는 어리둥절했어요.

"어? 왜? 무슨 일 있어?"
"…응. 나 먼저 간다."
그렇게 지우는 혼자 터덜터덜 교문 밖으로 나섰어요.

세찬이와 사귀기 전에는 항상 유미, 세린이와 함께 하교하곤 했는데, 요즘엔 지우가 매일 세찬이랑 같이 집에 가니까 친구들은 벌써 자기들끼리 하교한 상태였어요. 너무 오랜만에 세찬이도, 친구들도 없이 혼자 하교하던 지우는 갑자기 너무 쓸쓸한 기분이 몰려오면서 어쩔 줄을 몰랐어요. 자기 마음을 모르는 세찬이도 밉고, 어느새 멀어져버린 것 같은 친구들도 미워졌어요.

집에 돌아온 지우의 핸드폰이 울렸어요.
"깨톡!"
세찬이었어요.
"지우야, 집에 잘 갔어?"
지우는 세찬이의 메시지가 반가웠지만 곧바로 답을 하고 싶지는 않았어요. 여전히 둘의 이야기를 다른 친구들에게 소문 낸 세찬이가 미웠어요.
잠시 고민을 하던 지우는 세찬이의 메시지에 답장을 하는 대신 일기장을 꺼냈어요. 그러고는 오늘 있었던 일을 적어 내려가기 시작했어요.

다음 날, 일기장을 검사하던 유후 선생님은 지우의 일기를 읽고 고민에 빠졌어요.
'흐음, 두 친구랑 이야기를 나눌 때가 되었군.'
유후 선생님은 두 친구와 어떤 방식으로 이야기를 나눌까 고민이 되었어요.
잠시 생각을 하던 선생님은 전화기를 들어 누군가에게 전화를 걸었어요.
"네~ 유후 선생님, 무슨 일이세용?"

다름 아닌 똥글 선생님이었어요.
"안녕하세요, 똥글 선생님. 잠시 통화 괜찮으세요?"
"그럼요! 무슨 고민 있으세요?"
"어떻게 목소리만 듣고 그렇게 바로 아세요? 저희 반 세찬이와 지우의 일로 전화를 드렸어요."
"아~~ 인기남 세찬이랑 매력녀 지우가 사귀기로 했다죠? 그런데 전화 주신 거 보니 두 친구의 연애사에 문제가 생기기 시작한 모양이네요~?"
"하하하, 역시 똥글 선생님께서는 척하면 척이시네요. 두 친구가 예쁘게 교제를 시작했는데 말이죠…."

그렇게 유후 선생님은 똥글 선생님에게 지우의 고민을 털어놓았어요.
그리고 마지막으로 덧붙였죠.
"제가 둘을 불러서 이야기해도 되지만 그렇게 되면 세찬이 입장에서는 지우가 둘의 이야기를 선생님에게 다 말했다고 생각해서 싫을 수도 있고, 또 남학생의 마음은 남자 선생님께서 헤아려주시는 게 더 와닿지 않을까 싶어서 부탁드려요."
"부탁이라뇨, 유후 쌤! 세찬이는 지우의 일기에 대해 눈치 못 채게 제가 잘 에둘러서 대화해볼 테니 걱정 마세용!"
"고맙습니다, 똥글 선생님!"

다음 날, 유후 선생님은 학생들이 없는 빈 교실에서 지우와 이야기를 나누기 시작했어요.
"일기 잘 봤어, 지우야. 세찬이와는 어떠니?"
"엊그제부터는 친구들이 놀리거나 세찬이가 또 친구들에게 이야기할까 봐 걱정되어서 제가 세찬이를 좀 피하게 돼요."
"그래, 그럴 거야. 세찬이와 교제를 시작하고 나서 지우는 요즘 어떤 기분이 드니?"
"음… 사실 처음엔 그냥 너무 좋았어요. 세찬이와 사귀기로 하고 나서 설레고, 비밀스러운 단짝이 생긴 것 같았거든요. 같이 시간을 많이 보내니까 세찬이가 제 얘기도 잘 들어주고, 다른 친구는 필요 없겠다는 생각이 들 정도로 너무 좋았어요."

"지금은?"

"지금은… 어느새 제가 유미나 세린이랑 좀 멀어진 것 같더라고요. 그래도 세찬이는 아직도 남자애들이랑 축구도 하고 잘 어울리는데, 저는 이제 세찬이가 없으면 같이 집에 갈 친구도 없는 것 같아요."

"그럴 수 있어, 지우야. 특히 교제를 처음 시작했을 때는 서로 상대방에게만 집중하기 때문에 주변의 다른 사람들을 챙기지 못하게 되는 경우가 많단다. 아직 오랜 시간이 지난 건 아니라서 지금부터라도 다시 바로잡을 수 있으니 너무 걱정하지 않아도 괜찮아. 세찬이에 대한 지우 마음은 어떠니?"

"저는 여전히 세찬이가 좋아요. 사실… 어제는 같이 공원에서 산책을 하다가 세찬이가 절 끌어안았어요."

지우의 이야기를 듣고 유후 선생님은 짐짓 놀랐지만 티를 내지 않고 지우의 표정을 살피며 물었어요.

"그랬구나. 지우도 원하던 일이었니?"

"아뇨, 세찬이가 물어보긴 했지만, 제가 대답을 하기 전에 세찬이가 절 안았어요. 그런데 싫지는 않았어요! 좀 놀라긴 했지만… 그걸 다른 친구들에게 소문 내지만 않았으면 좋겠어요."

"그래… 지우의 이런 마음을 있는 그대로 세찬이에게 표현할 수 있겠니?"

"그러고는 싶은데… 제 말을 듣고 세찬이가 기분 나빠하거나 저를 싫어하게 될까 봐 걱정돼요."

"물론 그런 걱정이 들 수 있어. 하지만 지우야, 이성 교제를 하는 것은 두 사람이 모두 행복하기 위해서인데 한 사람이 다른 사람을 위해서 자신의 감정을 숨긴다면 그걸 진정한 행복이라고 볼 수 있을까?"

지우는 말없이 고개를 저었어요.

"지금 지우도 하고 싶은 이야기를 제대로 하지 못해서 마음이 힘든 거잖니. 지우가 세찬이를 존중하면서 지우 마음을 잘 표현한다면 세찬이도 분명 이해할거야. 정말 좋은 관계는 서로의 생각을 존중하고, 한 사람만의 생각대로 끌고 가지 않는 관계란다."
"그런데 만약에, 정말 만약에요. 세찬이가 제 생각과 다르다면요?"
"충분히 대화를 나누었는데 서로 생각이 달라 마음이 맞지 않는다면, 그리고 의견이 좁혀지지 않는다면 억지로 내 의견을 굽혀서 교제를 이어갈 필요는 없단다. 두 사람이 더 이상 남자친구, 여자친구가 아니더라도 둘의 관계가 아예 끊어지는 건 아니야. 이성친구이기 전에 둘은 소중한 친구였잖니. 다시 좋은 친구 사이로 돌아갈 수 있을 테니, 교제를 끝내야겠다는 생각이 들면 상대방에게 자신의 마음을 설명하고 대화를 나눠서 교제를 끝내면 된단다.
무엇보다 선생님은 지우가 이번 기회를 계기로 스스로를 더 잘 사랑하고 아낄 줄 아는 사람이 되었으면 해."

선생님의 따뜻한 말에 지우는 조용히 고개를 끄덕였어요.
유후 선생님은 그런 지우를 따스하게 안아주었어요.

집에 돌아온 지우는 곰곰이 생각에 잠겼어요.
세찬이와 손을 잡은 일, 포옹을 한 일, 그리고 그것들이 모두 소문이 나 있던 일까지 하나씩 되돌아보며 진정으로 지우 자신이 원하는 것이 무엇인지를 찾아가는 시간을 보냈지요.

6. 모르는 오빠와 사귀게 되는 건가!

유미는 요즘 단짝 지우가 세찬이와 교제한다는 이야기에 마음이 싱숭생숭해요. 안 그래도 웹소설에 등장하는 연예인과의 사랑이야기에 푹 빠져 있었거든요. 박력 있는 키스 장면을 보면서 도대체 어떤 기분일까 궁금하기도 하고요.

"여자는 자기를 좋아해주는 남자를 만나야 행복하다?"
"여자는 성에 무관심해야 한다?"

오늘 친구들하고 했던 이야기도 떠올랐어요.
'호기심이 생기는 나는 변태인가? 나는 마음에 드는 사람 생기면 먼저 고백하고 싶은뎅? ㅎㅎㅎ 이런 웹소설 보는 것도 뭔가 잘못하는 것 같은 죄책감도 들고…. 에잇, 몰라. 랜덤 채팅이 재미있다는데 한번 해볼까? 음… 아이디는 '외롭다…' ㅋㅋ'

– 안녕! 프사 보니 귀엽게 생겼네!

'헉, 연예인처럼 잘생겼다.'
– 안녕하세요.

– 무슨 고민이 있어?

– 네?

– 외롭다고 써 있어서.

– 아… 그건 그냥… 최근에 제일 친한 친구가 남자친구가 생겨서요.

– 응? 넌 남친 없고?

– 아, 네.

– 왜? 이쁘게 생겼는데 왜 없지?

'내가 이쁘다고? 두근두근.'

랜덤채팅

– 몇 살이에요?

– 나는 예고 다녀. 고1.

– 와. 예술고등학교요! 멋지다!!

– ㅎㅎ 뭘. 넌… 중 2쯤 되려나?

– 아니에요. 초 5요

– 그렇구나. ㅎㅎ 이렇게 이쁜 초등학생이라니.

'자꾸 이쁘다고 말하네.'

– 오빠는 여자친구 있어요?

– 얼마 전에 헤어졌어.

– 아, 그렇구나….

– (핫초코 선물 쿠폰이 도착했습니다)

– 응? 이거 저 주시는 거에요?

– 응. ㅎㅎ 외롭다길래. 외로울 때는 달달한 게 최고지.

'이거 받아도 되나? 기분이 좋기도 하고 막 부담이 되지는 않는데….'

- 넌 무슨 노래 좋아해?
- 힙합이요!
- 오… 노래 잘하나 보네?
- 그냥 뭐… 친구들이 저보고 좀 잘한다고. ㅎㅎ
- 이야!!! 내일 친구들이랑 노래방 가기로 했는데 너도 같이 갈래?
- 네? 저요?
- 응! 이쁜데 노래도 잘 한다니 만나보고 싶다! 이름이랑 전화번호 알려줘!

유미가 자신의 이름과 연락처를 쓰려고 하는 찰나, 엄마가 부르는 소리가 들렸어요.
"유미야, 밥 먹으렴~ 네가 좋아하는 카레 해놨당!"
"네!"

- 네. ㅎㅎ 유미에요. 임유미. 전화번호는 010-****-****. 오빠, 잠깐만요.
  밥 먹으러 갔다 올게요.
- 그래, 밥 맛있게 먹어!

유미는 식탁에 앉아서도 아까 채팅이 계속 머릿속을 빙빙 돌았어요.

'고등학생 오빠가 나보고 자꾸 이쁘다고 하네….
하긴 내가 노래하는 거 보면 뿅 하고 첫눈에 반할지도. ㅎㅎ
지우는 초등학생 세찬이를 만나지만 내 남친은 고등학생?!!
나도 모르는 내 매력이 있었나? 내게도 이렇게 첫사랑이? ㅎㅎㅎ'
괜히 기분이 들뜨고 입가에 미소가 번졌어요.

"여보, 뉴스 끄고 얼른 와요."

"네, 그럴게요. 이 뉴스만 보고요."

"다음 뉴스입니다. 최근 국내 청소년 10명 중 2명가량은 온라인 그루밍 범죄의 온상으로 지목되는 오픈채팅에 접속해본 경험이 있는 것으로 나타났습니다. 온라인 그루밍이란 채팅 앱이나 사회관계망서비스(SNS) 등을 통해 아동·청소년에게 접근하고 피해자를 길들여 성적으로 착취하는 행위를 말합니다."

유미는 뉴스를 들으며 조금 전 자기의 모습이 생각 나 깜짝 놀라 티비 앞으로 갔어요.

"온라인 그루밍은 호의와 친절을 가장한 접근으로 시작되는데, 기프티콘이나 문화상품권 같은 작은 선물을 주는 경우가 많습니다."

'헉…! 핫초코!'

"온라인을 통해 만난 낯선 이에게 개인정보를 알려준 경우도 많았습니다. 나이를 알려준 경험이 있다는 응답자는 56.2%에 달했습니다. 이름을 알려준 경우는 37.8%, 사는 지역이나 생년월일을 알려준 경우는 4명 중 1명꼴, 휴대전화 번호를 알려줬다는 응답자 비중은 17.1%였습니다."

'헉, 완전히 순서가 똑같잖아!!!'

"온라인 그루밍은 협박을 동반한 성 착취로 이어질 수 있고 실제 만남으로 이어질 경우 범죄로 이어질 가능성이 높아 법·제도적 보완책이 필요하다고 연구진은 제언했습니다."

유미는 섬뜩한 생각이 들어서 조용히 방으로 들어가 랜덤채팅방에서 나오고, 아까 대화 나누던 오빠를 차단했어요. 그런데 그때부터 유미 핸드폰에 문자메시지가 여러 통 오기 시작했어요.

'응? 모르는 번호인데… 누구지?'
"으악!!!"
유미의 폰에는 성인사이트 주소가 담긴 광고들, 조건 만남을 요청하는 모르는 사람들의 메시지가 있었어요. 그중에는 남자 성기 사진이 첨부되어 있는 경우도 있었고요.
"으악!!!"
유미는 너무 무서웠던 나머지 털썩 주저앉아 울고 말았죠.
"으아아앙…. ㅜㅜ"
유미 부모님이 소리를 듣고 깜짝 놀라 달려왔어요.
"무슨 일이니?"
"갑자기 왜 그래?"

유미는 울면서 부모님에게 상황을 설명했습니다. 유미 아빠는 유미 핸드폰의 문자들을 보며 부들부들 손을 떨었어요.
"뭐야, 어떤 놈들이야! 네 번호는 어떻게 알았고?"
"여보, 진정해요. 왜 소리를 질러요."
"아니, 내가 지금 진정하게 생겼어요? 우리 유미한테 어떤 몹쓸 놈이!!! 내 이 녀석들을 반드시 잡아내서 혼쭐을 내줘야지! 유미 넌 왜 그런 채팅을 하고!!! 아오!!!"
유미는 평소와 다르게 불같이 화를 내는 아빠도 무서웠어요.
"저 그냥 잘래요. 됐어요…"
"어? 너 일로 안 와??"
"여보, 아무래도 유미가 겁 먹은 것 같아요. 일단 내일 아침 학교 선생님께 말씀드리고, 학교 경찰에도 신고해야겠어요."
"그럼 이 더러운 문자들을 그대로 둬요? 안 지우고?"
"증거가 될 수 있으니 지우면 안 될 것 같아요. 조금만 참아보자고요."

바로 다음 날 튼튼초등학교는 비상 회의를 열었고, 교사와 학부모, 학교경찰로 꾸려진 특별대책위원회가 열렸어요.

- 유미 아빠 : 우리 아이들을 이런 그루밍 성범죄로부터 보호할 수 있는 장치가 필요합니다.
- 은철 아빠 : 맞습니다. 여학생뿐 아니라 남학생들도 호기심에 랜덤채팅을 접속하는 경우도 많다고 하더라고요.
- 유후 선생님 : 저도 학생들과 대화를 많이 하고 학부모님들과 정보를 공유할게요. 부모님들께서도 자녀에게 평소와 다른 모습이 보이면 제게 꼭 알려주세요.
- 지우 엄마 : 정말 감사합니다. 큰일 나기 전에 수습할 수 있어 얼마나 다행인지 몰라요.
- 학교 경찰 : 아주 심각한 사안으로 보고 있습니다. 제보해주신 정보들을 바탕으로 특수 팀을 꾸려 뿌리를 뽑아내겠습니다. 지속적인 협조 부탁드립니다.
- 은철 엄마 : 감사합니다. 저희도 최선을 다해 돕겠습니다.

경찰이 사건을 조사하는 동안 학부모님들의 요청으로 똥글 선생님과의 시간이 마련되었어요.

유미 아빠가 말했어요.
"너무 당황해서 소리지르고 화만 냈는데 너무 후회됩니다. 그런데 지금 생각해도 울화가 치밀어요."

똥글 선생님이 이야기했죠.

"충분히 아버님의 그 마음 이해합니다. 여기 계신 모든 부모님이 같은 마음이실 거예요. 유미는 그래도 운이 좋은 케이스에요. 그날 바로 부모님이 상황을 아셨잖아요. 절대로 그런 일이 일어나지 않아야겠지만, 혹시라도 여러분의 자녀가 다음과 같은 모습을 보일 때 성폭력에 노출된 것은 아닌지 의심해보셔야 합니다."

1. 낮에 혼자 있으려고 하거나, 밤에 혼자 자는 것을 무서워하고 자꾸 불을 켜려고 한다.
2. 특정 인물, 장소, 물건 등을 회피하려고 한다.
3. 이유 없이 우울해하거나, 갑자기 짜증이나 화를 내거나 울고, 불안해하기도 한다.
4. 평소 친했던 친구들과 잘 어울리려 하지 않고, 집중력이 떨어진다.
5. 수면 중 옷에 오줌을 싸거나, 손가락을 빠는 등의 습관이 생긴다.
6. 평소에 좋아하던 텔레비전 시청이나 친구들과의 놀이를 하려 하지 않는다.
7. 비뇨생식기 통증, 두통, 복통 등을 자주 호소한다.
8. 너무 자주 씻고, 자학 행위를 하거나 자주 죄책감을 보인다.

"이럴 때는 진솔한 대화가 먼저입니다. 가장 먼저 가져야 할 태도는 혼내지 않으시는 겁니다."

유미 아빠는 가슴이 철렁 내려앉았어요.

"부모님이 자녀에게 '네가 위험한 곳에 가서 그렇다, 조심했어야 한다, 너 때문에 내가 못 살겠다, 진작 이야기했어야지…' 이런 식으로 말씀하신다면, 자녀는 부모님에게 점점 상황을 숨기고 본인에게 불리할 것 같은 이야기는 빼거나 거짓으로 말하게 됩니다. 어느 누구도 혼나고 싶어 하는 사람은 없잖아요.
자녀를 보호하기 위해 다음과 같이 해주세요."

1. 어떤 상황이어도 널 믿고, 도와줄 것이라고 이야기해주세요.
2. 솔직하게 이야기해준 태도를 칭찬하고 고마움을 표시해주세요.
3. 아이의 잘못 때문이 아니라, 우산 없이 갑자기 소나기를 맞은 것처럼 누구에게나 일어날 수 있는 일임을 알려주세요.
4. 상황을 가급적 상세히 기록하고, 증거가 될 물건을 그대로 보관합니다.
5. 신체적인 성추행, 성폭행 상황 직후라면 몸을 씻기거나 옷을 갈아입히지 않은 상태로 필요시 병원으로 갑니다.
6. 정신적 후유증이 의심되는 경우 소아신경정신과 진료 혹은 심리상담을 받도록 합니다.
7. 아이 앞에서 우왕좌왕 감정적으로 당황하지 말고 침착하게 경찰, 변호사, 전문 기관의 자문과 도움을 받습니다.
8. 몸과 마음의 회복에 부모 생각보다 훨씬 많은 시간이 필요할 수 있습니다. 인내심을 갖고 보살펴주세요.

집에 돌아온 유미 엄마, 아빠는 며칠째 뾰루퉁한 유미와 저녁식사를 했어요. 유미는 말없이 밥을 먹고는 바로 일어나려고 했죠.

"유미야, 며칠 전 화를 내서 미안하다…. 아빠가 너무 당황해서 네게 소리를 질렀어."
"별로 이야기하고 싶지 않아요."
"나도 이런 경우가 처음이라 어떻게 해야 하는지 난감했어…. 아무 생각이 안 들고 화만 났어. 오늘 똥글 선생님의 강의를 들었는데, 네가 얼마나 놀랐을지는 생각을 안 했더구나. 더 솔직하게 이야기하자면, 아빠는 그날 너무 무서웠단다…."
유미는 아빠가 무서웠다는 이야기에 살짝 놀랐어요.

"내 인생에서 가장 기적 같은 순간은 네가 태어난 그때란다. 10월 22일 아침 7시 17분! 아직도 생생해. 꼬물꼬물거리는 널 내 품에 안고 들었던, 쿵쾅거리던 네 심장 소리가. 그리고 네가 처음으로 몸을 뒤집었을 때, 아장아장 두 발로 걸었을 때, 날 보고 아빠라고 불러줬을 때…."

유미 엄마가 말했어요.
"그날 아빠 막 울었다? 네가 아빠라고 불렀다고 ㅎㅎ 내 귀에는 '어버' 정도였는데."
유미도 피식 웃었어요.
"그런 네가 초등학교에 들어가고, 쑥쑥 크고, 수영도 잘하고, 밝고 명랑하게 커줘서 아빠는 아무리 힘든 일이 있어도 네 생각만 하면 웃을 수 있었단다. 그런데… 언젠가부터 점점 나랑 말하기 싫어하는 것 같고, 며칠 전 네 생일에 늦게 왔더니 '아빠 미워' 하며 문을 쾅 닫은 그날 너무 힘들었던 것도 사실이고…."
"아빠…."
"유미야. 그래도 난 말이다. 이 세상에서 널 가장 사랑한단다. 아, 아니지. 엄마 다음으로 사랑한단다. ㅎㅎㅎ"

유미 엄마가 웃으며 이야기합니다.
"ㅎㅎㅎ 거짓말."
"내 어릴 적을 생각해보니 네가 호기심에 랜덤채팅을 할 수도 있었겠다 싶기도 하고. ㅎㅎ 더 나쁜 일이 벌어지지 않고 그날 운 좋게 같이 뉴스를 보고, 빨리 학교 경찰이 조사에 들어갈 수 있었던 이 모든 일이 얼마나 다행인지 모른단다."

"저도 죄송해요… 정말 그럴 줄은 몰랐어요."

엄마가 이야기했어요.
"응. 괜찮아. 우리는 누구나 실수를 해."

아빠가 이야기를 이어갔죠.
"맞아. 살면서 실수, 실패, 좌절이 한 번도 없는 사람은 없어. 잘못을 계속 반복하고 나쁜 방향으로 가는 사람이 있는가 하면, 그 잘못에서 교훈을 얻고 더 나아지는 사람이 있는 거지. 어떤 방향으로 갈지는 우리 선택이야."

"네. 저도 이번에 많이 놀랐지만 그만큼 배웠어요. 앞으로는 그런 일 없을 거예요."
"그래, 우리 딸, 사랑한다."
"저도요. 사… 사랑한다고 말하기에는 약간 간지럽지만 그건 제가 사춘기라 그런 거니 이해해주세요. ㅎㅎㅎ"
"하하하. 그래 그래. 우리 딸!!! 많이많이 사랑한다!!!"

유후 선생님은 문제 해결을 위해 학교 선생님들과 지역 경찰의 협조를 구해 특별대책팀이 따로 구성되었어요. 몇 주 뒤, 뉴스가 보도됩니다.

"오픈채팅을 통해 그루밍 성범죄를 시도하던 일당이 검거되었습니다. 이들은 초등학생들이 즐겨 사용하는 랜덤채팅방을 조직적으로 관리하며 학생들에게 자연스럽게 접근하고 선물을 주며 친해졌습니다. 이들은 오프라인 만남으로 관계를 이어가며 가스라이팅을 하고, 학생들의 심신을 조종하였으며 이런 행각은 결국 성범죄로 이어졌습니다.

일선 학교 교사와 학부모, 학교 경찰의 노력으로 범인들을 추적한 지 2주 만에 전과 6범 이모씨를 비롯, 채팅방 운영에 가담한 11명을 일망타진했습니다. 경찰 당국은 이번 수사에 그치지 않고, 지속적인 범죄 방지 및 관리를 약속했습니다."

※ 참고) 가스라이팅이란?

다른 사람의 심리나 상황을 교묘하게 조작해서 그 사람이 현실감과 판단력을 잃게 만들고, 조종하는 것을 말해요. 가스라이팅 가해자는 피해자의 자존감과 판단 능력을 잃게 만들고, 이러한 과정에서 사회적으로 고립되고 정신력이 약해진 피해자는 가해자에게 더욱 의존하게 됩니다. 특히 가해자는 피해자를 위한다는 핑계로 가스라이팅을 하기 때문에 피해자 대부분은 자신이 가스라이팅을 당하고 있다는 사실을 잘 알지 못합니다. 내게 억지로 하기 싫은 행동이나 생각을 강요하는 사람이 있다면, 꼭 부모님과 선생님에게 이야기해주세요. 우리의 마음은 건강하게 지켜져야 합니다.

모든 사건이 마무리되고, 유미는 그동안 도움을 주었던 유후 선생님에게 감사 편지를 드렸어요.

"선생님 덕분에 나쁜 사람들도 잡을 수 있었어요. 감사드려요. 저도 괜한 호기심에 접속했다가 얼마나 놀랐나 몰라요… 좀 부끄럽기는 하지만 다른 친구들에게 이 사건에 대해 발표하고 조심해야 한다고 알려주고 싶어요. 괜찮을까요?"

'우리 유미… 진짜 다 컸네!'

유미는 자신이 겪은 상황과 뉴스 보도들을 정리해서 친구들 앞에서 발표했어요.

"아직도 그날을 생각하면 아찔합니다. 사실 저는 이제 곧 6학년이 되고, 제가 다 알아서 판단하고 행동해도 된다고 생각했어요. ㅎㅎ 이번 일을 겪으면서 아직 선생님과 부모님, 경찰을 비롯한 어른들의 도움이 필요할 때가 있다는 것을 느꼈습니다. 내 편이 되어주는 분들이 있어서 얼마나 다행인지 몰라요. 아직 이 세상은 제가 모르는 것투성이네요. 세상 무섭습니다. 여러분!!"

"하하하하, 맞아 맞아."
"세상 무서워."
"유후~ 어려운 이야기 재미있게 나누어준 유미에게 큰 박수 부탁해요."

짝짝짝!!

"그럼 똥글 선생님과 성폭력 예방에 대한 이야기를 이어가볼까용?"

OX 퀴즈를 풀어보아요

1. 대부분의 성폭력은 우연히, 낯선 사람에게 당한다. (O / X)

2. 성폭력 가해자들은 대부분 정신이상자다. (O / X)

3. 여학생 여러 명이 남학생 1명을 여자 화장실로 끌고 가서 집어넣고 못 나오게 하는 장난을 쳤다. 성폭력의 가해자는 늘 남자, 피해자는 늘 여자이므로 이 경우는 성폭력에 해당하지 않는다. (O / X)

4. 남학생끼리 서로 성기 부위를 때리거나 여러 명이 한 명을 못 움직이게 잡고 성기 부위를 때리는 행위를 했다. 성폭력은 이성 간의 경우에만 해당되므로, 이 경우는 성폭력에 해당하지 않는다. (O / X)

5. 많은 학생들이 지켜보는 중에 선생님에게 갑자기 "선생님 모텔 가봤어요?"라고 묻는 학생이 있다면, 학생이 성폭력 가해자, 선생님이 성폭력 피해자가 될 수 있다. (O / X)

6. 상대방이 원하지 않는데도 음란한 언어, 이미지, 영상 등으로 상대방이 불쾌감, 공포감, 위협을 느끼게 하는 모든 행위가 성폭력에 포함된다. (O / X)

7. 친구들에게 즐거움을 주기 위해, 인싸가 되기 위해 음담패설을 주고받거나 단체채팅방에서 야한 사진이나 영상 링크를 공유하는 것은 전혀 성폭력이 아니다. (O / X)

8. 체육 시간에 다른 학생의 신체를 촬영하고('몰래카메라', '몰카') 이를 단체채팅방에 공유하면서 외모를 평가하고 놀리는 경우는 장난으로 넘어가도 된다. (O / X)

9. 응급처치 및 심폐소생술 실습 중 인체 모형에 키스하는 시늉을 하는 학생들, 과학 '연소' 실험 중 연소되는 초를 보며 "액이 나오네.", "액이 흘러내리네"라고 말하며 키득거리는 학생들의 경우 수업과 관련된 내용이니 성희롱과 상관없다. (O / X)

정답은 다음 페이지에...

학생들은 장난처럼 키득거리다가 점점 조용해졌어요.
'얼마 전 우리 모습도 있네…'
'아이 참… 이렇게 글로 보니 좀 그렇구나. ㅜㅜ'
"얼마 전 유미가 겪은 일도 있지만, 우리가 장난이라고 웃고 넘기는 상황도 조금만 선을 넘으면 성폭력이 될 수 있어요. 가해자는 의도하지 않았지만 피해자에게는 오랫동안, 어쩌면 평생 기억에 남을 상처가 될 수도 있고요."

유후 선생님이 말했어요
"유후~ 우리 튼튼초 5학년은 나를 사랑하고, 서로 배려하니 앞으로는 장난으로라도 성폭력을 저지르지 않겠죠? 그리고 혹시 내가 성폭력을 당한 것 같다면, 그건 절대 여러분의 잘못이 아니에요. 절대로요. 그러니 부모님과 선생님에게 꼭 이야기해줘요. 혼자 고민하는 것보다 함께 해결하면 훨씬 좋은 답을 구할 수 있을 테니까요! 알겠죠?"
"네!!!"
"만약 긴급한 상황이라면 112, 1366에 전화를 하면 24시간 도움을 받을 수 있으니 꼭 주저하지 말고 신고하세요. 혹시 성폭력인지 아닌지 헷갈리거나, 평소에 알고 지내는 사람과 있을 때 그 사람으로 인해 왠지 기분이 나빠져서 상담을 받고 싶다면 상담센터에서 전화나 온라인으로 상담을 받을 수 있으니 혼자 고민하지 말고요."

선생님의 말에 유미가 살짝 손을 들었어요.
"선생님, 제가 이런 일을 겪어보니까요…. 부모님이나 선생님께 말씀드리기가 좀 그

정답! 1. X 2. X 3. X 4. X 5. O 6. O 7. X 8. X 9. X

렇더라고요. 물론 말씀드려야 하는 것은 알지만, 그래도 괜히 좀…. 부모님이 속상해하시기도 하고요."
"맞아요! 혼날 것 같아요."
"좀 창피할 것 같아요."
유미의 솔직한 말에 다른 여학생들도 덩달아 고민되는 부분을 이야기했어요.

"그래, 그럴 수 있어요. 그래서 최근에는 성폭력 상담센터에서 익명으로도 상담을 접수하고 있어요. 전화나 온라인 게시판에서 '익명 상담을 원합니다'하고 요청하면 되니 걱정 말고 꼭 상담을 신청하세요. 나를 사랑하는 것은 문제를 덮는 것이 아니라 문제를 해결하는 것이랍니다!"
"상담 센터 어디인지 알려주세요~!"
"물론이지! 전국 곳곳에 상담센터가 워낙 많으니 선생님이 오늘 유인물로 만들어 나누어줄게요!"
"와~! 고맙습니다!"
"고맙긴, 나를 사랑하자!! 수업 끝!"

------

*276페이지, 부록 '성희롱·성폭력 전문 상담 및 지원 기관'을 참고해 주세요.

1. 이전처럼 좋은 친구로 지내자
2. 미안해
3. 또 다른 커플의 시작!
4. 감사합니다. 사랑합니다

1. 이전처럼 좋은 친구로 지내자

유미가 겪은 사건은 튼튼초등학교 5학년 친구들 모두에게 적지 않은 충격을 안겼어요. 모든 친구들이 자신의 SNS 생활을 돌아보거나, 자신에게 성적 목적을 가지고 접근하는 사람은 없는지 살펴보았지요.

세찬이 역시 평소에 가지고 있던 성적인 관심에 대해 고민해보기 시작했어요. 그러다 결국 세찬이는 똥글 선생님을 찾아갔지요.

"세찬! 반가워요! 오늘은 무슨 일로 왔나요?"
"선생님, 안녕하세요? 저 사실 고민이 있는데… 선생님은 남자시니까 제 마음을 잘 이해해주실 것 같아서 왔어요."
"오우! 얼마든지! 편하게 이야기해봐요."
"음… 실은…. 요즘 남자애들이 야한 거에 관심이 많잖아요…. 아! 요즘에 음란물을 보지는 않아요! 얼마 전 건강 수업 때 음란물이 되게 안 좋다고 알려주셔서…."
"그래, 그때 약속한 내용을 잘 지키고 있군!"
"네, 근데, 애들이… 제가 지우랑 진도 어디까지 나갔냐고 물어보기도 하고…. 애들이 자꾸 물어보니까 저도 좀 그런 상상을 하게 되고…. 상상을 하게 되니까 저도 지우를 보면 자꾸 상상했던 게 생각나고…. 저 좀 머리가 어떻게 된 것 같죠?"
"하하하, 머리가 어떻게 되었다니. 의사 선생님으로서, 세찬이는 지극히 정상이고 건강합니다! 다만, 몇 가지 해주고 싶은 이야기가 있긴 하구나. 세찬이가 지우와 교제를 하는 것은 누구를 위한 일이지?"
"음, 제 자신이랑 지우요."
"그래, 두 친구가 서로에 대한 좋은 감정을 바탕으로 가까이 지내며 더 행복하려고 교제를 시작한 거지. 둘이 교제하는 데 있어서 다른 친구가 그러라고 시켰다거나 그렇게 해달라고 부탁한 적 있었니?"
"아아뇨, 이런 건 시킨다고 하는 게 아니잖아요."
세찬이가 세차게 고개를 내저었어요.

"잘 알고 있네. 자, 그렇다면 지우와의 교제에 있어서 세찬이가 친구들의 호기심이나 즐거움을 채워줄 필요가 있을까?"
"아… 아뇨."
"그래, 이성에 관심이 생기는 것은 지금 시기에는 당연한 것이지만 친구들의 관심을 세찬이와 지우가 채워줄 필요는 없단다."
세찬이는 친구들의 닦달을 핑계로 지우와 포옹한 일을 얘기한 기억이 떠올라 부끄러워졌어요.

선생님은 고개 숙인 세찬이를 바라보며 진지한 목소리로 말씀을 이어갔어요.
"그리고 하나만 더 이야기할게, 세찬아.
이성교제는 서로를 깊이 이해하면서 서로에게 배울 점을 찾고, 공감 능력을 기르며 함께 성장할 수 있는 좋은 기회란다. 나의 성적인 호기심이나 관심을 채우는 게 이성교제의 목적이 아니란다. 세찬이는 지우를 많이 좋아하니?"

선생님의 질문에 세찬이는 숙였던 고개를 힘차게 들며 단숨에 대답했어요.
"네! 그럼요! 저 지우 엄청 좋아해요!"

그런 세찬이를 보며 선생님은 흐뭇하게 웃으며 말했어요.
"그렇다면 더더욱 지우를 소중히 아껴줘야 하는 거야. 선생님도 아내를 아주 많이 사랑하기 때문에 아내가 힘들지 않도록, 속상하지 않도록 아껴주고 있단다. 그게 멋진 남자인 거야. 이성교제에서 상대방을 아껴줄 수 있는 가장 중요한 방법은 '동의'란다."
"동의요? 저희 서로 사귀기로 동의해서 사귄 건데…"
"그래. 잘했네. 그렇게 이성교제를 시작할 때도 두 사람의 동의가 중요하지만, 이성교제를 하는 내내, 그리고 교제를 끝낼 때도 동의는 중요해. 그리고 동의는 절대로 한번만 이루어져서는 안 된단다."
"무슨 말씀이신지 잘 모르겠어요."

"진정한 동의가 이루어지기 위해서는 조건이 있단다.
내가 교제하는 상대방이 어제는 손을 잡거나 포옹하는 것에 동의했더라도, 그게 오늘도 손을 잡고 싶다거나 안고 싶다는 뜻은 아닐 수 있거든. 그러니 매번 동의를 구해야 한단다."
"아…"
"또, 내가 상대방을 안고 싶어서 '안아도 돼?'라고 물어봤을 때, 상대방이 확실하게 '그래, 좋아'라고 답하지 않고 아무 말도 하지 않는다면? 그건 적극적으로 동의한 게 아니기 때문에 동의했다고 볼 수 없단다. '싫다고 하지 않았으니 괜찮은 거겠지?'라고 지레짐작하면 큰 문제가 생길 수 있어."

세찬이는 지난번 지우를 포옹했을 때가 떠올라 머리를 한 대 맞은 기분이었어요.

지우가 동의할 시간도 주지 않고 마구 끌어안았는데, 그때 지우 기분은 어땠을까를 이제야 생각하게 되었지요.

"마지막으로 내가 상대방의 제안을 거절하면 혹시 이별을 하게 될까 봐, 상대방이 나를 싫어하게 될까 봐 억지로 동의하게 된다면 그건 진정한 동의로 볼 수 없지."
"평등한 관계여야 한다는 말씀이시죠? 유후 선생님께서 알려주셨어요."
"그래. 평등한 관계에서 이루어지는 동의도 중요한 조건이란다."
"…네. 생각해보니 제가 지우한테 잘못한 게 많은 것 같아서 미안해요."
"이렇게 금세 반성하는 것만으로도 세찬이는 멋진 남자친구가 될 충분한 자질이 있다. 우리 멋진 세찬이, 앞으로 동의의 세 가지 조건을 지키며 예쁘게 교제할 수 있겠니?"
"네, 선생님! 감사합니다!"

참고합시다. '성적 동의의 세 가지 조건.'

▶ 현재적 동의 : 지난번에 스킨십을 한 적이 있다고 해서 지금도 스킨십을 하고 싶은 것은 아닐 수 있어요. 현재도 스킨십에 동의하는지 확인해야 해요.

▶ 적극적 동의 : 분위기로 미루어 짐작하거나, 침묵을 동의라고 착각해서는 안 돼요. 상대방이 정확히 동의한다고 대답하는 것이 중요해요.

▶ 수평적 동의 : 동의하지 않으면 헤어지게 될까 봐, 동의하지 않으면 상대방이 싫어할까 봐 억지로 하는 것은 동의가 아니에요. 서로 마음이 편한 상태에서, 평등한 관계일 때 이루어지는 것이 진짜 동의랍니다.

한편 지우도 유미의 일에 대해 뒤늦게 알고 나서 여러 생각에 잠겼어요.
일단, 유미가 이런 어려움을 겪고 있는 동안 자신은 전혀 알지도, 눈치채지도 못했다는 점이 너무 속상했어요. 세찬이와 교제를 시작한 후 유미, 세린이와 멀어지고 있는 것 같은 느낌은 들었지만 진짜로 이런 큰일이 일어나는 동안 친구에 대해 전혀 신경 쓰지 못했다는 사실에 스스로에게 화가 나고, 유미에게 미안한 마음도 들었지요. 또 다른 생각으로는 유미가 겪은 일을 듣고 나니 스스로를 좀 더 보호해야겠다는 생각이 들었어요. 세상에는 '성'을 하나의 도구나 상품으로 생각하고 그것만을 위해 다른 사람을 이용하는 나쁜 사람들이 있다는 것을 알게 되자 내가 나를 지켜야겠다는 느낌이 든 것이었어요.

사실 지난번 세찬이와 문제가 생긴 후 지우는 세찬이를 대하는 마음이 조금 달라져 있었어요. 여전히 함께 장난치고 놀 때는 참 즐겁고 좋은 친구였지만, 더 이상 세찬이와 손을 잡고 다닌다거나 포옹을 하고 싶다는 생각은 들지 않았어요.
그런 생각의 끝에, 지우의 마음속에는 유후 선생님의 말이 맴돌았어요.
'무엇보다 선생님은 지우가 스스로를 더 잘 사랑하고 아낄 줄 아는 사람이 되었으면 해.'

고민을 끝낸 지우의 표정은 여느 때보다 더 결연해 보였어요.

―――◯―――

다음 날 점심시간, 지우는 세찬이를 교정의 등나무 벤치로 불렀어요.
"갑자기 여긴 왜? 친구들 피구하는데, 같이 하지."
피구를 못해 아쉬웠던 세찬이는 약간 아쉬워하며 말했어요.
"오늘 꼭 할 말이 있어서… 오래 생각하고 하는 얘기야."

진지한 지우의 표정에 세찬이는 긴장이 되기 시작했어요.

"아, 응. 얘기해."

"세찬아, 내가 며칠 생각을 해보았는데… 우리 다시 예전처럼 좋은 친구로 돌아가는 게 좋을 것 같아."

"응? 무슨 말이야?"

"여자친구, 남자친구 이런 거 말고 그냥 친구. 나는 여전히 세찬이 네가 참 좋지만 아직은 우리가 어리잖아. 이성교제는 우리가 좀 더 크면 하는 게 좋을 것 같아."

지우의 말에 세찬이는 머리를 한 대 얻어맞은 것 같은 기분이 들었어요. 세찬이로서는 생각지도 못했던 이야기였기 때문이지요.

"지우야, 갑자기 왜 그래? 내가 싫어졌어?"

"그런 건 아니야. 난 아직도 세찬이 네가 참 좋은 친구라고 생각해. 그렇지만 이성교제를 하기에는 아직 자신이 없고 준비가 되지 않은 것 같아."

세찬이는 담담히 말을 이어가는 지우를 보며 더 서운한 기분이 들었어요. 도무지 지우의 말을 받아들일 수가 없었어요.

"지우야, 난 지금 너무 당황스럽다. 나도 생각 좀 해볼게."

"그래… 다음에 다시 얘기하자."

지우와의 대화를 마친 세찬이는 머리가 어질어질하고 구역질이 나올 것 같았어요. 이 상태로는 도저히 수업에 참여할 수 없을 것 같았지요. 결국 세찬이는 유후 선생님에게 몸이 안 좋다고 말씀드리고, 똥글 선생님을 찾아갔어요.

"세찬! 얼굴이 왜 그래? 무슨 일이에요?"

"선생님, 저 어떡해요?"

"무슨 일이 있구나. 자, 일단 여기 좀 앉으렴. 따뜻한 차를 한 잔 줄 테니 마시고 얘기하자."

똥글 선생님은 하얗게 질린 세찬이의 얼굴을 보고는 심상치 않은 일이 생겼음을 직감했어요.

선생님이 내어준 한방 차를 조금 마신 세찬이는 한숨을 깊이 내쉬었어요.

그러고는 똥글 선생님에게 지우와의 이야기를 털어놓았어요.

선생님은 진지한 얼굴로 고개를 끄덕이며 그런 세찬이의 이야기를 잠자코 들어주었어요.

세찬이의 이야기가 끝나자 선생님이 말했어요.

"그런 일이 있었구나. 정말 많이 놀랐겠네. 세찬이 지금 마음은 어떠니?"

"저는… 지우가 좋은데…. 너무 갑작스럽고 속상해요."

"그래, 정말 그렇겠구나. 혹시 세찬아, 지우가 교제를 끝내자고 한 이유로 짐작 가는 것이 있니?"

"음… 그건가? 사실 며칠 전에 제가 지우와 안은 걸 친구들에게 얘기하고 나서, 애들이 막 지우를 놀렸거든요. 그 후로는 지우가 예전 같지 않게 저랑 있는 걸 좀 피하는 것 같아요."

"그런 일이 있었구나. 좋아하던 친구와 교제를 시작하면 밥 안 먹어도 배부르고, 가만히 있어도 뿌듯하고 흐뭇한 기분이 들지. 막 여기저기 자랑하고 싶기도 하고 말야. 선생님도 아내와 처음 연애를 시작했을 때 그랬단다."

"정말요? 선생님도 저 같은 기분을 느끼셨다니 신기해요!"

"그런데, 세찬아. 지우와 세찬이의 교제는 두 친구가 감정과 시간을 나누는 소중한 일인데, 둘 사이의 일을 다른 사람들에게 공유하는 걸 과연 지우는 어떻게 생각했을까?"

"아… 그건 생각 안 해봤어요."

"그래, 생각하지 못했을 수 있어. 만약 지우도 친구들에게 둘 사이의 일을 알리는 것에 찬성했다면 괜찮겠지만, 그게 아니라면 지우 입장에서는 곤란했을 것 같구나."

"맞아요…."

"지우의 속상한 마음이 이해가 되니? 어떻게 하는 게 좋겠니?"

"지우가 진짜 속상했을 것 같아요. 저… 가서 사과할래요! 제가 실수했다고 말할래요!"

세찬이는 힘차게 말했어요.

"하하하, 역시 우리 세찬이는 잘못을 금세 인정하고 반성하는구나. 멋지다!"

똥글 선생님의 칭찬에 세찬이는 환하게 웃었어요. 그러다 문득, 세찬이의 표정이 갑자기 다시 어두워졌어요.

"그런데… 저는 아직도 지우가 좋은데 어떡하죠? 저랑 헤어지지 말자고 빌어볼까요? 그러면 지우가 마음을 바꿀까요?"

"음… 그렇게 해서라도 지우와 헤어지기 싫은 세찬이의 마음이 느껴져서 선생님도 안타깝구나. 하지만 세찬아, 이성교제에서 가장 중요한 것이 무엇이었지?"

"두 사람이 모두 동의하는 거요."

"그래, 세찬이와 지우도 두 친구가 모두 동의해서 교제가 이루어진 거잖니. 그런데 둘 중에 하나가 교제를 끝내고 싶다면, 더 이상 교제에 대해 두 사람이 동의하지 않는 거지?"

"…네."

세찬이는 똥글 선생님의 말씀을 곱씹으며 혼자서 조용히 고개를 끄덕였어요.
그렇게 스스로 이별을 납득해가는 세찬이의 모습을 똥글 선생님은 가만히 바라보며 기다려주었어요.

한참 마음을 정리하던 세찬이가 입을 뗐어요.

"지우에게 가서 얘기할게요. 둘의 이야기를 다른 친구들에게 알린 것을 사과하고, 이제 교제를 끝내자고요."

수업이 모두 끝난 후, 세찬이는 교실을 나서는 지우를 불렀어요.
"지우야, 잠깐 이야기 좀 할 수 있을까?"

지우는 긴장이 되었어요. 점심 시간에 지우가 세찬이에게 교제를 끝내자는 이야기를 한 후, 세찬이가 오후 수업에 들어오지 않았기 때문에 걱정과 미안함으로 마음이 싱숭생숭하던 참이었어요.

하교하는 어린이들로 분주한 운동장 대신, 두 친구는 학교 뒤편 '사색의 길'로 향했어요. 둥근 자갈이 깔린 산책길을 나란히 걷는 두 친구의 귓가에는 자그락자그락 자갈 밟히는 소리만 들렸어요.

이윽고 세찬이가 힘겹게 입을 뗐어요.
"지우야, 전에 내가 우리 둘의 이야기를 함부로 친구들에게 말해서 미안해. 정말 속상했지?"

지우는 세찬이의 말을 듣고 약간 놀랐어요. 세찬이가 화를 내거나 마구 따지면 어쩌나, 하고 걱정하던 참이었거든요.
"아, 응…. 사실 그건 좀 속상하고 창피했어. 애들이 막 놀릴 때는, 정말 쥐구멍에라도 숨어버리고 싶더라."
"내가 너무 경솔했어. 남들 보여주기 위해서 너랑 사귄 것도 아니고, 우리 둘의 이야기가 다른 사람들의 웃음거리나 놀림거리가 되면 안 되는 건데…. 내가 정말 미안해."

"사과해줘서 고마워, 세찬아. 이제 마음이 좀 풀리는 것 같아."

지우는 걸음을 멈추고 서서 세찬이의 눈을 똑바로 쳐다보며 온화한 목소리로 말을 이었어요.
"그렇지만, 다시 친구 관계로 돌아가고 싶다는 마음은 여전해. 난 우리가 예전처럼 다른 친구들과 다같이 어울려 지내는 편한 친구였으면 좋겠어."

세찬이 역시 지우의 눈을 바라보며 대답했어요.
"그래, 무슨 뜻인지 알겠어. 넌 참 좋은 친구인데, 내가 더 잘해주지 못해서 미안해."
"아니야, 세찬아. 너와 사귀면서 많이 배웠고, 나 스스로를 돌아볼 수 있었어. 고마워."

지우와 세찬이는 마주 보고 서서 서로를 바라보며 웃었어요.
오후의 뜨거운 가을 볕이 그런 두 친구를 환하게 비춰주었지요.

2. 미안해

그날 이후, 지우는 가장 먼저 유미, 세린이와의 관계를 회복하기 위해 노력했어요. 아침에 친구들의 집 근처로 찾아가서 함께 등교를 하고, 쉬는 시간마다 친구들과 모여 대화를 나누고 뛰놀며 시간을 보냈어요. 유미와 세린이는 지우가 돌아오자, 언제 소원했냐는 듯 두 팔 벌려 지우를 반겨주었어요. 지우는 세찬이와의 이별 후에 오히려 친구들의 깊은 우정을 깨닫게 되어 고맙고 또 고마웠지요.

지우는 세찬이와도 다시 좋은 친구 사이로 돌아갔어요. 여전히 우당탕탕 교실을 누비며 장난을 치고, 세찬이를 비롯한 남자아이들과 패를 나눠 피구 경기를 즐기기도 했지요.

그날도 지우, 유미, 세린이는 세찬이, 은철이, 시오와 함께 방과 후에 신나게 놀다가 운동장 스탠드에 앉아 캔 음료를 마시며 쉬고 있었어요. 이런저런 이야기를 나누다가 문득 시오가 물었어요.
"근데 세찬이랑 지우, 너희 둘 이제 진짜 서로 안 좋아하는 거야?"
시오의 티 없는 질문에 세찬이와 지우는 서로를 쳐다보다가 동시에 웃음이 터졌어요.

"캬캬캬캬캬! 야, 무슨 소리 하는 거야! 우리 그냥 친구로 돌아가기로 했다니까!"
"맞아, 맨날 치고 박고 투닥투닥거리는 거 보면 모르냐?"
두 친구의 대답에 친구들이 모두 박장대소하는데, 갑자기 은철이가 사뭇 진지한 목소리로 말했어요.
"야, 박세찬! 너 그렇다고 리아랑 사귈 건 아니지?"

은철이의 말에 갑자기 다들 웃음을 멈추고는 의아하다는 표정을 지었어요.
"웬 리아?"
"무슨 말이야, 그게?"
"세찬이가 리아 좋아해?"

친구들이 영문을 모르고 궁금해하자 세찬이가 짐짓 무심한 듯 툭 대답을 내놓았어요.
"리아가 나 좋아한다고 했었어. 사귀자고 했었는데 내가 거절했고. 근데 그거 지우랑 사귀기 훨씬 전이야."

예상치 못했던 세찬이의 대답에 모두가 깜짝 놀랐어요.
특히 지우는 그간 리아와 있었던 갈등이 떠오르며 그제서야 리아가 자신을 대하던 태도가 이해되기 시작했어요.
'세상에…. 그래서 나를 그렇게 싫어했던 거였어!'

지우가 그런 생각에 잠겨 있는 동안, 은철이가 다시 말을 꺼냈어요.
"그럼 내가 리아한테 사귀자고 한다?"

은철이의 폭탄 발언에 모두의 눈이 휘둥그래졌어요.

"뭔 소리야! 얘 오늘 왜 이래?"
"와~ 대박! 은철이 남자다잉~?"
"너 리아 좋아했었어? 언제부터?"

다들 놀라자빠질 정도로 놀랐는데 은철이는 히죽히죽거리며 마치 개선장군처럼 양 손을 허리에 대고 가슴팍을 크게 내밀고는 선언하기 시작했어요.
"나, 김은철, 리아랑 처음 같은 반 되자마자 사랑에 빠졌다! 처음부터 리아한테 고백하고 싶었는데, 나의 그녀가 내 친구를 좋아한다고 해서 참았다! 근데 이젠 안 참는다! 나 김은철이야!!"

웅변가 같은 은철이의 말에 처음엔 다들 벙쪄서 눈알만 도르륵도르륵 굴리다가 이내 서로를 바라보며 배꼽을 잡고 웃기 시작했어요. 스탠드 계단 위에서 떼굴떼굴 구르며 웃는 어린이들의 웃음소리가 교정을 한가득 채웠지요.

그날 밤, 지우는 좀처럼 잠을 잘 수가 없었어요.
자려고 누웠는데도 계속 리아 생각이 떠올랐기 때문이었어요.
사실 리아와 크게 다툰 이후 여전히 지우와 리아는 한 교실 안에서도 데면데면한 사이였어요. 의도적으로 상대방을 신경 쓰거나 부딪히지 않으려고 할 뿐, 서로 불편하고 어색한 채 시간만 흐르고 있던 것이지요.

여태까지 지우는 다른 친구들에게 상냥하기 그지없는 리아가 왜 그렇게 자기에게만 쌀쌀맞고, 적대적인지 이해할 수가 없었는데 아까 은철이의 말을 듣고 모든 궁금증이 풀렸어요.

지우는 생각할수록 리아의 마음이 이해가 되었어요.
좋아하던 세찬이에게 용기 내어 고백했지만 거절당하고, 그 후에 세찬이와 사귀는 자신을 보며 리아가 얼마나 속상하고 괴로웠을지 상상을 해보니 괜히 리아에게 미안해지는 기분이었어요.

리아 생각으로 계속 뒤척이며 잠을 못 이루던 지우는 결국 이불을 박차고 일어나 책상 앞에 앉았어요. 그러고는 예쁜 편지지를 꺼내어 리아에게 편지를 쓰기 시작했어요.

리아에게

리아야, 나 지우야. 갑자기 내가 편지를 써서 놀랐지?
사실 네가 세찬이를 좋아했다는 이야기를 오늘 어쩌다 듣게 됐어.
세찬이가 너의 고백을 거절하고 나와 사귄 것도….

나는 전교에서 유명한 너와 같은 반이 된 것을 알게 되었을 때 정말 기뻤거든.
예쁘고 똑똑하고 상냥한 너와 친하게 지내고 싶다는 생각도 했고 말야.
네가 왜 나를 싫어하는지, 왜 나에게만 쌀쌀맞게 구는지 이해할 수가 없었어.
그래서 나도 화가 나서 너한테 더 퉁명스럽게 대한 것 같아.

그런데 모든 사실을 알게 되니, 네가 얼마나 속상하고 서러웠을지 알 것 같아.
네 입장에서 내가 얼마나 미웠을지도 상상이 가.

입장 바꿔서, 내가 너였어도 내가 정말 밉고 꼴 보기 싫었을 것 같거든.

리아야, 이제 나는 더 이상 세찬이의 여자친구 한지우가 아니야.
같은 반 친구 한지우로서, 나는 리아 네가 참 멋진 사람이라고 생각해.
그런 너와 친구가 된다면 배울 점도 많을 것 같아.

나도 친구로서 꽤 의리 있고 재미있는 사람인데, 어때? 나랑 잘 지내보지 않을래?

지우가.

....

단숨에 편지지 한 쪽을 채운 지우는 편지지를 곱게 접어 봉투에 넣고 나서야 잠에 들었어요.

다음날, 지우는 아침 일찍 등교해 편지봉투를 리아의 사물함에 넣어 두었어요.
그런 지우를 보고 유미와 세린이가 물었어요.
"뭐야? 리아 사물함에 뭘 넣은 거야?"
"지우야, 설마 리아랑 또 싸우려는 건 아니지…?"

두 친구의 걱정스러운 물음에 지우는 씩 웃어 보였어요.
"야, 걱정 마. 나 한지우야! 리아가 날 미워했던 이유를 알았고, 이제 그 이유는 사라졌으니 같은 반 친구로서 잘 지내봐야지!"

지우의 말에 유미와 세린이가 함박 미소를 지으며 달려와 지우를 힘껏 안아주었어요.
"역시 한지우!"
"지우야, 잘했어! 진짜 멋있어!"

두 친구의 품에서 버둥거리던 지우는 겨우 친구들 품에서 빠져나와, 머리가 다 흐트러졌다고 짜증을 내면서도 친구들과 함께 마주보며 웃었어요.
세 친구가 부둥켜안고 장난을 치는 와중에 리아가 교실로 들어섰어요.
세린이와 유미는 갑자기 웃음을 멈추고 멋쩍은 듯 지우를 바라보았어요.

지우는 마른 침을 한 번 꿀꺽 삼키고 리아에게 다가갔어요.
"아, 안녕?"

리아는 소리가 나는 곳을 바라보더니 지우를 보고는 놀라서 멈추었어요.
지난 학예회 사건 이후 두 친구는 서로 인사조차 주고받지 않는 상태로 지내왔기 때문이었지요.

놀란 리아에게 지우가 이어서 말했어요.
"내가 네 사물함에 편지 넣어놨는데, 한번 보고 혹시 나랑 얘기할 마음 생기면 이따 알려줘."
리아는 지우를 물끄러미 바라보다가 이윽고 고개를 한 차례 끄덕인 후 자리에 앉았어요.

쉬는 시간에 화장실에서 살짝 열어본 지우의 편지는 리아의 마음에 크게 와닿았어요. 속상하고 서럽고 괜히 억울하기까지 했던 자신의 기분을 지우가 알아주는 것 같아서 고맙고, 또 미안해졌어요.

리아는 서둘러 화장실을 나와 교실로 향했어요.
교실 안은 삼삼오오 모여 즐겁게 노는 친구들로 왁자지껄했고, 그중에서 단연 돋보이게 시끄러운 건 역시 지우였어요.

지우에게 리아가 다가가자, 주변에 긴장감이 돌기 시작했어요. 두 친구가 맞붙는 것이 모두에게는 긴장할 만한 일이었으니까요.

"편지 잘 읽었어. 먼저 손 내밀어줘서 고마워. 사실 네 잘못이 아닌데, 내가 너에게 화풀이라도 하고 싶었던 것 같아. 그동안 미안했어."

리아의 말에 친구들의 눈이 휘둥그레졌어요. 지우는 그런 친구들을 뒤로하고 씩 웃으며 한 손을 내밀었어요.
"아냐, 나도 미안해. 이제 우리 화해하고, 진짜 친구 되어보자. 그냥 같은 반 친구 말고, 진짜 친구."

리아 역시 싱긋 미소를 지으며 지우의 손을 맞잡았어요.
친구들은 한 마음으로 박수를 치며 두 친구의 화해를 크게 기뻐했답니다.

3. 또 다른 커플의 시작!

지우와 리아의 화해 이후, 튼튼초 5학년 1반의 분위기는 더욱 화기애애해졌어요. 모두가 스스로와 서로를 아끼고 사랑하는 가운데 어느덧 시간은 흐르고 흘러 연말이 되었지요.

어느새 절친이 되어버린 지우와 리아, 그리고 여학생들이 함께 모여 이야기를 나누고 있었어요. 요즘 친구들 사이에서 가장 관심이 높은 주제는 바로 '크리스마스'였답니다.

"그래서 지우 너는 이번 크리스마스 때 뭐 할 거야?"
유미가 물었어요.
"나야 뭐, 늘 그랬듯이 집에서 가족들이랑 영화 보고, 케이크 먹고 그럴 것 같은데? 유미, 너는?"
"나는 이번에 우리 엄마가 조르고 조르던 호.캉.스를 가게 됐지 뭐야! 울 엄마가 거의 1년 동안 노래를 불렀다니까~! 아빠가 이번에는 크리스마스 패키지 예약 성공했다고 지금 코가 하늘을 찔러!"
"와! 유미 좋겠다~"

"세린이는 계획 있어?"
리아가 물었어요.
"난… 진심을 담아서 산타 할아버지에게 소원을 빌 거야. 꼭 받고 싶은 선물이 있어서…. 양말에 쪽지 넣어서 트리에 걸어두려고."
여전히 순수한 세린이가 얼굴을 붉히며 말했어요.
"소원이 뭔데, 뭔데?"
"이제 우리도 곧 6학년이잖아. 나도 6학년 때는 남자친구 한번 사귀어보고 싶어서… 헤헤."
"어우~ 뭐야~~ 그런 걸 산타 할아버지가 어떻게 들어주냐?"
"고세린 진짜~~"
여학생들은 세린이의 말에 꺄르르 웃으며 즐거워했어요.

그러다 문득 유미가 리아에게 물었어요.
"리아야, 혹시 너 아직도 세찬이 좋아해?"
"나? 아니~! 나 지우랑 절친 되고 나서는 세찬이 별로야~~ 너무 장난꾸러기는 이제 싫어~ 지우도 이미 아는걸?"
"맞아, 맞아. 리아가 세찬이 쉬는 시간에 교실에서 막 장난치면서 노는 거 엄청 싫어해, 크크크."
"그러면 리아 너는 남자친구 만들고 싶은 생각 없어?"
리아와 친하게 지내면서부터 마음 편히 리아를 동경하는 마음을 드러내는 세린이가 눈을 반짝이며 물었어요.
"음… 있어!"
리아의 대답에 친구들의 분위기는 더욱 후끈 달아올랐어요.
"우오오오오~~~ 이상형 알려줘, 이상형!"
"이상형? 음… 나는 다른 건 됐고, 우리 아빠 같은 사람이면 좋겠어. 우리 아빠가 엄마를 엄청 예뻐해주시거든. 심지어는 우리 엄마가 막 짜증을 내도 '예뻐서 참는다~'고 하시며 웃어 넘기셔."
"야, 너희 엄마는 모델이셨잖아. 진짜 예쁘시니까 그렇지!"
"그런 거 말고~ 진짜 나를 너무 좋아하면 내가 무엇을 하든 예뻐 보이는 거 있잖아~ 그만큼 나를 좋아해주는 사람이 내 이상형이야."
"어휴~ 리아야. 걱정 마. 너는 워낙 예쁘게 생겨서 나 같아도 네가 여자친구면 뭘 해도 예뻐 보이겠다!"
"뭐야 그게. ㅋㅋㅋ"

여학생들이 크리스마스를 주제로 신나게 이야기꽃을 피우는 동안 남학생들은 심각한 일이라도 있는 듯 모여서 목소리를 낮춘 채 이야기를 나누고 있었어요.
"그러니까 그걸 싫어할 수도 있다니까?"
"아니, 그걸 왜 싫어해?"
"야, 유후 쌤이 말씀하신 거 기억 안 나냐? 선물은 받는 사람에게 선물이어야 의미가 있지, 주는 사람에게만 선물인 건 잘못하면 오히려 악효과라고 하셨잖아!"
"야, 야, 그만해. 내 고백이니까 내가 알아서 할게! 으유, 너희들한테 괜히 말했어!"

이야기를 하다 말고 자리를 박차고 일어서는 은철이의 등에 대고 시오가 한 번 더 큰 소리로 외쳤어요.
"은철아, 집 앞에 갑자기 찾아가서 깜짝 고백하는 건 진짜 하지 마라! 세찬이 얘가 진짜 아직도 뭘 모르네. 진짜 그것만은 하지 마라!"
시오의 걱정 어린 외침에 은철이는 뒤도 돌아보지 않고 걸어가며 한 손을 흔들어 주었지요.

사실 은철이는 다가오는 크리스마스 때 리아에게 고백을 할 생각이었어요.

매듭, 그리고 다시 해오름

리아를 좋아한 지 꽤 되었지만 신중에 신중을 기해 조심스럽게 고백하고 싶었기 때문에 친구들에게 조언을 구한 것이었는데, 도리어 의견 차이만 확인한 꼴이었죠.

'하긴, 똥글 쌤도 그러셨지. 둘의 일을 다른 사람들에게 알릴 필요가 없다고. 이건 내 일이고, 또 리아가 나중에 알게 됐을 때 기분이 안 좋을 수도 있으니까 내가 알아서 하자! 그리고 리아에 대해서는 오랫동안 좋아한 내가 걔네들보다는 더 잘 알 거야.'

그렇게 마음먹은 은철이는 자신의 마음을 잘 전달하면서도 리아가 부담을 느끼거나 불편해하지 않게 할 방법에 대해 고심하기 시작했어요.

―――○―――

시간은 흐르고 흘러 어느새 크리스마스 이브가 되었어요.
그 날은 튼튼초등학교의 겨울방학식 날이기도 했기 때문에 학교는 그 어느 때보다도 들뜬 분위기였어요.

은철이는 오늘 꼭 리아에게 고백을 해야겠다고 생각했어요.
미리 용돈을 모아 산 푹신하고 부드러운 곰 인형 하나를 예쁘게 포장해서 준비해 두고, 쪽지 하나를 써서 접어놓았지요.
깨끗하게 씻고 머리를 한쪽으로 빗어 넘긴 후 단정한 셔츠와 니트 조끼에 멋진 코트까지 갖춰 입은 은철이는 설레는 마음으로 아침 일찍 등교했어요.
친구들이 채 학교에 오기도 전에 도착한 은철이는 쪽지를 리아의 사물함에 넣어 두고, 곰 인형은 미리 학교 뒤편 '사색의 길' 한구석에 잘 숨겨두었어요. 그러고는 아무 일도 없었다는 듯 교실에서 친구들과 이야기를 나누고 있었지요.

학교에 도착한 리아는 사물함 속 쪽지를 발견했어요.
쪽지에는 보낸 사람의 이름도 없이, '이따 학교 끝나면 잠깐 사색의 길에서 만나자' 라는 말만 써 있었어요.
쪽지의 내용을 읽은 리아는 가슴이 콩닥콩닥 뛰기 시작했어요.

"유~후! 여러분 이제 며칠만 지나면 열세 살이 되네요. 한 살 더 먹는 거 축하해요~! 5학년의 마지막 방학은 여러분이 스스로를 조금 더 사랑하는 시간으로 채웠으면 해요. 여러분의 몸과 마음을 사랑해주기 위해 각자에게 필요한 개별 방학숙제를 냈으니 잘 실천해보세요! Merry Christmas and happy new year!"
"안녕히 계세요!"

방학식 날이라 오전 수업만 마친 어린이들은 선생님과의 인사를 마치고 즐겁게 하교하기 시작했어요. 신이 난 채로 학교를 빠져나가는 친구들을 뒤로 하고, 리아는 혼자 조용히 사색의 길로 향했어요.

그곳엔 아무도 없었어요.
쪽지를 보낸 사람을 찾느라 두리번거리던 리아는 고개를 숙인 채 사색의 길을 혼자 걷기 시작했어요.
'왜 아무도 없지? 누가 장난친 건가?'
그런 생각을 하며 걷던 리아는 길의 끝자락에 놓여진 무언가를 발견하고 걸음을 멈추었어요.
예쁜 곰 인형이었어요.
빨간 리본 넥타이를 맨 곰 인형이 저 끝에 앉아서 '리아야, 어서 와!' 하며 기다리고 있는 느낌이었지요.

리아는 얼굴에 미소를 머금고 서둘러 곰 인형을 향해 다가갔어요.
곰 인형을 안아 올리자 바닥에 웬 카드 한 장이 놓여 있었어요. 카드를 열자 아까의 쪽지와 같은 글씨체로 편지가 써 있었어요.

리아야, 나 은철이야.

리아 너를 오랫동안 좋아해왔어.

많이 고민하다가 고백하는 거야.

너에게 곰 인형처럼 편안하고 포근한 사람이 되어주고 싶어.

내 마음을 받아줄래?

··

은철이의 카드를 읽은 리아는 왠지 눈물이 핑 돌았어요. 곰 인형처럼 편안하고 포근한 사람이 되어주고 싶다는 말이 위로가 되는 기분이었어요.
"치, 김은철, 뭐야 진짜…."
혼잣말을 하고 있는 리아의 뒤에서 목소리가 들렸어요.

"리아야." 은철이였어요.
"놀랐어? 놀랐다면 미안해."
"김은철 뭐야 진짜~! 안 어울리게…."
"좀 안 어울리긴 하지? 근데 카드에 쓴 거 진심이야. 나, 너 진짜 좋아해. 그리고, 너를 위해서 내가 무엇을 할 수 있을까 많이 고민했어…. 언제나 편안하고 포근한 사람이 되어줄게. 내 마음 받아주지 않을래?"

리아는 은철이의 진심 어린 고백을 듣고 잠시 고민했어요.
사실 은철이의 마음을 리아도 이미 느끼고 있었어요. 하지만 은철이는 지금까지 리아에게 좋아한다는 말 한 번 하지 않고 묵묵히 뒤에서 리아를 응원하고 있었지요. 그런 은철이라면 언제든 편안하게 고민을 나누고 마음을 기댈 수 있을 것 같았어요.

리아는 고개를 들어 은철이의 눈을 바라보았어요.
은철이는 리아의 대답을 기다리며 잔뜩 긴장한 모습이었어요. 그런 은철이를 보며 리아는 밝게 웃으며 대답했어요.
"좋아. 우리 잘 지내보자."

두 친구의 새로운 시작을 축하하듯 하늘에서는 눈송이가 하나둘 떨어지기 시작했어요.

4. 감사합니다. 사랑합니다.

어느덧 해가 바뀌고 새해가 되었어요. 튼튼초 5학년 친구들은 열세 살이 되었지요. 방학 동안 친구들은 제각기 유후 선생님이 내준 개별 방학숙제를 하며 시간을 보냈어요.

먼저, 유미는 'SNS 대신 하루에 30분, 부모님과 대화하는 시간 보내기'를 숙제로 받았어요. 인터넷 랜덤채팅으로 상처를 받았던 유미가 익명의 상대와 대화하기보다는 부모님과 시간을 보내며 더욱 가깝게 소통하기를 바라는 선생님의 마음이 담겨 있었지요.

사춘기가 시작되며 부모님과 다소 소원해졌던 유미는 방학 숙제를 위해 매일 저녁 부모님과 산책을 나섰어요. 매일 부모님과 이런저런 이야기를 나누며 서로의 생각과 관심사, 감정을 나누니 부모님과의 대화가 즐거워졌지요. 특히, 아빠와는 정말 말이 안 통한다고 느꼈던 유미였는데 이야기를 나누다 보니 아빠는 사실 굉장히 유쾌하고 재미있는 사람이었어요. 이번 방학 때 유미는 아빠와 단둘이 겨울 캠핑도 다녀왔답니다.

세린이의 숙제는 '매일 거울 속의 나에게 3가지 예쁜 말하기'였어요. 사춘기가 되어 다른 친구들과 자신의 외모를 비교하고, 열등감에 빠져 건강하지 못한 방법으로 살을 빼려고 했던 세린이가 스스로를 더 아껴주기 바라는 선생님의 마음이었지요.

방학 첫날 숙제를 하기 위해 거울 앞에 선 세린이는 너무 기분이 이상하고 어색했어요. 아침저녁으로 씻고 나서 거울 앞에 섰을 때는 거울 속의 모난 부분만 눈에 보였는데, 예쁜 말과 칭찬을 하기 위해 거울 속의 나를 바라보니 무슨 이야기를 꺼내야 할지 참 어려웠지요. 그래도 세린이는 선생님이 추천해준 대로 "세린아, 사랑해", "넌 참 예뻐", "잘 하고 있어" 등의 말을 스스로에게 건네기 시작했어요. 매일매일 하다 보니 어느새 거울 속 세린이는 정말 그 누구보다도 예쁘고 사랑스러워 보였답니다.

리아는 '감정 일기 쓰기'를 숙제로 받았어요. 매일 느끼는 감정의 정도를 1~10까지 숫자로 표현하고, 그 감정을 느낀 이유와 감정을 느꼈을 때 몸과 마음의 변화를 글로 쓰는 것이었지요. 감수성이 예민한데다 생리전증후군이 심한 리아가 스스로의 감정을 잘 읽고 지혜롭게 해소할 수 있기를 바라는 선생님의 마음이 담겨 있었어요.

오늘 리아의 일기는 다음과 같았어요.

"1월 13일 화요일, 함박눈이 펑펑 내리던 날.

아침부터 기분이 안 좋았다.
배가 살살 아프고, 몸살이 난 것처럼 온 몸이 뻐근했다.
도저히 일어날 수가 없어서 침대에서 뒹굴거리고 있는데 엄마가 아침 먹으러 나오라고 외쳤다. 내가 안 먹겠다고 하니까 엄마가 한 번 더 큰 소리로 빨리 나오라고 했다. 몸도 아프고 피곤한데 엄마가 소리를 지르자 너무 화가 났다.

갑자기 심장이 쿵쾅거리고 얼굴이 뜨거워지는 것 같았다. 나도 엄마에게 소리를 지르고 싶어졌다. 그런데 갑자기 유후 쌤 이야기가 생각났다. 내가 지금 화가 난 정도가 몇인지 떠올려보았다. 10점 만점에 6점 정도 되는 것 같았다. 거기까지 생각하는 동안 화가 좀 누그러졌다. 나는 방문을 열고 나가서 엄마에게 배가 아프고 몸살이 난 것 같아서 밥을 먹고 싶지 않다고 말했다. 엄마는 그제야 걱정스러운 얼굴로 "곧 생리할 때가 되었나?" 라고 말씀하셨다. 핸드폰에서 생리 주기 캘린더를 열어보니 정말 예정일 2일 전이었다. 나는 엄마에게 아침은 조금 더 쉬다가 먹겠다고 말씀드리고 방에 들어왔다. 아까 소리를 지르고 싶을 때 바로 그렇게 하지 않고 잠깐 생각한 것이 참 다행이라는 생각이 들었다."

시오가 받은 숙제는 '매일 30분씩 산책 혹은 줄넘기하기'였어요. 책 읽기와 공부하기를 좋아해서 주로 책상 앞에 앉아 있는 시오에게 꼭 필요한 숙제였지요. 시오는 사실 처음 숙제를 받았을 때는 한숨이 나왔어요. 도무지 운동에는 취미가 없는데다가 6학년에 올라가기 전에 미리 주요 교과들 예습을 해놓을 생각이었는데 매일 운동하러 나갈 생각을 하니 벌써부터 피곤한 기분이었지요.

고민을 하던 시오는 은철, 세찬이와의 단체 깨톡방에 메시지를 보냈어요.

- 시오 : "너희 방학 숙제 확인했어? 난 '매일 30분씩 운동하기'다…."
- 은철 : "ㅋㅋㅋㅋ 유후 쌤 진짜. ㅋㅋㅋ 너무 시오를 잘 아시네…."
- 세찬 : "ㅎㅎㅎ 시오 무슨 운동 하려고?"
- 시오 : "안 그래도 그게 걱정이야. 나는 이번 방학 때 6학년 교과 예습하기에 초집중하려고 했는데, 30분이라고는 하지만 혼자 할 자신도 없고 하고 싶지도 않다."
- 세찬 : "어? 야, 나 좋은 생각이 있어! 나는 방학숙제가 국어, 수학 보충학습이거든. ㅋㅋㅋ 우리 서로 도와주면서 같이 할래?"
- 은철 : "잘됐네! 세찬이 국어 공부는 시오가 도와주고 수학은 내가 도와주면 되겠다."
- 시오 : "그래, 그러자! 매일 만나서 같이 운동 30분 하고, 공부 1시간 하면 좋겠네."
- 세찬 : "아싸! 난 개이득!"

그렇게 세 친구는 매일 만나서 함께 줄넘기도 하고, 공 차기도 하며 운동을 즐긴 후에 공부를 하며 시간을 보냈어요.

개그맨에서 유튜버로 장래희망이 바뀐 세찬이는 자신의 꿈을 위해서는 공부가 크게 필요하지 않다고 생각해왔는데, 방학숙제 안내문에 적힌 유후 선생님의 말씀을 보고 생각이 바뀌었지요.

'세찬, 개그맨이든 유튜버든 결국은 대중의 생각과 필요를 알고 그것을 만족시킬 수 있도록 소통하는 것이 성공 비결이란다. 사회가 돌아가는 모습과 사람들의 생각을 알려면 기초 학습능력은 필수예요. 지금 하는 국어, 수학 같은 것들이 나중에 세찬이가 세상을 읽는 데 큰 힘이 될 거예요. 유후 쌤이 응원해!'

공부에 대한 생각을 달리 가지고, 친구들의 도움까지 받으니 세찬이는 방학 동안 공부에 조금씩 재미를 붙일 수 있게 되었지요.

다른 친구들보다 성장이 조금 더 빨라 2차성징이 많이 나타난 은철이에게는 특별한 숙제가 주어졌어요. 바로 '나의 몸, 마음의 변화 일지 쓰기'였지요. 나의 몸과 마음에 나타나는 여러 크고 작은 변화들과, 건강한 몸과 마음을 위해 어떤 노력을 했는지를 그때그때 기록하는 것이었어요. 마음의 변화도 마찬가지였어요. 특히 사춘기 시기에는 작은 일에도 분노가 폭발하거나 잦은 성적 충동이 일어날 수 있는 시기이니 이런 마음의 변화를 알아채고 잘 대처하도록 하는 것이 중요했어요.

은철이의 일지는 이런 식으로 쓰였어요.

"1월 19일 월요일
몸의 변화 : 무릎, 발목이 아픔. 성장통인 듯.
나의 노력 : 똥글 쌤이 알려주신 관절 마사지 15분 하고 뜨거운 물에 반신욕 함. 개운쓰!
마음의 변화 : 요즘 방에 혼자 있으면 자꾸 리아 생각이 나고, 야한 상상도 하게 됨.
나의 노력 : 야한 상상이 계속 들면 나가서 놀이터 전력 질주하기(추울수록 효과 직빵), 방에 혼자 있지 않고 거실에서 동생이나 부모님이랑 같이 있기"

유후 선생님이 어떤 숙제를 내주었을까 긴장하며 안내문을 펼친 지우는 써 있는 내용을 보고 고개를 갸우뚱했어요. 지우의 안내문에 써 있는 방학 숙제는 '나의 미래 준비하기'였어요. 그 아래에는 이렇게 덧붙여져 있었죠.
'방법을 잘 모르겠으면 다음 주 월요일, 유후 선생님을 찾아올 것.'

그 글을 보고 지우는 며칠간 고민에 빠졌어요.
'대체 선생님께서 말씀하시는 나의 미래가 무슨 소리지?'

며칠 후 지우는 학교로 향했어요. 유후 선생님을 만나기 위해서였지요.
방학을 맞은 지 며칠 안 된 학교는 조용했어요. 지우는 교실 문 앞에서 심호흡을 한 번 하고는 문을 두드렸어요.
"들어오세요~!"
유후 선생님의 목소리에 지우는 문을 열고 안으로 들어갔어요.
"유후, 지우 왔구나! 이쪽으로 앉으렴."
선생님은 기다렸다는 듯 지우를 맞이했어요.
"선생님께서 주신 방학숙제 안내문 읽었는데, 도무지 뭘 해야 하는지 모르겠어서요."
"후후, 그래. 우리 지우, 요즘 장래희망이 있니?"
"장래희망이요? 글쎄요… 저학년 때는 막연히 과학자가 꿈이었는데, 요새는 사실 그런 거 별로 생각 안 해봤어요."
"그래. 선생님이 지우의 1학년부터 4학년때까지의 생활기록부를 쭉 열어보았는데 지우가 과학 실력이 아주 뛰어났던걸? 특히 과학발명품대회나 창의력 올림피아드 같은 대회에서 계속 우수한 성적을 거뒀더구나."

"아, 그렇긴 했어요. 근데 5학년 때는 상 못 탔는데…."
"그래, 보니까 지우가 5학년이 되어 사춘기를 맞이하고, 이런저런 일을 겪으면서 원래 갖고 있었던 과학자의 꿈을 잠시 잊고 지낸 것 같길래. 다시 지우의 미래를 준비했으면 해서 불렀단다."
"어떻게요?"
"교육청 영재교육원에서 매년 영재교육 대상자를 선발한단다. 선생님은 우리 지우가 과학 분야에 지원해봤으면 좋겠는데, 어떠니?"
"영재요? 그거 막 아이큐 엄청 높고 천재들이나 하는 거 아니에요? 전 천재 아닌데…."
"하하하, 특정 분야에 뛰어난 재능을 가진 사람을 영재라고 하니 지우는 과학 분야의 영재로 길러질 자질이 있어. 그곳에 가면 학교에서 배우는 교과 과정보다 더 심화되고 전문적인 내용을 체계적으로 배울 수 있을 거야. 그럼 지우가 가진 과학자의 꿈에도 한 발짝 더 가까이 갈 수 있을 거고."

선생님의 말씀을 듣자 지우의 심장이 빠르게 뛰기 시작했어요.
사실 5학년이 되어서는 과학자의 꿈을 거의 잊고 지냈는데, 과학 영재라는 말을 듣자 잠시 멈춰 있던 심장이 다시 뛰는 것 같은 기분이 들었지요.
"할래요! 저 할래요, 선생님! 어떻게 하면 돼요?"
"좋아~! 그럼 선생님이 자세히 방법을 안내해줄 테니 방학 동안 꾸준히 준비해보도록!"

지우는 선생님의 말씀에 따라 방학 동안 과학 교과서, 과학 책, 과학 신문 등을 열심히 읽고 논술 연습을 했어요. 과학자의 꿈을 향해 달려가는 스스로의 모습이 멋지게 느껴져 행복했지요.

그렇게 튼튼초 5학년 친구들은 제각기 자신을 아끼고 사랑하며 시간을 보내고, 어느덧 종업일이 되어 5학년의 마지막 날이었어요.

전교생이 함께 하는 종업식을 마치고, 5학년 교실에서는 유후 선생님과 똥글 선생님이 학생들 앞에 서 있었어요.

"이번 시간은 5학년으로서 5학년 교실에서 마지막으로 하는 수업이에요. 혹시 1년 전, 선생님이 이 자리에서 너희들을 처음 만났을 때 했던 이야기 기억하나요?"
"1년 동안 함께 지킬 목표랑 인성 덕목이요!"
"잘 기억하고 있구나. 우리가 1년 동안 열심히 이루어온 목표가 뭐였지요?"
"나, 그리고 다른 사람을 사랑할 줄 아는 사람이 되자!"
모두가 한 목소리로 교실 게시판에 붙어 있는 목표를 읽었어요.
"좋아, 그럼 여러분이 지난 1년간 얼마나 스스로를, 그리고 다른 사람을 사랑할 줄 아는 사람이 되었는지를 생각하고 나누어볼까요?"

유후 선생님이 모두에게 잠시 생각할 시간을 주었어요.

먼저 세린이가 손을 들었어요.
"저는 5학년 생활 동안 마음이 왔다갔다했어요. 처음에는 다른 친구들보다 통통한 제 자신이 너무 미웠어요. 나는 왜 이렇게 생겼을까, 자책도 많이 했고요. 그런데 다른 사람과 비교하지 말고 나 자신의 아름다움을 찾으라는 선생님들의 말씀 덕분에 이제는 스스로를 사랑할 수 있게 됐어요. 매일 거울 속 나 자신에게 예쁜 말을 해주는 것도 도움이 많이 됐어요. 고맙습니다, 선생님!"
세린이의 발표가 끝나자 모든 친구들이 큰 박수를 보냈어요.

이어서 세찬이가 이야기를 시작했어요.
"저는 원래 제 자신을 엄청 사랑하는 사람이었고요. 5학년 생활을 하면서는 나뿐만 아니라 다른 사람을 아껴주는 법에 대해서 새롭게 알게 된 것 같아요. 원래는 제가 하고 싶은 대로 하는 게 상대방한테도 좋은 거라고 생각했는데, 상대방이 좋아하는 것과 싫어하는 것을 잘 생각해서 배려해야 된다는 걸 배웠습니다."
세찬이의 말에 친구들은 웃음을 터뜨리면서도 응원과 호응을 보내주었어요. 지우는 그런 세찬이를 보며 한번 씨익 웃어주었지요.

다음 발표자는 리아였어요.
"저에게 5학년 생활은 정말 특별했어요. 제 몸과 마음에 가장 큰 변화가 있었던 시기이기도 하고, 변화가 많은 만큼 힘든 점도 많았거든요. 매일 바뀌는 마음과, 여기저기 달라지는 몸 때문에 예민해지기도 했고요…. 그런데 이 모든 것이 사춘기에 우리가 겪는 자연스러운 변화라는 걸 알게 되고, 건강한 몸과 마음을 위해 노력하다 보니 이제는 제가 저를 더 잘 알게 된 것 같아요."

리아의 이야기가 끝나고도 몇몇 친구들의 발표가 이어졌어요. 모두가 스스로와 다른 사람을 더욱 아끼고 사랑하게 되었다는 내용의 이야기를 나누었지요.

친구들의 발표가 끝나자 똥글 선생님이 말했어요.
"우리 5학년 친구들이 이렇게 자기 자신과 다른 사람을 사랑하는 사람이 된 것을 보니까 유후 선생님께서 정말 훌륭히 학생들을 가르치셨네요!"
"아유, 무슨 말씀을요. 똥글 선생님께서 모든 학생들의 몸과 마음을 세심히 돌봐주시고, 건강한 몸과 마음을 위해 항상 재미있고 유익한 건강 수업을 진행해주신 덕분이지요. 정말 감사해요!"
두 선생님이 서로를 칭찬하는 모습을 보며 학생들은 모두 깔깔대며 웃었어요.

다같이 한바탕 웃고 나서 유후 선생님이 입을 뗐어요.
"휴, 이제 정말 작별 인사를 할 때가 되었네요. 선생님은 이 순간이 오지 않기를 정말 바랐는데 말야. 아까 여러분이 1년 동안 어땠는지 이야기하며 선생님에게 감사를 표했지만, 선생님은 여러분에게 감사하는 마음이에요. 여러분이 그동안 크고 작은 일들을 겪으면서도 씩씩하게 잘 이겨내고, 그 와중에 다른 사람을 존중하고 배려하는 모습을 보면서 선생님이 정말 많이 배웠어요. 사랑해 마지않은 우리 5학년, 멋지게 자라줘서 고마워. 6학년이 되어도 이렇게 자기 자신과 다른 사람을 사랑하며 건강하게 자라길 바라요!"

이어서 똥글 선생님도 말했어요.
"여러분의 멋진 6학년 생활이 벌써 기대되네요. 여러분 각각의 우주 안에 어떤 이야기들을 채워갈까요? 사랑? 우정? 행복? 재미? ㅎㅎ 꼭 간직했으면 좋겠는 것 중 하나는 '건강'이에요. 아프면 무언가를 하려는 의지도 잘 안 생기고 무언가 시작한대도 계속 해나가기도 참 힘들답니다. 그래서 몸과 마음의 건강이 모두 중요해요! 이 건강이라는 친구는 하루아침에 뽕 만들어지지 않고, 좋은 생활습관으로 차곡차곡 쌓아가는 거고요. 마치 우리들의 우정처럼?^^ 유후 선생님께 잘 배워서 좋은 습관이 뭔지는 여러분 모두 잘 알고 있으니 실천하는 것만 남았어요! 내년에도 또 건강 수업으로 만날 거예요. 질문이 있거나 도움이 필요하면 언제든 편하게 찾아주세용. ^^"

두 선생님의 말씀이 끝나자 모든 친구들이 눈빛교환을 하더니 동시에 큰 소리로 인사했어요.
"선생님, 고맙습니다! 사랑합니다!"

친구들의 인사에 활짝 웃는 두 선생님의 눈가가 반짝였어요.

• 이 책을 읽으시는 부모님, 선생님께 •

2021년 『열한 살이 되기 전에 알아야 해 진짜 내 몸 : 초등학교 저학년을 위한 성교육』 출간 이후, 감사하게도 많은 분들께서 초등학교 고학년을 위한 성교육 책도 꼭 필요하다며 집필을 요청해주셨습니다.

초등학교 고학년부터 본격적으로 겪게 되는 '사춘기'는 단순히 성장의 과도기, 신체적 변화만을 의미하지 않습니다. 어린이에서 청소년으로 넘어가는 시기에 발생하는 인지적, 정서적, 관계적 변화를 모두 포함하고 있습니다. 이 시기의 어린이들에게는 세밀하고, 다채로운 변화가 나타납니다. 이러한 생생한 이야기들을 책 속의 유후 선생님처럼 실제로 학생들에게 인기가 많은 유현진 선생님이 들려주었습니다.

"초등학교 교사는 참 좋은 직업입니다. 해마다 20~30명의 '내 학생들'이 생기고, 그들과 생활 공간을 온전히 공유하며 살을 맞대는 와중에 함께 웃고, 함께 울 수 있기 때문입니다. 또한 초등학교는 대한민국의 학제 중 가장 긴 6년의 시간을 보내는 곳이기에, 초등학교 교사는 유아에 가까운 어린이부터 청소년기의 어린이까지 다양한 발달 수준의 아이들을 지켜보고 소통할 수 있지요.

1학년에서 6학년에 이르기까지, 모든 학년에는 발달 단계에 따라 가장 시급한 지도 내용이 다릅니다. 1학년은 갓 학교에 입학했으니 공동체 안에서 건강하고 즐겁게 생활하는 방법을 익혀야 하고, 3학년은 본격적으로 교과 수업을 시작하며 학습자로서 기초 학습 역량을 길러야 하죠. 저는 5학년 담임으로서 막 10대에 접어든 어린이들을 가까이서 지켜보며 올바른 성교육의 필요성을 체감했습니다. 해가 갈수록 어린이들의 성장은 빨라지고 있습니다. 현재의 5학년 학생들은 과거의 6학년, 아니 어쩌면 중학생과도 비슷한 느낌이지요. 초등학교 교사로서 제가 발견하고 경험한 사춘기 어린이들의 특징을 분절적이지 않게, 총체적이고 종합적으로 나타내고 싶었습니다."

2차성징의 의학적 내용과 그에 대한 여러 가지 대처 방법은, 학교 주치한의사로 활동하고 있는 이승환 선생님의 강의안을 바탕으로 수정하고 추가했습니다. 똥글 선생님처럼 앞으로도 학생들과 더 가깝고 즐거운 시간을 만들 수 있으면 좋겠습니다.

그림 그리는 한의사, 이세린 원장은 초등학생의 눈높이에 맞추어 재미있게 삽화를 그렸습니다. 책 읽기 싫어하는 학생이어도 걱정하지 마세요. 그림만 봐도 이 책에서 하고자 하는 중요한 이야기는 모두 알 수 있습니다.

사람마다 외모와 성격이 다르듯, 발달에도 개인차가 있습니다.
이 책으로   – 학생들과 생각을 나누고 대화하는 계기가 되거나
    – 어렵고 난감한 질문에 답변하기 수월해지거나
    – 등장인물과 비슷한 친구를 주변에서 찾아보거나
    – 재미있는 장면에서 깔깔깔 웃거나
    – 소개된 운동이나 음식 만들기를 직접 해보거나
    – 이 밖에 몸도 마음도 건강히 성장하는 데 작은 도움이 된다면,
      정말 행복하겠습니다.

책을 쓰는 과정에서 많은 교수님, 학교 선생님, 한의사 선후배님, 학부모님들의 응원으로 끝까지 힘낼 수 있었고, 정성 가득한 자문으로 더 깊이 공부할 수 있었습니다. 고맙습니다.

모든 어린이들이 나 자신을 사랑하고, 그 힘을 바탕으로 다른 사람들을 사랑하는 멋진 사람으로 자라나길 진심으로 기원합니다. 어린이들의 건강과 꿈을 위해 애쓰시는 세상의 모든 어른들께 감사드립니다.

2022년 겨울, 저자 일동

※ 참고 : 교내 성폭력 사건 발생 시 학교폭력위원회의 처리 규정

(출처: 『학교 성희롱·성폭력 사안처리 대응 매뉴얼』, 교육부·한국여성인권진흥원, 2020. 9.)

1. 사건처리 흐름도

2. 성희롱·성폭력 전문 상담 및 지원 기관

긴급신고		
경찰청	112	• 범죄신고
여성긴급전화	1366	• 가정폭력, 성폭력, 성매매 긴급 전화상담 및 보호
학교폭력신고센터	117	• 학교폭력 관련 전화, 문자 상담지원 • 학교폭력 예방교육 실시

성폭력 피해를 입은 모든 대상		
성폭력피해자 지원센터	1899-3075	• 발신지와 가장 가까운 지원센터로 자동 연결 • 피해자의 상담, 의료, 수사와 관련된 도움 제공
한국성폭력위기센터	02-883-9284	• 성폭력 피해자 심리 상담, 의료비, 법적 자문 및 과정 동행 지원
대한법률구조공단	132	• 무료법률 지원

성폭력 피해를 입은 아동·청소년	
해바라기(아동/통합)센터	• 성폭력 피해를 입은 아동 및 청소년에 대한 상담, 의료, 법률, 심리지원
	• 서울) 02-3274-1375　• 경기) 031-708-1375 • 부산) 051-244-1375　• 대구) 053-421-1375 • 인천) 032-423-1375　• 광주) 062-232-1375 • 대전) 042-280-8436　• 울산) 052-265-1375 • 강원) 033-252-1375　• 충북) 043-857-1375 • 충남) 041-567-7117　• 전북) 063-246-1375 • 전남) 061-285-1375　• 경북) 054-278-1375 • 경남) 055-754-1375　• 제주) 064-748-5117
아하!청소년성문화센터	• 청소년 성교육, 성상담 전문 • 카카오톡 성상담 채팅 지원
	• 카카오톡 채널 → '성교육성상담아하센터' 검색

디지털 성폭력 관련	
디지털성범죄 피해자 지원센터	• 디지털성폭력 관련 문의 응대, 피해영상물 삭제 지원
	• 02-735-8994　• d4u.stop.or.kr

3. 성희롱·성폭력 사안처리 시 대응 주체별 역할 및 유의사항

가. 학교

1) 학교장 – 성희롱·성폭력 사안 해결의 총지휘자로서 사안을 정확하게 파악하고 업무지시를 하며, 사안 처리 과정을 지속적으로 모니터링해야 한다.
   – 학생 관련 사안 보고를 받은 즉시 수사기관에 신고하고 교육청에 보고한다.

- 2차 피해를 예방하기 위해 외부와의 의사소통 창구를 일원화한다.

2) 교사
- 교사는 법에 따라 성희롱·성폭력 피해 사실에 대한 신고 의무가 있으며, 이는 어떤 상급자도 제지하거나 제한할 수 없다.
- 다른 교사나 학생들에게 비밀이 누설되지 않도록 유의하며, 2차 피해가 발생하지 않도록 한다.
- 피해학생의 마음에 공감하고, 진심 어린 유감을 표현하며 피해 사실을 객관적으로 인지하고, 피해 학생의 요구사항과 사실 관계를 파악한다.
- 피해자에게는 말할 권리가 있고, 말하는 것이 용기 있는 것임을 알린다. 피해학생이 말해 준 내용에 침착하게 반응한다.

나. 학부모
- 평소 자녀에게 관심을 갖고, 성희롱·성폭력 징후를 인지하면 바로 학교와 수사 및 지원기관에 연락한다.
- 학교에서 제공하는 성희롱·성폭력 예방 교육에 관심을 가지고, 배포 자료를 살펴본다.
- 자녀를 보호하기 위해 자녀와 충분한 대화를 나누고 지지한다.

다. 시, 도교육청
- 사안이 발생하면 학교현장의 요청 사안에 신속하게 대응한다.
- 가해자가 교직원이라면 징계절차를 신중하고 신속하게 처리한다. 가해 교직원이 무혐의 처분을 받더라도, 사안이 공무원 복무규정의 징계 사유에 부합하는 경우 공무원복무규정 관련 법령에 의거하여 징계처리한다.

열네 살이 되기 전에 알아야 해
몸과 마음

초판 1쇄 발행 2022년 12월 16일
초판 2쇄 발행 2023년 6월 9일
지은이 유현진·이승환
그린이 이세린

펴낸이 김양수
책임편집 이정은
편집디자인 안은숙
교정교열 채정화

펴낸곳 도서출판 맑은샘
출판등록 제2012-000035
주소 경기도 고양시 일산서구 중앙로 1456(주엽동) 서현프라자 604호
전화 031) 906-5006
팩스 031) 906-5079
홈페이지 www.booksam.kr
블로그 http://blog.naver.com/okbook1234
포스트 http://naver.me/GOjsbqes
이메일 okbook1234@naver.com

ISBN 979-11-5778-578-0 (73370)

* 이 책은 저작권법에 의해 보호를 받는 저작물이므로 무단전재와 무단복제를 금지하며, 이 책 내용의 전부 또는 일부를 이용하려면 반드시 저작권자와 도서출판 맑은샘의 서면동의를 받아야 합니다.
* 파손된 책은 구입처에서 교환해 드립니다.   * 책값은 뒤표지에 있습니다.
* 이 도서의 판매 수익금 일부를 한국심장재단에 기부합니다.